国家出版基金项目
NATIONAL PUBLICATION FOUNDATION

中华民族文化大系

【纳西族】

玉龙彩云

主编 杨福泉

总顾问单位 国家民族事务委员会

上海锦绣文章出版社 上海文化出版社

《玉龙彩云——纳西族》

主　编

杨福泉（纳西族）　云南省社会科学院二级研究员 云南大学博士生导师

撰稿专家（按章节顺序排列）

杨福泉（纳西族）　云南省社会科学院二级研究员 云南大学博士生导师

白庚胜（纳西族）　中国社会科学院研究生院教授

蒋高宸　昆明理工大学教授

杨曾烈　纳西民族民间音乐搜集研究者

拉木·嘎土萨（纳西族摩梭人）　云南省社会科学院研究员

泸沽湖里格岛（图/徐振欧）

牦牛肉
野生菌
螺旋藻
玛咖

张　翠
张锦鹏
陈　倩
陈　徵
陈丹正
陈勤建
罗春寒（水族）
和少英（纳西族）
金黎燕（景颇族）
周亚成
周志军
周国茂（布依族）
周艳梅
郑继强（仡佬族）
房剑森
孟旭彦
赵卫星
赵昌平
郝苏民（回族）
胡文明（普米族）
段　超（土家族）
俞惠煜
姜复生
姜逸青
袁晓文（藏族）
都永浩（朝鲜族）
贾合甫·米尔扎汗（哈萨克族）
夏　蒙
夏一鸣
热依拉·达吾提（维吾尔族）
铁穆尔（裕固族）
徐　炯
徐艺乙
高志英（纳西族）
高韵斐
郭　锐（佤族）
郭志超（回族）
郭建斌
黄永松
曹先强（阿昌族）
鄂崇荣（土族）
康南山（傣族）
彭卫国（土家族）
葛剑雄
蒋澄澜
傅爱明
街顺宝（彝族）
童翔蔚
蓝炯熹（畲族）
赖永良（德昂族）
蔡武成（傈僳族）
阚宁辉
樊人龙
滕春华（俄罗斯族）
颜莹舫
毅　松（达斡尔族）

樱花盛开时节的束河古镇（图/邓磊）

弘扬优秀民族文化
打造传世文化精品

中国自古就是一个统一的、多民族的国家，各民族之间交往频繁，相互依存，相互融通，血肉相连。上下五千年的中国史，就是各民族交往交流交融的历史，各民族的交往交流交融也是中华民族自我完善发展的强大推力。我国各民族都是中华民族大家庭中的成员，各民族团结进步是中华民族的生命所在、力量所在、希望所在。只有加强各民族交往交流交融，在共同生产生活和工作学习中加深了解、增进感情，才能促进各民族和睦相处，像石榴籽那样紧紧抱在一起，在中华民族大家庭中守望相助、和谐共生。

文化是民族的精神血脉，积淀着民族深沉的精神追求，代表着民族独特的精神标识，文化自信是国家发展更基本、更深层、更持久的力量。中华文化是一个有机的整体，优秀的民族文化是中华民族深厚的历史文化和丰富的人文风情的重要组成部分。中国56个民族的文化尽管个性纷呈，但是它们都深深根植于整个中华民族文化的丰厚土壤里，既特色多元又融为一体，“各美其美，美美与共”，共同创造了源远流长、灿烂辉煌的中华文化，对延续和发展中华文明、促进人类文明进步，发挥着非常重要的作用。

各民族优秀的文化事项和文化元素，不仅是各民族的文明精华，更是今天整个中国文化大发展的源头和根基。我们要坚持辩证唯物主义和历史唯物主义，不断赋予新的时代内涵和现代表达形式，不断补充、拓展、完善，使中华民族最基本的文化基因与当代文化相适应、与现代社会相协调、与时代需求相结合。优秀的民族文化元素一旦与现代理念和技术相结合，必将焕发出勃勃生机，有利于中华文化在今天的世界多元文化中彰显出自己的特色与个性，有利于促进新一轮的中华文化大发展。

习近平总书记在中央民族工作会议上指示："让各族人民增强对伟大祖国的认同、对中华民族的认同、对中华文化的认同、对中国特色社会主义道路的认同。我们越是接近民族复兴的目标，就越需要汇聚全民族的磅礴之力。"民族问题是事关国家长治久安的核心和要害问题，民族团结是实现中华民族伟大复兴中国梦的基石和"助推器"，向广大民众展示、解读、传播、弘扬各民族优秀文化，促进各民族相互了解、相互尊重、相互包容、相互欣赏、相互学习、相互帮助，具有十分重要的意义，是非常必要、非常迫切的任务。只有加强民族之间的相互了解，才能消除偏见和误会，让民族团结之花常开长盛，共建美好的中华民族大家园。

上海故事会文化传媒有限公司、上海市国际文化传播协会、上海文坊文化传播有限公司多年来一直致力于中华民族优秀传统文化的弘扬及其创造性转化和创新性发展，取得了诸多成果。由三家单位策划的这套"中华民族文化大系"大型丛书汇集众多民族文化研究成果，集聚一流的民族文化专家学者，解读各民族悠久灿烂的文化，展示中华民族共同的精神家园，极大丰富了国民的文化认知。为配合做好新形势下的民族工作，出版这类既有主体观、本土观，也有他者观、国家观，既立足于学术，又为群众喜闻乐见的普及型著作，可谓恰当其时。这套丛书虽然是一部以传统纸质印制的图书，但又不拘泥于纸张，利用现代理念和技术进行文化整合创新，使传统图书与各种新兴媒体表现手段有机结合，在可读性、大众化方面进行了独具中国特色和当下风格的内容表达与视觉呈现的探索，以期让读者获得更完整、更全面的阅读体验。

我国众多民族与周边各国的民族和人民之间有着千丝万缕的联系，而民族文化具有独特的魅力以及广泛的文化传播力，尤其是与"一带一路"国家战略高度契合。希望这套丛书可以推动中华优秀文化的国际传播，推动中外文化的交流互鉴，成为中国民族文化"走出去"的力作。同时，这套丛书也将以令人信服的内容成为世界准确客观了解中国的窗口，并回答国际社会对我国民族问题的关切和期待。

2016年12月29日，习近平总书记致信祝贺《大辞海》出版暨《辞海》第一版面世80周年，对出版工作作出了"坚定文化自信，坚持改革创新，打造传世精品"的重要指示，作为富有责任感、使命感的出版文化工作者，我们更有义务做好弘扬优秀民族文化、打造传世精品的工作，讲好中国故事，谱写中国篇章，宣传中国文化，担当中华优秀文化的传承者和守卫者。

本书编委会

2017年6月

目录 CONTENT

目录 CONTENT

目录 CONTENT

第4章
雪山大江边 诗意的栖居
建筑
113

目录　CONTENT

目录 CONTENT

目录　CONTENT

目录 CONTENT

在故乡生活的悠悠岁月里，
『纳西古典文学三明珠』《崇搬图》、
《黑白战争》（又译为《董述争战》）、《鲁般鲁饶》等
作品慢慢滋养了我的心灵。
尤其是《黑白战争》，它惨烈的复仇故事深深震撼了我。
走上治学之路后，
我也进一步了解到纳西族重要的黑白观念可以一直上溯到这部作品之中。

纳西族——我的生命之源

杨福泉（纳西族）
云南省社科院二级研究员 云南大学博士生导师

泸沽湖边娴静的少女，她在等谁呢？（图/徐振欧）

《窝热热》
扫描二维码，优美的音乐会在您耳边响起

肖像绘制/丁德武

》我是个纳西人，出生和生长在丽江古城以教育和行医名世的杨氏家族。我在古城的家有个小院子，院子中种着三棵苹果树，父母叫我们兄妹三人每人负责照料一棵。一到晚上，明晃晃的月亮挂在高原清幽湛蓝的夜空，繁星在闪烁，不远处的玉龙雪山在月光下泛着清寒晶莹的光。我和弟妹常常坐在苹果树下，入神地听祖父祖母讲各种民间故事，关于玉龙雪山的、金沙江的，还有神灵鬼怪的。

》每天晚饭后，古城的一些老人会不约而同地来到四方街，在北面店铺前成一排坐下，慢慢从怀中掏出各种各样的小酒瓶或烟袋，边呷酒抽烟，边说古道今，讲的多是地方掌故和民间故事，有时还互相争论谁对谁错。我常与小伙伴静静地坐在一边听。我小时候常有机会去农村，后来又下乡当知青，在农村里听到了不少自己民族的神话、传说和故事。

》在故乡生活的悠悠岁月里，“纳西古典文学三明珠”《崇搬图》、《黑白战争》（又译为《董述争战》）、《鲁般鲁饶》等作品慢慢滋养了我的心灵。尤其是《黑白战争》，它惨烈的复仇故事深深震撼了我。走上治学之路后，我也进一步了解到纳西族重要的黑白观念可以一直上溯到这部作品之中。

》丽江古城四方街曾是滇西北远近闻名的"茶马古道"集镇，天天开市，来自远近各地的白、汉、彝、傈僳、普米等族农民、商贩带着各种山货特产到古城交易，彼此在长期的集市贸易中建立了友好关系。那时，古城开店铺和在四方街摆摊做生意的大多是纳西族妇女，她们待客和蔼又极善言辞，顾客和卖主讨价还价的纳西语对话常常使人忍俊不禁，使这古老街市增添了和融诙谐的气氛。

》丽江古城四方街西侧的西河上设有活动闸门，居民利用西河与东河的高差冲洗集市和街面，也喜欢用水桶汲水冲洗门前的五花石街道。在四方街收市时去看市管员关闸放水冲街，脱了鞋就在水流中踩水玩，是我儿时的一大乐事。有时鱼儿也会随着河水冲到街上来，看着人们把它捉住又放回河中，我知道这河里的鱼属于黑龙潭的龙王，不能吃。

》从读小学起到下乡"支农"，到后来下乡当知青，故乡人护山护水护森林的乡规民约和具体做法，他们睿智的生态智慧和文化，给了我深深的滋养。后来东巴祭司更告诉我纳西祖先认为人和自然是兄弟，不应向自己的兄弟索取无度。

》逢年过节，丽江四乡农人打扮得漂漂亮亮，云集古城，男女青年各自坐在古城石桥的石栏上，相互对唱情歌。有些闻名遐迩的老歌手，在四方街打擂台似的对歌赛歌，周围常常簇拥着一群群的粉丝，当歌手赛歌唱到精彩处，听众常常发出由衷的喝彩声。农人们还常常在四方街上围着篝火尽兴而舞。

》作为丽江滇戏名家的祖父常常让我骑在他的脖子上去看那些滇戏票友们的演

洛克拍摄于20世纪30年代的照片，反映了当年丽江作为茶马古道重镇的贸易盛况（供图／和为剑）

出。纳西人喜欢滇戏的票友很多，有男有女，这些平时衣着简朴的普通人一穿上行头上得舞台，便生龙活虎，长啸清吟，长歌曼舞，时而龙腾虎跃，时而细雨和风，我常常看得眼睛放光。

后来我也有很多机会去纳西庭院里听人们演奏丽江洞经音乐，演奏者有教师、工人、马锅头（马帮领队）、菜农、理发师、屠户等。听老人说，过去只有有功名地位的人才能演奏洞经音乐，女人则不能参加，20世纪80年代以来，这个陈规被纳西人打破了，纳西女子也参加了洞经音乐的演奏，给这个古老的音乐增添了别样活力。我也有机会去乡村听“白沙细乐”的演奏。从事民族学研究后，行走在“纳西古王国”的大江深峡和山野村镇做田野调查，各地的村歌俚曲、歌舞弹唱就听得更多了。我感受到了故乡多样化的音乐歌舞形式。

猪膘肉是纳西族的传统美食，它久贮不坏，色泽诱人，浓香扑鼻。图中男子抬着一整架猪膘肉，该图由洛克拍摄于20世纪30年代（供图/和为剑）

丽江木府的第二道门“木牌坊”上写着“天雨流芳”四个大字，从字面上看有吉祥的天雨润泽大地的美好意蕴，但同时又是纳西语“读书去吧”的谐音，这是木氏土司勉励子弟好好读书的一条古训。纳西人好读书成了一种历史悠久的民风，历来为人所称道。20世纪70年代末我就读的云南大学就有十多位纳西族教授。在丽江古城和坝区，会常常看到信手就能写一笔漂亮的毛笔字的普通纳西人。而在山野乡村，当面对白发长髯的纳西祭司东巴，看着他用一支竹笔出神入化洋洋洒洒地在土纸上写下图画象形文字，然后长声吟哦仿佛与鬼神对话的苍茫古歌，我感受到故乡真正的神奇，从山野到庙堂，什么精彩的人物都有。

纳西族的宗教信仰也是很多元的，东巴教过去是全民信仰的本土宗教，后来汉传佛教、藏传佛教和道教也先后传入丽江。我在田野调查中曾与藏传佛教噶玛噶举教派的一位纳西活佛对话，过几天就碰到他的父亲，一位声名远播的大东巴，像这样一个纳西族的家庭里可以出现几种不同的宗教信仰者，在纳西社会是比较普遍的。一些人会对这种宗教信仰的多元感到好奇，其实，这一点也不难理解，中华民族从来就是一个大家庭，各兄弟民族就是这个大家庭里的成员，家庭成员之间彼此融合、影响难道不是再正常不过的吗？

丽江以其独特浪漫的色彩，成为当今许多年轻人心向往之的旅游胜地，许多人怀揣着“邂逅”一段浪漫的想法前往丽江，希望在那里能有一场铭心刻骨的奇遇。然而，又有多少人知道人类历史上的一段惊世骇俗的绝世情殇史，也发生在丽江。在20世纪50年代以前的漫漫岁月中，无数纳西族年轻情侣雍容盛装，面对大雪山长歌一曲“殉情之歌”《游悲》，慨然殉情。殉情这一人间悲剧，在世界各地各民族中都存在，但没有哪一地方和哪一个民族像纳西族这样惨烈严重，并成为一种历史性的社会习尚。

》 当殉情蔚成习俗，在丽江等纳西族主要聚居地愈演愈烈、无法遏制时，当纳西族因为这一惨烈的社会问题而被贴上“悲剧的民族”的标签时，距丽江不远的宁蒗县永宁乡，则完全是另一番景象。这里的男女，保持着暮合晨离的阿夏“走婚”（学术界一般称“走访”）习俗，年轻人可以各依所爱，选择情侣。殉情，和他们是压根不沾边的事。

》 我的民族就是这样一个文化非常多元，充满奇情异彩的民族。从这些色彩缤纷的文化事项中，可以看得出纳西族坚守本土文化根脉而又乐于对外交流、广采博纳的胸怀。丽江古城在20世纪50年代初就有150多种姓氏，有很多居民的祖先是明清时期来自中原的移民，但无一例外地被纳西人同化。土著和移民相互学习，形成了你中有我、我中有你、谁也离不开谁的多元一体格局。今天，独特的丽江古城文化，某种程度上正很好地诠释了千百年来中华民族文化的不断融合、凝聚。

》 我曾有“茶马古道”千里之旅，一路碰到很多的藏族老人，一听说我是“姜”（藏族对纳西人的称呼），他们就会谈起丽江过去跑茶马古道的纳西“藏客”甚至是马锅头的很多逸闻趣事和他们的诚信故事。在这条古道上，我一路领略了纳西族与藏族那种兄弟般的友谊，感受到纳西、藏、白等诸多民族在这条“天路”上所谱写的壮丽乐章。我也拜访了西藏唯一的一个纳西族乡——西藏昌都市芒康县纳西民族乡，领略了这些从明代就来到这里的纳西移民的生活与文化，他们独特的制盐习俗与宗教信仰给我留下了深刻的印象。历史上，纳西族

民族文化宫藏纳西族女服，全套包括浅蓝布夹衣、绛紫呢夹坎肩、黑布百褶围腰、蓝布长裤和挎包（图/民族宫）

“天雨流芳”的牌坊下，一代代纳西子弟走出故乡，游学四方（图/三两）

长期与周边藏、白、汉各民族和谐相处，共同融入了一个团结统一的多民族国家——中国。

1983年，我应邀到德国研究纳西语言文献，一呆4年，知道了阿登纳总理在德国（西德）经济处于最困难的20世纪60年代初，还亲自过问支持德国（西德）国家图书馆从意大利购买东巴古籍的故事，也了解到美、德、英、法、意、西班牙、荷兰、瑞士、瑞典等国都收藏有纳西东巴古籍。后来，我又到欧美多国访学，进行纳西文化的研究。2003年曾在美国大学开了一个学期关于纳西文化的课，日益了解到有突出学术价值的纳西学普遍受到国际学术界重视的情况，也领悟到一个民族的文化走向世界的重要意义。

著名东巴和开祥手书的象形文字对联“无风屏幛设于先，未雨帐篷搭在前”（供图/李平）

纳西族，一个古老而又开放的民族。我在我主编和主笔的这本书里，选取了纳西族文化中比较有代表性的一些方面，拾取了纳西人日常状态、平平常常而又不乏精彩的一些片段献给读者们，但愿这本书能引导你走进纳西人的家园和心灵。

纳西族文化的多元，一定程度上也造就了对其解读的多元，产生了诸多迄今尚难有定论的学术问题。比如“白沙细乐”，有人认为是来自忽必烈馈赠的“元人遗音”，也有人认为是纳西人自己的音乐，还有人认为是蒙古音乐与纳西本土音乐的融合。此外，纳西文化中的“白”与“黑”的色彩观念，意蕴很深，有不同的观点。所以本书中不偏颇地保留了不同作者的一些不同见解。纳西文化历来讲求包容、求真、多元，作为纳西族的一分子，我追求并且秉持这样的精神。

随着社会的变化，纳西族的文化也在发生重大的变迁，很多传统习俗正在飘逝。在城市中心地区，纳西母语也面临着诸多挑战，不少中小学生已经不会讲自己的语言。不少尚幸存在乡村里的纳西族卓具特色的传统建筑文化遗产等，也在“开发”和重建中岌岌可危，有不少纳西有识之士在不断地呼吁并身体力行地投身到保护、抢救和延续优秀的传统文化的努力中。任何一个民族的文化都会随着时代的变迁而发生变迁，弘扬和保护各民族传统文化，努力实现创造性转化和创新性发展，这也是摆在每一个纳西人面前的使命和重任。

“观之上古，验之当世，参以人事”，希望这本书不仅告诉读者纳西族的过去和现在，也能启发纳西人和对纳西族感兴趣的朋友们思考：在充满各种考验和诱惑的今天，纳西人应该怎么走好自己的路；每一个民族，在中华民族这个大家庭里，应该怎样既保护自己的文化根脉，又增强文化认同，建设各民族共有的精神家园，积极培养中华民族共同体意识，再创新的文化辉煌。

纳西族

人口与分布

纳西族人口有326295人（2010），主要分布在云南、四川和西藏3省区。其中，大约90%以上的人口聚居在云南丽江市和玉龙纳西族自治县，其余的则分布在云南的宁蒗、永胜、泸水、香格里拉、维西、德钦、剑川、鹤庆，四川的木里、盐边、盐源等县（市）、自治县及西藏的芒康县。

环境与资源

纳西族居住的滇、川、藏交界的横断山脉地区，背靠青藏高原，面向云贵高原，境内有高山、大江，形成了独特的自然环境。横断山区自西向东依次排列着大体南北走向的怒江、澜沧江、金沙江、无量河、雅砻江、安宁河等几条大河，江河之间，耸峙着高黎贡山、碧罗雪山、梅里雪山、老君山、哈巴雪山、玉龙雪山、绵绵山、贡嘎山等海拔多在4000米以上的雪岭巨岳。山体与峡谷并列的独特地形、地貌，使气候、植被、土壤呈现出明显不同的变化，森林、动物、矿藏资源丰富。纳西族居住地区的名山胜水与传统文化构成了独树一帜的民族风情旅游资源。如玉龙雪山风景名胜区和世界文化遗产——丽江古城，遐迩闻名。

风俗习惯

纳西族服饰色彩重黑色和蓝色。中年男子穿对襟蓝布衣，过去，常常外披羊皮或麂皮褂子，系红布腰带。老年男子多穿长衫马褂。女子内穿白汗衫，外罩长褂，褂外穿氆氇坎肩，系百褶围腰，下穿长裤，背上披绣有七星图案的羊皮披肩，俗称“披星戴月”。永宁地区纳西族（纳人）男子服饰，外衣多是氆氇长袍，腰系彩色长布带，袒右衽。女子上穿黑绒布短衣，下穿曳地的百褶长裙，肩披黑色或白色羊皮。

纳西族饮食多以小麦、大米、玉米为主食，辅以土豆和豆类。特色食品有丽江粑粑、米肠、酸鱼、猪膘肉等。

丽江纳西族的住房，多为“三坊一照壁”“四合五天井”的瓦房建筑，整个建筑显得布

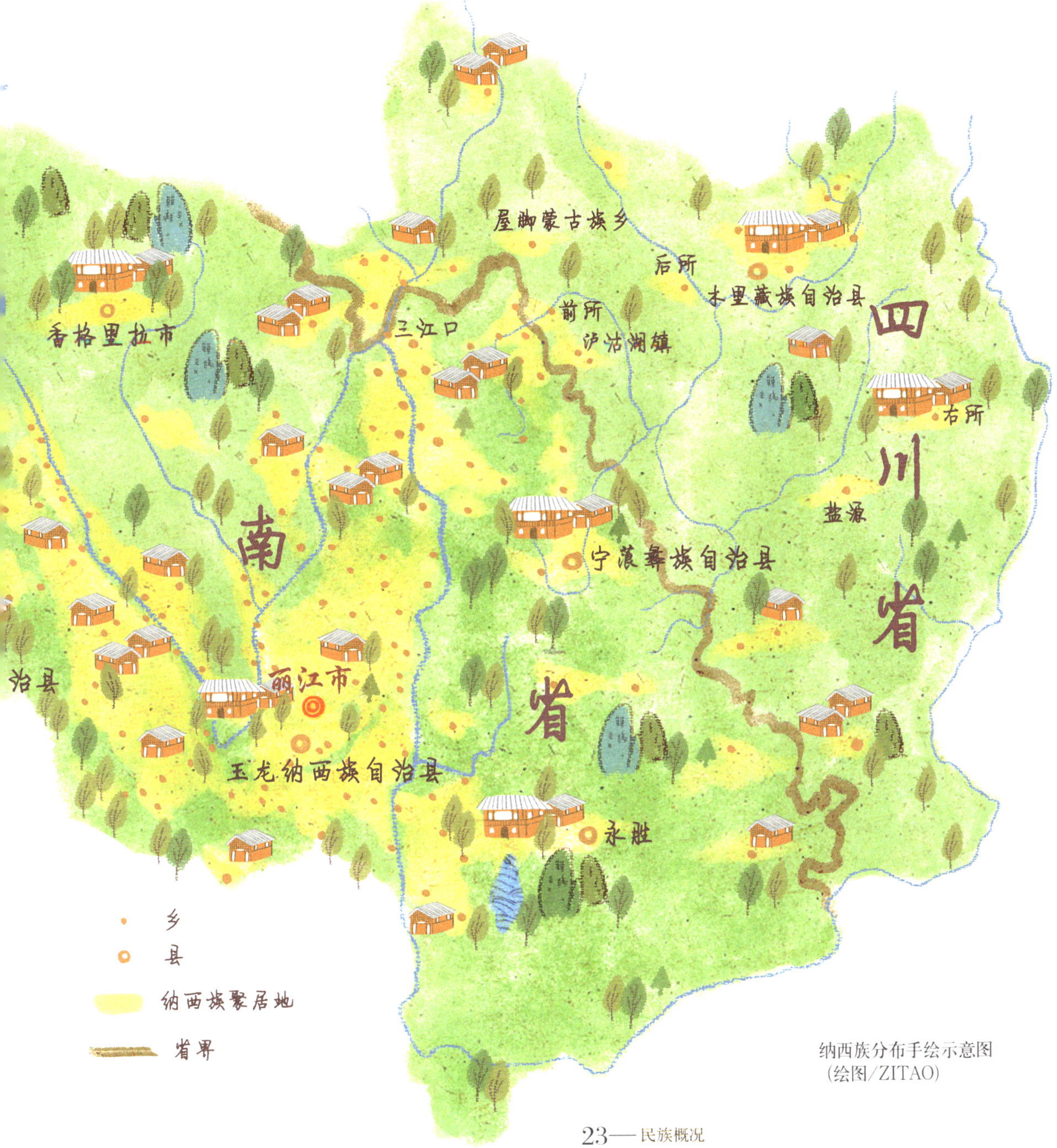

纳西族分布手绘示意图
（绘图/ZITAO）

局协调，主次分明。宁蒗永宁纳西族的住房多采用“四屋一院落”格局的木结构建筑组成的院落。

纳西族的婚姻习俗因居住地区不同而各有特点。其主要聚居区实行的是一夫一妻制，部分地区仍有古代多种婚姻形式的残余。

纳西族的节日除了有与汉族一致的春节、清明节、端午节、中秋节外，还有本民族的传统节日，如“三多节”“火把节”“祭天”“祭祖节”等。

纳西族的丧葬分火葬和土葬两种。火葬是纳西族的古老习俗，在泸沽湖地区沿用至今。丽江地区受汉族影响，从清代中叶开始，已由火葬逐渐改为土葬。

宗教信仰

大多数纳西族人信仰本民族传统宗教——东巴教。此外，还有相当数量的纳西族群众信仰藏传佛教，其中藏传佛教噶玛噶举派的信众最多。佛教、道教在纳西族民间，尤其是知识阶层中也颇为流行。

古典文学三明珠

《崇搬图》、《黑白战争》（又译为《董述争战》）、《鲁般鲁饶》被称为“纳西古典文学三明珠”。尤其是《黑白战争》因涉及了纳西族重要的黑白观念，从而具有了哲学上的意义。

《黑白战争》讲述居那世罗神山分黑白两界，董部落住在白界，述部落住在黑界。白部落有白色光明的太阳月亮星星，黑部落只有黑色而没有光明的日月星辰。述部落的王子安生米吾请董部落的王子董若阿璐帮助开辟白色的天地太阳等。董部落的王子答应后迫于父母的压力反悔，他斜造了述部落的天地山川并在黑白交界处布上陷阱，诱杀了述部落的王子。述部落大举复仇，一场你死我活、日月无光的惨烈激战后，董若阿璐被诱杀，但白部落灭了黑部落。

《黑白战争》反映出纳西族关于“黑”与“白”的一些信仰和观念。如以白天、太阳和月亮代表光明，生发于日月星辰崇拜的“白”象征善和吉祥的事物；以黑夜代表黑暗，萌生于憎惧黑暗心理的“黑”象征邪恶和不洁的东西。东巴经中说鬼地一切皆黑，天地日月星辰尽为黑色，故象形文亦有“黑太阳”之字，以与人间之白日白月相对。这些观念源于原始先民崇尚光明、憎惧黑暗的心理和功利性的自然观。

如今在一些保留传统习俗较多的纳西乡村，白麻布裙、白色披毡是最传统、典型的纳西服饰。有些地方的纳西族也穿黑色或深色的衣服，这是否与“黑色崇拜”有关，争论很多。在有的东巴教仪式上，有将白色的面粉或颜料涂在脸上的习俗，象征着用神的白色去战胜鬼的黑色，体现了根深蒂固的“白善黑恶”的观念。

“尚白忌黑”或是“尚黑忌白”还同与纳西族有族群渊源关系的羌族以及和东巴教有密切关系的藏族本教信仰密切相关。纳西族的“黑白”二元对应的观念，产生于他们较早的原始宗教观念。同样地，如果从语词的角度对纳西、纳罕等族称中的“纳”一词作深入探讨，也将有助于我们对纳西族黑、白观念的深入了解。

文化艺术

以东巴教及其文化为代表的纳西族传统文化，在千百年的发展历程中，广泛吸收汉、藏、白等民族的文化，造就了体系庞杂、内涵丰富的纳西文化。以东巴图画象形文字书写记录的东巴经典，人称“纳西族古代社会

的百科全书”，凡社会、宗教、民俗、哲学、天文、医药、文学、艺术等无所不包，其间包蕴的创世神话、起源神话、爱情神话、征服神话、战争神话，创世史诗、英雄史诗以及歌谣等，充分体现了纳西族的文化精神。纳西族民间文学体裁多样，无论是沉吟低唱的“阿麦达调”，还是悠扬回荡的“骨泣”，以及欢快热烈的“阿丽丽”“资蹉”，还有古朴稚拙的“窝热热”，无不抒发着纳西族人的艺术情趣。蜚声中外乐坛的纳西古乐，以“唐宋雅乐”遗风而为世界艺术界所珍视。纳西最早的大型古典乐曲“白沙细乐”，以其宏大的规模，撼人心魄的旋律，千百年来流传不断，堪称纳西族的“古典交响乐”。

遗产名录

世界文化遗产

丽江古城

世界自然遗产

三江并流

（与兄弟民族共享）

世界记忆名录

纳西东巴古籍文献

国家级非物质文化遗产

纳西族东巴画

纳西族手工造纸技艺

纳西族热美蹉

纳西族白沙细乐

黑白战争

自治区域

自治县

云南省丽江市玉龙纳西族自治县

纳西族乡

云南省迪庆州香格里拉市三坝纳西族乡

云南省丽江市永胜县大安彝族纳西族乡

四川省凉山州木里藏族自治县俄亚纳西族乡

西藏昌都市芒康县纳西民族乡

本书导读示意图

拓展阅读：与专题相关的名词解释、背景知识、人物小传、田野实录等的延伸阅读，为你构建多维度、多侧面的全息专题文化影像。

专题标题：以虚实结合的文字概括各民族的某一重要文化事项。

为什么花样年华自甘凋零

活着不能白头偕老，死了也要埋在一坟

专题段落标题：揭示这一重要文化事项的不同断面，分层切入，条分缕析，引你直抵现象背后的文化之核。

1723年，一道爱情无法逾越的鸿沟

正文

大量的研究表明，纳西族众多的殉情悲剧发生在清雍正元年即公元1723年后的漫长岁月中，并蔚为一种社会风气。1723年丽江究竟发生了什么？现在我们所能搜寻到的关键词是"改土归流"。这项带有改革性的政治制度在推广的过程中，与纳西族原本率真天成、任心适性的社会文化习俗产生了激烈的碰撞，竟成为让一对对不能长相厮守的纳西情侣竞相情死的主要导因。

在实施"改土归流"的过程中，清政权以当时满

殉情长诗《鲁般鲁饶》的吟唱高手
大东巴和开祥

鲁甸乡老东巴和开祥是吟唱记载在东巴经中的纳西殉情长诗《鲁般鲁饶》的高手，他的歌吟有一种独特的苍凉深邃的风格，深沉凝重而又清越昂扬，把长诗的悲婉哀艳之情，浓烈的浪漫色彩表现得淋漓尽致。我多次在丽江听他吟唱此长歌，每次都被这种沉洪苍凉中透着一缕缕人生凄苦无常意味的调子所震撼，它所咏叹出的殉情男女主人公的悲剧故事具有一种深入神髓的悲剧感染力。

扫描二维码欣赏
和开祥吟唱《鲁般鲁饶》

长江上游金沙江环绕着"纳西古王国"，笔者在这条江的流域里，拾到纳西人无数悲欢离合的故事（图/徐振欧）

民族经典纹样

纳西族—26

多媒体技术的全新运用和呈现：音（视）频链接为你直观展现民族文化的某个片段。从此，纸质经典不再是一位沉默的朋友。

图片：既有近百年来中外著名学者亲历现场所拍摄的第一手影像资料，也有当代摄影家极尽巧思的唯美大片，涵盖面广泛，于文本之外，自成一个独立的图片系统。

图片说明：拒绝标签式的大白话图片说明，每一段解读，或长或短，都经撰稿专家反复推敲，发图片画面之所未发，读图时代，仍然需要如此点睛之笔的助力。

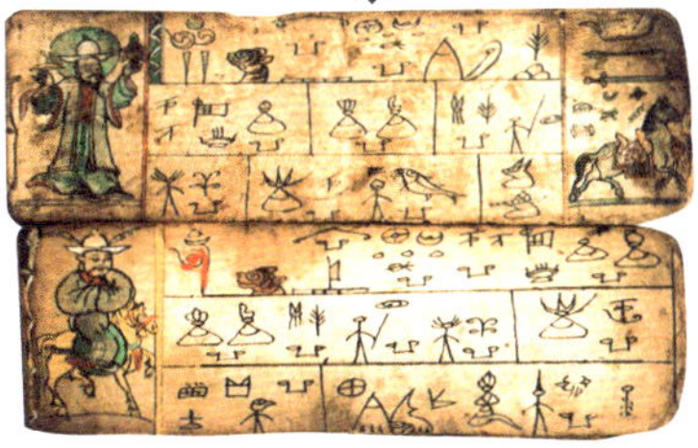

纳西族无数美丽的神话、史诗、传说和故事，是由他们的祭司东巴用自制的竹笔、墨和东巴文写在自制的古色古香的纸上的。这是在祭殉情者的东巴教仪式上所咏诵的东巴经书之一。上面绘着托着净水瓶，摇着板铃和骑着马超度殉情者灵魂的东巴，为殉情者驮载亡灵及其生前所喜爱的各种物件、装饰品的马等（图/杨福泉 1993年）

汉的生活方式和在清代已被统治者异化的儒家文化的伦理道德观衡量少数民族的社会生活，实施“以夏变夷”政策，全面推行强制性的风俗改革，以当时的满汉文化习俗和儒学礼教为标准改造他们视为“鄙陋”“狉獉草昧”的纳西族习俗，对丽江纳西族极力灌输封建礼教。譬如纳西族自古实行火葬，清廷流官则把火葬视为野蛮、不开化的习俗，多次严令禁止。在衣冠服饰等方面，也实施“以夏变夷”的极端政策，视纳西人为“卷髻环耳，服饰诡异”。

同样的，“改土归流”后，硬性包办婚姻、孩童订婚、封建家长制、三从四德、贞洁观、纲常礼教等也强制性地输入到丽江纳西族地区，纳西族的青年男女，成为了封建礼教的牺牲品，他们产生于雪山大江、蓝天丽日下的爱情被禁锢，更致命的是，他们如此自由的爱恋，在1723年之前，在元明之前，是奔放热烈，不受禁忌的。“那个时候，男女相好可自由自在了，男女都像出窝采花的蜜蜂一样，想飞哪一朵鲜花，花儿也会温顺地

撰稿专家

杨福泉，纳西族，丽江大研镇人，文学学士，历史学博士，享受国务院特殊津贴专家，云南省社会科学院原副院长、二级研究员，现任中国民族学学会副会长，云南大学博士生导师，2011年入选“中国杰出人文社会科学家”。著作有《东巴教通论》《纳西族与藏族历史关系研究》《玉龙情殇——纳西族的殉情研究》等31种。

《纳西族文化史论》

扫描二维码，
阅读专家代表著作的电子版

象形文字举要

象形字	所象征的字义	所象征的民俗观念、审美理念或宗教信念
	以羊头象征羊。读为“余”（yuq）	常见于反映放牧、狩猎等习俗的东巴经中，这种以局部象征全体的文字形态是纳西象形文从图画文字向象形文字过渡的一个特征
	意为天地。读为“蒙堆”（mee ddiuq）	上为天之形，下为地之形。以“天”和“地”象征一个民族、氏族、部落的领土，反映了传统的宇宙观
	代指武士。读为“单”（ddaiq）	字形为一手持旗杆矛，头插旗帜的男子形象，在东巴经中普遍指武士。这类象形字以指称对象内在的特性来象征特定观念

27— 婚俗

专家简介：为你介绍各章撰稿专家的学术背景、学术成就，在作者与读者之间搭建起一座信任之桥，论世需要知人，论著也当知人。

代表性论著链接：扫描二维码可阅读该专家代表作，并可进一步在中华民族文化经典学术著作数据库中阅读其他民族文化学术著作。

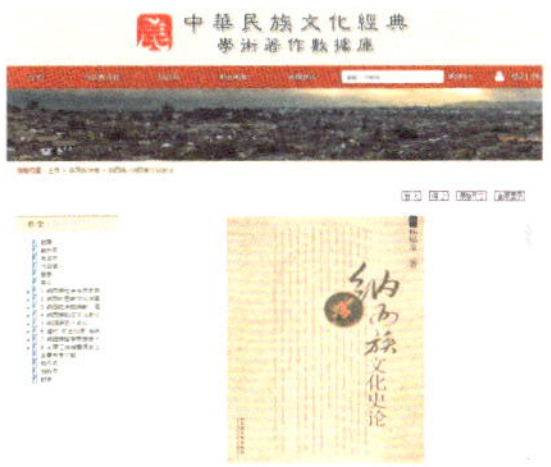

表格：删繁就简，将大段枯燥的学术性表述华丽转身为一目了然的图表，文明演进的过程、文化现象的罗列，由此变得简洁明了。

航拍纳西族所主要生活的横断山区(图/周玉麒)

第1章

万水千山走过

历史

本章主撰稿人：云南省社会科学院二级研究员 云南大学博士生导师 杨福泉

在茫茫中华大地上，56个民族创造了无数神秘美丽的人文奇迹。它们构成中华人文壮丽多元的精彩世界。这些异彩纷呈的人文奇观，有的是在通都大邑、千里平原，有的则是在遥远边地，高山莽原。其中，在遥远的中国西南边陲横断山脉地区，有一片为巍巍高山浩浩大江所环抱的区域，在这块滇川藏接壤的土地上，世世代代生活着一个自称为“纳西”“纳”“纳日”“纳罕”等的山地民族。一代又一代，他们演绎着很多传奇轶事，创造了独特灿烂的文化。过去，一些中外人士将这块区域称为“中国西南纳西古王国”“被遗忘的王国”等等。

如果我们把中华民族比作一条浩浩大河，纳西族无疑是其中一条令人无法忽略的支流。它从历史的深处奔腾而来，一路上与其他支流分分合合，纠结缠绕，最终融汇成中华民族这条汤汤大江。

有太多的人知道了纳西族的象形文字，知道了东巴和东巴文化，但是对于这样一个个性鲜明的民族的来源和历史，我们是否有足够的了解呢？

1867年法国传教士德斯古丁斯在丽江收集了一册《高勒趣招魂》寄回巴黎，这是西方人了解东巴文化的开端。1913年法国人巴克出版第一本东巴文化专著《麽些研究》。

20世纪20年代以来，以洛克、李霖灿、方国瑜等为代表的国内外学者先后在纳西族地区调查研究，他们在东巴文化和纳西族族源研究领域做出了奠基性的贡献。他们为我们大体绘出了纳西族的源流与历史走向，不少结论，已经成为关于纳西族的经典性论述。

孕育：外来的还是土生的？

迁徙说、土著说、融合说，纳西族族源是个谜

纳西族是云南25个世居少数民族之一。人口不算多，名声却不算小。唐代樊绰的《蛮书》称之为“磨些”，以后这一名称便广为流传。再往前追溯则还有“旄牛种”、“旄牛夷”（汉代以前）、“摩沙夷”（晋以后）等称呼。

那么，纳西族的源头究竟在哪里？这个古老而神秘的民族来自何处呢？

关于纳西族的族源，在历史学、民族学界有两种主要的主张，即古羌南迁说和土著农耕民与南下游牧民的融合说。

神话中的民族远祖认同

纳西人对本民族的来历有一种基于神话传说的全民认同，这种认同存在于纳西族创世史诗《崇搬图》（《人类迁徙的来历》）中。

《崇搬图》汉语意为“崇部族的迁移”，“崇”一词也是古纳西语“人”的意思。它的副标题“人类迁徙的来历”更是直接道出了它是纳西族先民的一段迁徙史。弥足珍贵的是，这部东巴经记载了纳西先民从北方高原上的居那世罗山南迁到英古地（纳西语，地名，今丽江坝）等今日纳西族聚居地的迁徙路线，即从居那世罗山南下，一路上经过许多地方，后抵达今四川木里一带，然后再往西，到今云南香格里拉市（中甸）白地、丽江市玉龙县的大具和白沙等地，最后抵达英古地。一长串确凿的迁徙站名，勾勒出了纳西族先民漫漫迁徙路的大致轮廓。

《崇搬图》还包含有大量有关纳西族先民的婚姻制度、社会形态、生产方式等重要信息。据这一史诗描述，远古大地暴发了滔滔洪水，纳西男祖先崇仁利恩得到创物神美利董阿普的启示，躲进牛皮缝制的皮囊里躲过了洪水浩劫，而且，在牛皮皮囊里留下小鸡、小狗、小山羊、五谷种、金火链等，使他在洪水后能继续生活。

崇仁利恩后来与天神之女衬红褒白咪在大地上黑白交界处的一棵梅花树下邂逅，两人一见倾心，情投意

画谱中的崇仁利恩形象（图/杨福泉）
清代著名东巴桑尼才所绘的《大祭风木牌画谱》中纳西远祖崇仁利恩的形象（左）。按所画内容应读为：崇仁利恩这一代，用马、犏牛、山羊做牺牲。其形象为头上有两叉，是远古之人。手持板斧，意为他是开天辟地的祖先。身穿树叶，指大洪水过后得以逃生。坐于云团之上，说明他有神气。到天上历尽艰辛，娶得天神的女儿衬红褒白咪而归。他带着马、犏牛和羊在云团中奔驰

《崇搬图》封面（图/杨福泉）
东巴经《崇搬图》（《人类迁徙的来历》，又意译为《创世记》）封面，图中可见表示纳西远祖崇仁利恩在迁徙中的图画象形文字

祭天——纳西族最大的传统仪式，祭祀的就是始祖崇仁利恩、衬红褒白咪和天神地神（图/杨福泉 2000年）

合。衬红褒白咪让崇仁利恩藏在白鹤翅膀下来到天神家。但天神不喜欢凡人，而且他的女儿已经按“舅父有权先娶姑妈的女儿为儿媳”的习俗由父母许给了天神之舅美若可西可洛家。天神想出种种办法来刁难崇仁利恩，如叫他过刀梯、一天砍完99座山的树林、一天烧完99座山的树木、一天播种99座山的地、一天拣回99片山地上的种籽、找回被斑鸠和蚂蚁吃去的种籽、悬岩上抓岩羊、急流里捕鱼、挤老虎的奶等等，想叫他知难而退。崇仁利恩凭勇气和智慧解决了天神的种种刁难，有情人终成眷属。

这一神话故事反映了纳西人在过去有过“服役婚”和女婿要经受女方家各种考验的古老婚俗，它是短期从妻居的一种形式。它还反映了氏族等级内婚、“姑舅表婚”、氏族外婚议婚等习俗，表明了纳西族先民的婚姻习俗由从妻居向男娶女嫁的逐渐过渡。

纳西族传统中最大的节日和东巴教最大的仪式“祭天”，就是祭祀崇仁利恩、衬红褒白咪和她的父母

纳西族的他称

在汉文古籍中，纳西族的他称有“麽些”（些读如so）、“摩沙”、“摩挲”、“摩娑”等，近现代汉族民间亦曾流行以“麽些”（摩梭）称纳西人（包括自称“纳”“纳罕”“纳日”等的群体）。英文、法文将“麽些”译为moso或mosso。方国瑜先生认为“麽”或“摩”都是“旄牛夷”之“旄”一词的音变，“些”是“人”这个词的古代称谓。由于历史上的这一他称比较普遍，直到族称正式定为“纳西”之前的20世纪50年代初，各地纳西人填族别时仍填“麽些”或“摩西”。藏族人则称纳西族为“姜”（Hjang），《格萨尔王传·姜岭大战之部》中的“姜”即指纳西族。“姜”是“羌”的音变。白族自古称纳西族为“摩梭”（麽些）；傈僳族称纳西族为“罗木扒”；普米族称纳西为“娘命”，但通用的称呼仍为“摩梭”（麽些）。主要居住在香格里拉市东南部东坝等地的部分纳西人（自称“纳西”或“纳罕”）被称为“阮可”（又译为“若喀”）。居住在云南迪庆州维西县塔城镇腊普河上游的纳西人自称“玛丽玛莎”或“玛莎”，学术界认为“玛丽玛莎”可能是“木里的麽些”或“天地间的玛莎人”的意思。

烟雨蒙蒙中的大渡河。大渡河流域曾是纳西远祖迁徙线路之一（图/杨福泉 2012年）

天神地神，并通过这个仪式向天舅家表示歉意。《崇搬图》还用象形文字记录了纳西族父子连名制的远祖谱系，这种父子连名制的习俗普遍存在于汉藏语系藏缅语族的诸多族群中，南诏王世系也是父子连名制。纳西族木氏土司记载有五十余代父子联名家谱的《木氏宦谱》也把这些神话传说中的纳西远祖认同为自己的远祖。而这个远祖的认同，与纳西人的祭天习俗和人去世后返回“祖先之地”的“送魂”习俗密切相关。

纳西族东巴教的诸多神话传说中说，纳西祖先从崇仁利恩繁衍到高勒趣这一代之后，就发展出了4个古氏族“梅”“伙”“素”“尤”，纳西族木氏土司的家谱《木氏宦谱》也记载了这个说法。纳西族东部方言区的纳人（摩梭）的4个古氏族“西”“胡”“牙”“俄”，与东巴经所记载的4个古氏族是一致的。东部方言区的纳西族多数属纳西古氏族“梅”“伙”两支后裔，西部方言区的纳西族多数属纳西古氏族”素”“尤”两支后裔。

古羌后裔——尘封在石棺中的族源信息

根据任乃强先生的研究，大约在距今70万年以前，有一群猿人——人类的祖先——从中南半岛沿横断山脉，迁移到青康藏高原的辽阔大草原，停留下来，后繁衍成为著名的羌人。羌人后来因各种原因，逐渐南迁。尔后，遂出现羌人的大分化、大蜕变、“各自为种”的局面。藏族、古华族、濮族、僰族等，无不与古羌人有着不可分割的渊源关系，纳西族的祖先也是羌人。学者汪宁生说，纳西族东巴送除恶鬼“斗”和祭龙（这里的“龙”实为纳西族信仰的大自然之精灵“署”）用的木牌“可标”与20世纪初在西北出土的“人面形木牌”相似，可为证据之一。

更为有力的证据来源于大量的神秘石棺葬。自20世纪50年代以来，从川西北的岷江流域起，西至西藏昌都一带，沿横断山区发现了一批连成一片的石棺葬。如果以江河流域来划分，这些石棺葬的分布范围大致包括了岷江流域、大渡河流域、金沙江流域、雅砻江流域和澜沧江流域，其时代大致从春秋战国到秦汉为止。据《后汉书·西羌传》的记载，此时原居西北河湟一带的羌人，有一次向西南的大迁徙活动。无论从时间还是地域来看，石棺葬的分布恰与古氐羌人从春秋战国时由甘肃、青海一带南下，沿横断山区的各条江河向南、向西的迁徙活动相契合。所以，童恩正先生曾言：“将石棺葬文化视为从北方循康藏高原东端横断山脉的河谷南下的氐羌民族的文化，可能不致大误。”

从考古材料来看，古羌人除行火葬之外，也采用石棺葬。早期信仰本教的部族在人死后要举行一系列仪式和礼节，其中重要的一项就是以“石片为棺”。本教在早期是普遍流行于甘、青、藏等古羌人活动区域的一种原始宗教，这种以“石片为棺”的习俗，正反映了古羌人除火葬之外的另一种葬俗。川、滇地区石棺葬的源头正可上溯于此。

从文化系统上看，大渡河及其上游的石棺葬与岷江流域的同属一类，岷江流域的石棺葬从葬式、墓具到器物，与金沙江流域的又多有相似之处，金沙江流域的石棺葬与白狼人有关系。童恩正先生曾说：“康定以西的雅江、巴塘一线的石棺葬可能和白狼有关，而雅砻江下游木里、盐边一带的石棺葬则可能和筰都夷有关。”

在玉龙境内的大具乡、石鼓镇至巨甸镇和德钦县佛山乡纳西人聚居的纳古村等一带发现的石棺墓（图/杨福泉 2002年）

石板和石棺墓墓穴。这些石棺墓的存在，部分证明了纳西族可能由西北高原迁徙而来（图/和四奇）

赵心愚认为：“雅江以上的雅砻江流域近年来发现的石棺葬与雅江、巴塘的石棺葬为同一文化系统，其族属当也与白狼人有关。”至于澜沧江流域的石棺葬，其主人也是南迁氐羌的一支：白狼人。清末民初汉文史籍和民间传说中多说古白狼国是在今四川省巴塘一带。童恩正、李绍明、张增祺等民族学者都认为，白狼人、筰人与纳西族族源有着渊源关系。其证据之一是东汉永平年间（58—75），川西南白狼夷向东汉王朝奉贡、献诗三章，称为《白狼王歌》，一共有44句176个字，据著名历史学家方国瑜教授研究，其中有90多个字与现代纳西语相同或相近，说明白狼夷可能是纳西先民。

更深入一点考察，在德钦县纳古所发掘的24座石棺葬墓中，仅第22号墓中就有绿松石600多粒。值得注

从族称看纳西族与古羌人的关系

据民族学家李绍明先生调查，现在康区南部的藏民，仍然称巴塘南部白松乡一带的纳西族以及丽江一带的纳西族为“羌巴”，“羌”为族称，“巴”是“人”的意思，羌巴即羌人。更值得注意的是康区南部的藏族竟指巴塘石棺墓的主人为羌巴。

在巴塘一些地方，本地人又将“羌巴”读作“均巴”或“降巴”。这里的“羌”“降”与藏人对纳西人的普遍称谓“姜”是同一个语词。作为姓氏的“姜”和作为部落名的“羌”二字，在汉语古音中是一致的，“姜”与“羌”互通互用。西晋及刘宋时的司马彪和范晔都指出：“西羌之本，出自三苗，姜姓之别也。”羌人为姜姓。“绛”（或“姜”）是藏族对纳西族的称呼，“绛域”即纳西人地区，在滇西北一带，藏文经典中常常提到此地有一古国，名曰绛域。

《西藏王统记》译“绛域”作“蒋域”，南诏于铁桥设剑川节度，“剑”是“绛”的译音，“川”指地方。据笔者在中甸（今香格里拉市）、德钦和西藏芒康县、左贡县、类乌齐县、丁青县等藏族地区的调查，藏族至今仍称纳西族为“姜”（绛），而称白族为“勒布”、彝族为“倮倮”，由此也可证当时“绛域”所指的应是麽些人（纳西族）所居住的领域。

大渡河流域石棺葬文化的存在，可以被视为氐羌民族沿青藏高原东端横断山脉的河谷南下的见证(图/搜图网)

意的是，类似的绿松石珠，又大量见于甘、青地区的齐家文化与玉门火烧沟的墓葬中。绿松石在矿物学上属含水的磷酸盐，通常和铜矿伴生。它和墓葬中的青铜工具一样，都非本地所产，而是从北部四川或甘青地区交换而来。

丽江金沙江河谷的纳西族地区正处在这种石棺葬的文化圈内，在丽江县(今丽江市古城区和玉龙县)境内的大具乡(今属玉龙县)、石鼓镇至巨甸乡(今属玉龙县)一带的格子、红岩、丽江坝长水马鞍山山麓皆发现了石棺墓。其中在属于石鼓镇的格子村更发现了大量的石棺葬。

这样说来，川滇西部一些地区的石棺葬的主人，以及与之相关的历史文献记载的筰人、白狼人，为今天纳西族的先祖，应是比较确凿的了。不过要特别注意的是，“这些古代民族在分化之前，包括了现藏缅语族中的彝语支、羌语支的许多民族的先民。文献记载中的摩沙夷(最早见于史籍的纳西族先民的称谓)，应是这些古代民族中的某些部分与当地土著以及其他南徙古羌人等逐渐融合而形成的一种区别于其他民族的新的民族共同体。因此，今天的纳西族应只是以上提及的古代民族的后裔之一”。(赵心愚《从纳西族先民的迁徙路线看藏彝走廊古代通道的基本特点》)

上图：漾弓江丽江木家桥段。1964年，考古工作者在桥畔发现了“丽江人”头骨及云南境内唯一一件旧石器时代角器（图/杨福泉）

右图：漾弓江发源于玉龙雪山南麓的玉湖，主要由三思吉河、俄吉河、哥吉河、青龙河、清溪河、玉龙河、东山河等汇集而成。图为鹤庆漾弓江（图/奚锡钧）

土生土长
——从“丽江人”说起

尽管纳西族系古羌人苗裔在学界几成定论，但随着近现代纳西族聚居区大量考古文物的问世，人们也开始思考南迁的古羌人与原来居住在这里的土著相融合，发展出后来的纳西族的可能性。

在丽江古城区坝子的南面，有一条水流悠悠的漾弓江，江边有座与纳西族木氏土司家族的历史相关的“木家桥”。1956年，考古工作者在这里发掘出三块人类股骨化石，它属于古人类化石。在这里还发现了各种哺乳类动物的化石，地层年代估计距今5万—10万年左右。这证明丽江盆地在冰川后退后，气候逐渐温热，适宜犀牛、水牛等亚热带动物生存，而一些人类也进入丽江盆地繁衍生息。

1964年，在这座木家桥畔，又发现了一个人头骨，经考古学家测定，认定是一个少年女性，考古学界将其定名为“丽江人”。“丽江人”属于人类发展史上的“智人”阶段。与“丽江人”一起出土的还有一件角器，是以鹿角主干制成的，这也许就是“丽江人”所制造的工具，它是迄今云南已发现的唯一一件旧石器时代角器。1980年以来，又先后在丽江金沙江沿岸的石鼓镇等纳西族聚居地发现了很多新石器文化遗物，包括石斧、石锛、石凿和石网坠等物。

在丽江市玉龙县石鼓镇红岩出土的青铜山字格剑（战国—西汉）（图/丽江博物馆）

有学者因此认为在古羌人南迁之前，丽江一带已有古人类繁衍生息。“丽江人”的后裔与当地民族的形成不会是没有联系的。日本学者諏访哲郎则更具体地认为，“纳西族的母体应该是土著的农耕民集团。这个母体曾受到过来自北方的、在武力上占优势的少数游牧民的控制。现代纳西族显然是土著农耕民与南下的游牧民融合而成的统一的民族”。这就是上面说过的，在纳西族族源上的“土著农耕民与南下游牧民的融合”说的核心实质。这一主张提出的时间虽然较晚，而且也不像前一主张那样得到广泛的认同，但是它为我们打开了一个新的思路，在纳西族历史发展的长河中，复合构成的观点比单一构成的观点也许更有意义。

1964年，在漾弓江木家桥畔发现了一个少年女性的头骨，考古学界将其定名为“丽江人”。“丽江人”属于人类发展史上的“智人”阶段（图/杨福泉 2009年）

初生：在迁徙中融合

从西北到西南，辗转高原，筚路蓝缕

自唐代以来，纳西族的分布地区均无大的变动，即其中心基本稳定在川、藏、滇交界处的雅砻江流域及丽江和迪庆段的金沙江流域一带。其间又以丽江市古城区和玉龙县的丽江坝、拉市坝、七河坝等坝区及金沙江边的河谷地区分布最为集中。而宁蒗县永宁地区和香格里拉市三坝乡也分布着保留了特殊风俗和宗教的纳西族（纳人、摩梭人、纳罕和阮可人）。

那么作为古羌人的后裔，纳西先民在唐代以前的分布与移动状况又是如何的？我们来做一个简单的梳理。

从甘、青、河、湟一带出发

历史如风而逝，把许多秘密留在了大地的怀抱中。如今，在青海乐都柳湾彩陶博物馆，陈列着与纳西先民有密切关系的很多远古文物，比如新石器时代原始社会氏族公共墓地的彩陶，上面绘有“卐”字符。这个最初象征太阳的神秘符号与本教和东巴教的“教符”异曲同工。无独有偶，在纳西族东巴教的象形文字典籍和

微雨中的湟水河，纳西远祖曾在河（黄河）湟（湟水）流域生息繁衍（图/李克胜）

青海乐都柳湾陶罐，新石器时代器物，其上“卐”字符竟与相隔遥远的西南地区的本教和东巴教教符异曲同工（图/杨福泉）

民间流传的神话中，经常提到一个神湖，叫“美丽达吉”。学者们普遍认为青海湖就是神湖“美丽达吉”。这一系列事实表明，藏族和纳西族都是古羌人的后裔，都曾繁衍生息在甘肃、青海这一片高原地区。这里，极有可能就是纳西族先民沿着藏彝走廊向南迁徙的起点。

公元前4世纪初，羌人无弋爰剑的后裔自甘肃、宁夏、青海一带的河湟地区迁徙南下，逐渐来到岷山以东至金沙江畔，发展为武都、广汉、越嶲诸羌，与《史记》所载的嶲、昆明相接，是羌人南下的较晚支系。纳西族迁徙融合的大幕由此拉开。

童恩正先生认为雅砻江下游木里、盐边一带的石棺葬可能和筰都夷有关。西汉时越嶲郡（治所在今四川西昌市附近）以“筰”命名的县有三个，即定筰（今四川盐源县）、筰秦（今四川冕宁县）、大筰（今四川盐边县），均在雅砻江下游。他还认为，滇西北横断山高山峡谷区的石棺葬的族属“可能仍然是筰系民族，大致相当于汉代的嶲、昆明，魏晋时的摩沙夷，唐代的施蛮、顺蛮、磨蛮、磨些蛮”。而上述这几个地方从古至今都是纳西先民聚居的区域。“筰”在纳西语中有两种意思，一意为“人”，即纳西古音“撮”（coq，也音译为“崇”），丽江人至今自称为“筰”。另一个意思是“桥”，“凡言筰者，夷人于大江水上置藤桥，谓之筰。其定筰、大筰皆是近水置筰桥处”。

纳西人最早独立地以“摩沙”的名称明确地见于汉文史籍记载的是晋代常璩撰的《华阳国志》，这本史书记载了公元4世纪中叶以前今四川、重庆、云南、贵州四省市以及甘肃、陕西、湖北部分地区的历史、地理等状况。该书中的《蜀志》“越嶲郡定筰县”词条中这样载：“县在郡西，渡泸水（即雅砻江），宾刚徼，曰‘摩沙夷’。”摩沙就是“麽些”（纳西）名称最早的记录。“摩沙”意为“摩”族，以“旄”得名，即与旄牛羌（夷）有关。由此我们知道定筰县（今四川盐源县）当时已是纳西先民的聚居之地。《后汉书·西南夷传》中还记载了筰都夷皆“被发左衽”，被发即散发，不作髻，是羌人的传统；左衽指衣襟向左掩。两汉时期，越嶲郡所属的领县均有遂久，遂久为今天的丽江市，是今天纳西族的主要聚居区域。据《元史·地理志》的记载，约在西晋初年，丽江巨甸地区（今属玉龙县）就已有纳西人居住并已发展出一定的势力。

越嶲的羌人“牦牛种”称为“越嶲羌”。河湟地区的部分羌人由大渡河上游南迁至此，进而散布到我国西部的广大地区，使这一地区同族部落的人口增多。大渡河、雅砻江流域一带成为他们新的游牧地，得到了进一步的开发。

《华阳国志》记载说：蜀国将领张嶷来到定筰，“夷帅狼岑、槃木王舅，不肯服”。类似说法也出现在《三国志·蜀志·张嶷传》中。据纳西族木氏土司家谱

民族文化宫所藏“茹柏阿买”面具，纸扎质，为玉龙大东乡竹林村老人去世后，东巴为亡灵举行“东巴跳”，送亡灵返回祖先故地时所用

《木氏宦谱》的记载，他们的祖先是居住在定笮的摩挲人，曾经担任过昆明总军官一职，传到唐武德（618—626）时的叶古年，已经有十七世。从这个记载中，可知在公元2世纪末，定笮境内已经有摩挲酋长，与《三国志》记载的相合。这也是这一带的石棺葬与纳西先民有关的重要旁证之一。

中甸县（今香格里拉市）三坝乡著名东巴习阿牛用图画象形文字所绘的“送亡灵回归祖地”图（图/杨福泉 1999年）

送魂，回望祖先来时的路

纳西族有这样一种传统习俗，即人死以后，要为死者“开路”送魂，请东巴念开路送魂经。千万不要小看这貌似玄虚的送魂仪式，它珍藏着纳西族丰富的原初记忆。东巴所谓的送魂路线，其实正是纳西先民迁徙路线的逆推。所以，纳西人死后，灵魂才要由东巴指引，一站一站，回到祖先故地。

东巴经比较详细地记载了纳西人的送魂路线和地名，送魂路线的很多路站名都有川滇藏纳西族活动地区的古今地名相对应。值得注意的是，无论是丽江的“纳西”、香格里拉三坝乡的“纳罕”和永宁的“纳”人（摩梭），这些纳族群送死者灵魂回到“祖先之地”的送魂路线都是一致的，有些短程的路线虽有差异，但到了四川木里的远程路线却又总归为一，最后送魂的终点站都被称为“司布阿纳瓦”（或译为“斯波安纳瓦”），这说明“纳西”和“纳”“纳罕”“纳恒”等族群是同源同宗的民族。

李霖灿先生曾对此作过实地考察。他于1942年初从白地出发，经半年多的跋山涉水，终于勾画出了一条纳西族的迁徙路线，即从贡噶岭下东南，渡无量河，经木里、乌角至永宁，又西渡无量河至洛吉，经东坝、白地、哈巴，渡金沙江，经黑白水到丽江坝，过南山、拉市至石鼓，循江而上至鲁甸、维西。有一些民俗现象正与李霖灿勾勒的这一线路相互对应。譬如东坝、白地的纳西族（阮可人，也音译为“汝卡人”）家中杀猪宰羊时，头部都要朝向东北方向；人死了，头也要朝东北方向，停放灵柩，棺材头部亦朝东北方向。东巴给死者开路送魂时要悬挂魂路图，魂路图也是从死者棺材头起朝东北方向展开，而这东北方向正好指向木里。纳西族世世代代以这样的方式，来表示他们对祖先居地的追忆和认同。

很多地方的纳西族都说到他们是从北方一座叫居那世罗的神山上迁徙下来的，直到现在，纳西人依旧以传统母房（正房）中那被称为“擎天柱”的中柱象征这座神山。从各种材料中看，居那世罗神山当为纳西族迁徙路线的首站。这座神山究竟居于何处？我们也可以从送魂路线中窥出端倪。四川盐源县泸沽湖镇达住村的纳西族

吹起海螺，祖先辗转迁徙的岁月是否在海螺声中隐现？（图/晓夫）

四川省木里县俄亚纳西族村落掩映在麦浪中（图/晓夫）

是明代从丽江迁来的，他们的送魂路线是送到木里以北方向，经过28站之后，到达居那然洛肯（即居那世罗山），从居那然洛肯往右，即是青海“昆仑山那边祖先原来的住地”。永宁纳西族自称“纳”，其4个尔（血缘集团）中的“胡尔”送魂路线也直往北方，“最后才到昆仑山下”。四川省盐源县的纳日人（历史上为麽些的一支，现有的已改称蒙古族）称祖先原居住地为“司布阿纳瓦”，并认为这个地方就在青海昆仑山下，人去世后送魂也要送到那里。以上几条送魂路线最后都到了昆仑山，可见居那世罗山也应在这一带。至少，它的原型应该是纳西族祖先原来生活区域内的一座山，纳西先民在高山崇拜的宗教意识支配下把它神化了，并且逐渐融入了昆仑神话和冈底斯山神话的元素。

送魂路线一再地证明，纳西先民是从遥远的北方一步步迁徙到今天的丽江地区的，否则就无法解释纳西族为什么要把自己先人的灵魂沿着崎岖的山路送到不相干的北方。那么纳西族先民的迁徙路线具体又是怎样的呢？

藏彝走廊

藏彝走廊，北起甘南，中经川西，南至滇西北、藏东南。这个通道是汉、藏接触的边界，在不同历史时期又为羌、氐、戎等部族主要活动的地区，出现过大小不等、持续时间长短不一的政权。由于这个走廊的民族以属于汉藏语系藏缅语族的族群居多，有的学者又称之为“藏缅语族走廊”或“藏羌彝走廊”。

纳西族迁徙手绘路线图

(据李霖灿先生1943年考察手绘图重绘 绘图/ZITAO)

马至今仍然是木里俄亚大村主要的运输工具(图/晓夫)

漫漫迁徙路

由河湟地区南下至岷江流域，继而西到大渡河流域，再顺这一流域南下，进入雅砻江和金沙江流域——这是方国瑜先生为我们揭示的纳西族先民的迁徙路线。这一迁徙路线的特点是纳西族先民主要是由东向西在藏彝走廊内作横向运动，是跨几大江河流域的迁徙。方先生的这一论断具有很高的权威性，自提出以来，几成定论。那么，这是否就是纳西族先民唯一的迁徙路线？

纳西族先民的主要活动舞台一直在藏彝走廊之中。在认同纳西族源于古羌人的基础上，多年来，学者们对于纳西先民的迁徙路线又提出了若干新的见解。

李绍明先生在赞同方国瑜先生岷江—大渡河迁徙路线的基础上提出了金沙江流域迁徙路线，他认为，康区南部的石板墓（石棺葬）为汉代白狼人先民的墓葬，而白狼人与纳西族有着族属上的关联。白狼羌一部分后来沿着金沙江、雅砻江进入今川滇边境一带，其后裔即晋代的摩沙、唐代的磨些以及现今的纳西。在进入康区南部之前，这一支纳西族先民主要栖息在今青海玉树通天河一带唐代多弥部落的活动区域。李先生的这一论断，在各地纳西族及纳木依人的送魂路线和传说中有迹可循，在《木氏宦谱》(乙)的记载中，也可发现相似的内容。张增祺先生则提出，白狼人的一支“最先是由澜沧江河谷进入滇西北地区，然后才逐渐向丽江、盐源一带扩展”。他的依据是澜沧江河谷发现的石棺葬与丽江、盐源、木里发现的石棺葬“属同一类型”，“结构大致相同”。还有学者指出，纳西族先民在迁徙中，有一部分是从青海玉树一带出发，其中一支沿发源于青海巴颜喀拉山南坡的河谷宽广的雅砻江南下，其迁徙路线覆盖了整个雅砻江流域。因为从石棺葬的分布看，今四川石渠、甘孜、炉霍、色达、道孚、新龙、雅江、九龙等雅砻江流域各地近年来都发现石棺葬群，说明整个雅砻江流域也为古代民族往来的一条重要通道。

无论是金沙江流域、澜沧江流域还是雅砻江流域迁徙路线，它们与岷江—大渡河迁徙路线有一个明显不同，即主要是在藏彝走廊中由北向南纵向进行迁徙。而在迁徙途中，若干支系又可能穿插有东西横向的跨流域运动。

这些迁徙线路的存在表明，纳西先民自甘青河湟地区出发后，当是沿多条路线迁徙的，这一点也可以从纳西族各支系同中有异的送魂路线中得到证明。尽管其中某条路线可能是主要的，但绝不是唯一的。这些迁徙路线的存在，可能还是纳西族不同支系出现的一个重要原因，更可能是丽江纳西族与川滇边同为麽些后裔的纳日人、纳木依人在语言等方面存在较大区别的一个重要原因。

漫漫旅程，风霜雨雪，餐风饮露，筚路蓝缕，在迁徙的过程中，纳西人的祖先艰难地承受了历史激流的冲击。在战争、通婚等等因素的作用下，经过与沿途不同族群的接触、联结与融合，大约在公元2世纪中叶到7世纪初，纳西族的主体最终形成。

金沙江在唐代有磨些（纳西）江之称，可知金沙江两岸很早就是纳西人聚居的地方（图/郑良发）

经过了漫漫迁徙之路，纳西族最后在玉龙雪山脚下这片美丽的土地上定居下来。图为玉龙雪山蓝月谷（图/视觉中国）

成长：纵横滇西北

从游动进入定居，一个新兴民族登上云南政治舞台

从游动到定居

如同漫漫迁徙路一般，纳西族从孕育到成熟也经历了一个漫长的过程。从秦汉至两晋，纳西族还依然在其母体族群中孕育。晋唐之际纳西族才从“母体”分离出来，成为一个独立的、稳定的群体，以《华阳国志》中所说的“摩沙夷”的称谓为标志。

在汉代和汉代以前，纳西族的先民们处在一种游动生活的状态，包括采集、游猎和游牧。这在东巴经中多有反映。记载于东巴舞谱中的一些舞蹈，就是以模仿动物的动作，重温狩猎时快乐冲动的体验。大体而言，这应该算作纳西族古代社会发展的第一个阶段。

根据《元一统志》的记载，大约在公元3世纪初期，“磨些蛮”酋长蒙醋醋，侵夺“濮卢二蛮”所居的巨津州

（今丽江市玉龙县巨甸镇）地区而“世袭据之”，传至元朝初年时，已历“三十九世”，发展成为气势煊赫的“麽些大酋”。约在公元5世纪中后期，即大致相当于南朝刘宋末年（方国瑜先生认为是在公元5世纪后期），麽些（纳西先民）酋长泥月乌率众驱走了原来因占领滇西北而聚居在现在宁蒗永宁一带的吐蕃，世代生息繁衍在此，这就是现在也称为“摩梭”的纳人。公元6世纪的南朝梁、陈之际，另一支纳西先民经过今四川木里县的无量河流域，南迁到金沙江上游今香格里拉市东南部的三坝一带，他们是自称“纳罕”的本地纳西人。

汉晋到唐宋之间，可算作纳西族古代社会发展的第二个阶段。纳西族作为一个稳定、独立的群体，从游动进入定居，部落势力纷纷崛起，并开始在云南地方的政治舞台上崭露头角，在唐、吐蕃、南诏三大势力之间不断进行选择，但是统一的纳西社会尚未形成。对于一个民族来说，从游动进入定居无疑是一个重大的历史性转折。这在政治上意味着部落酋长统治的确立，在经济上意味着农耕生产方式的出现。这一时期，定笮一带“摩沙夷”聚居的地方盛产盐、铁和漆，曾引得东汉朝廷派官兵来争夺定笮的盐与铁，与“摩沙夷”发生了战争，史书记载了这些争夺盐池的战争。明代丽江木氏土司所修的《木氏宦谱》中对东汉及蜀汉时摩沙夷在盐源的活动已有简略的记载。

到了唐代，《蛮书》等史书多称纳西为“磨些”。此时各地纳西族有了比较大的发展，根据《蛮书》的记载，东至今四川省西部地区，南至大理州的宾川，西至澜沧江和金沙江边的维西（今迪庆州维西县）一带，北至铁桥上下的德钦、中甸（今香格里拉市）一带，都有纳西人分布。公元7世纪中后期（唐麟德元年前后），早就从盐源地区往南渡过金沙江到洱海以东的纳西人形成

公元7世纪中后期到8世纪初存在的纳西部落“越析诏”兴盛约70年，它与南诏的恩怨纠葛，在《南诏德化碑》中有详细记载（图/杨士斌）

了大的部落，在今云南大理州宾川县一带建立了“越析诏”（又称“磨些诏”）。越析诏是“六诏”之一，一度很强大，冶炼技术也达到较高水平，他们所制造的兵器“铎鞘”名震六诏，史称其“所指无不洞”，《南诏德化碑》中将它称为“宝物”。六诏中最强大的蒙舍诏都十分敬畏越析诏。越析诏兴盛约70年，终为南诏所破，《南诏德化碑》曾对此大书特书，其对越析诏的敬畏，可见一斑。

夹缝中求生存

唐武德元年（618），早期纳西族领袖叶古年逐出原住民濮獬蛮，在“丽江（指金沙江）之东，雪山之下”的三赕地方定居下来。这三赕地方，后又称通安州，即现在的丽江坝子。叶古年是开拓丽江坝子的英雄，被后来的木氏土司视为始祖。

唐代，在纳西（麽些）人居住的地区被称为城的就有铁桥西城（在今丽江玉龙县塔城乡境内）、铁桥东城、三赕（今丽江坝）城、昆明城（今四川盐源）、台登城（今四川冕宁）等。流经这一区域的金沙江称为磨些江，可见纳西（麽些）人在金沙江流域分布的盛况和影响。纳西人所分布的地区处在唐、南诏、吐蕃三个政权之间，因有铁桥之险和盐、铁之利，成为这三大力量的逐鹿中心。麽些部落在动荡多变的政治环境中，与各方都有较多的经济文化交流和矛盾纷争，在复杂的政治格局中艰难地寻求自己的发展道路。

公元7世纪，吐蕃势力进入了纳人居住的领域，唐朝和吐蕃以大渡河为界，吐蕃在今丽江塔城（属玉龙县）设立了神川都督府和“铁桥节度”。麽些人所聚居的大部分区域基本上都在这个辖区内。

处在吐蕃与南诏这两大势力之间的纳西人，夹缝中求生存，和这两大势力力图保持一种均衡的关系。纳西与吐蕃上层之间相互通婚，结成了政治上的联盟关系。在藏地的“本佛之争”中失势的不少本教徒被放逐到滇川纳西族地区，传播本教，本教和纳西人的本土原生性宗教相融合而逐渐形成了东巴教。同时，有的麽些部落与南诏也保持着很好的关系，包括上层之间的通婚。唐代诗人白居易的《蛮子朝》一诗中曾提到，南诏王子到京城长安朝拜唐朝皇帝时，其导从是“摩挲”（纳西）人。

位于吐蕃铁桥节度势力范围核心地带的塔城、盐源一带的麽些部落，与吐蕃的政治联盟关系要比丽江坝区的麽些部落更为密切。所以，后来南诏在唐王朝支持下与吐蕃反目，“袭破铁桥及昆池等诸城”。南诏因很多部落的麽些人与吐蕃关系密切，而对麽些部落进行强制移民。将近一万户、五六万的麽些人被南诏强徙于滇池和滇中地区，这对当时的纳西人来说，是个元气被重创的历史挫折。

明朝中期丽江木氏土司与吐蕃两次大战均获胜利，其事迹都记载于石鼓碑上（图/杨福泉）

宋代，纳西族地区属大理国管辖，但不少地区的纳西族土酋各占一方发展自己的势力，大理国并不能有效地控制纳西族地区。史书载“段氏虽盛，亦莫能有”，就是指大理国国王段氏虽然强大，但也控制不了纳西土酋。北边的吐蕃则长期内乱频繁，无力南下。纳西族地区处于相对安定的局面，人口、经济和文化都得以发展。宋末元初时的丽江、巨甸一带已经是“民田万顷”，“地土肥饶，人资富强”。史载当时的纳西土酋牟保阿琮（麦宗）创制“本方文字”，学术界认为这可能是音节文字“哥巴文”。宋代是纳西族地区和平宁静，本土文化得以长足发展的一个历史阶段。

宋代纳西族的社会看来似乎是非常纷繁复杂，部落酋长们，或向南诏，或向吐蕃，或向大唐，风云时有所变，但是总的一个趋向是朝着各兄弟民族大团结的方向在运动。在坚持各兄弟民族大团结的前提下，纳西族注意学习和交流，广泛吸收汉、藏、白等民族的文化和生活方式，从而丰富了自己，强化了自己，奠定了本民族进一步取得更大发展的良好基础。

统一诸部，定名丽江

我们把元代算作纳西族古代社会发展的第三个阶段。在这个阶段有两个最为重大的事件，一是纳西族终于结束了各部落各自分立，无所统摄的局面，实现了全民族的大统一；二是统一起来后的纳西族领袖，被赋予双重的权威，不仅是部落的酋长，而且还是朝廷的命官。

上面两个重大事件，都是从元世祖忽必烈跨革囊渡江，亲征大理开始的。南宋理宗宝祐元年（1253），忽必烈南征大理国。忽必烈率军从甘肃临洮直下四川，过大渡河，来到与奉科隔江相望的今永宁拉伯的拉卡喜里附近渡口。据说，是当地纳西人献计用“革囊”来渡江，蒙古军采纳了这个建议，渡过了金沙江。据说奉科古空美渡口（在今玉龙县奉科乡）是当年忽必烈渡江处，西岸村头还有一个“渡江指挥台”遗址。

当时，统治着以今天丽江古城一带为核心的大片领地的纳西酋长麦良（阿琮阿良），审时度势，到渡口迎接忽必烈大军。而金沙江沿线巨津州等地的纳西首领禾牒（阿塔剌）、禾失（阿叔）等则采取了抵抗态度。对蒙古军持不合作态度的这些部落最终被攻破，间接地巩固了麦良的统治地位，从而为实现纳西族的全民族统一创造了条件。麦良因其卓越的政治智慧和“推诚服众，敦德化人”的人格力量，成为纳西各族支共同的“尊主”。

“革囊渡江”是丽江乃至云南历史上的重大事件，忽必烈进入纳西族地区后，对当地部落首领先后封授以“茶罕章管民官”“茶罕章宣慰司”等官职，这是丽江土司土官制度的雏形。元至元十一年（1274），元朝廷设置了“丽江路军民总管府”，“丽江”这个地名从此产生。至元二十二年（1285），改置“丽江路军民宣抚司”。元朝中央政府正式将丽江纳入了云南行省的管辖，加强了其与内地的联系。纳西“尤”（叶）氏族首领麦良家族成为一统“纳西古王国”的土官，基本统一了“酋寨星列”的纳西地区各部落。麦良家族后裔在明代成为在滇川藏赫赫有名的“木氏土司”。

《木氏宦谱》中所载的到奉科渡口去迎接忽必烈所率蒙古军的麦良（阿琮阿良）的画像（图/杨福泉）

史载，木氏土司的祖先还随元军征战缅甸等地，纳西族民间流传有长篇叙事诗《牧象姑娘》，反映的应当是纳西军队在战争中带回战利品大象并养在丽江的历史情景。蒙古军队来到泸沽湖周围区域和丽江后，一些将士留在了这里，天长日久，融入了纳西族中，藏传佛教的萨迦派（花教）也随着忽必烈进入这片区域传入永宁等地的纳人中。

从公元1253年忽必烈灭大理国到清朝雍正元年（1723）实施“改土归流”的470年间，元、明、清朝直接在纳西族地区推行中央王朝管辖下的世袭土官、土司制度。

元代近百年中，纳西族的社会、经济、文化都较前大大前进了一步，为登上历史发展的高峰，积蓄了充足的力量。

革囊渡江

在纳西人用象形文字记载的创世神话《崇搬图》中，就有纳西远祖崇仁利恩躲进革囊从大洪水中死里逃生的故事情节。所谓革囊，就是将剥下的完整牛、羊皮的四肢、肛门等处扎紧，充气后作漂浮器材，纳西人称之为“次笃”。用绳索将多个这样的皮囊绑在纵横交错的木、竹架子上，就成了皮筏。蒙古军队用这种革囊和皮筏渡金沙江，史称“革囊渡江”。

位于玉龙县奉科乡的“革囊渡江”渡口(图/杨福泉 2009年)

雄踞天南，富甲一方

明代是纳西族历史上一个重要的发展时期，也是纳西古代社会历史中登上高峰、极为辉煌的一个阶段，是为纳西族古代社会发展的第四个阶段。这个历史阶段的辉煌，几乎表现在经济、技术、文化、宗教乃至城建、建筑等各个方面。明洪武十七年（1384），丽江木氏被授为丽江府知府，该土司家庭的姓氏“木”也因朱元璋赐姓而得。木氏土司则要求所有百姓包括外来的移民一律姓“和”。由此起至清雍正元年（1723）止（即由木得到木钟），木氏土司父子相承，共传十八代。木氏

直到20世纪30年代，革囊渡江仍然是纳西族的一种涉河方式，图为洛克当年所拍摄的革囊渡江场景（供图/和为剑）

土司与明代皇帝间的关系可谓密切。明朝皇帝心中明白"丽江由荒远僻，西域诸夷，必置重藩"，而木氏世守，"为诸夷诚信"。而在木氏土司方面，心里也很有数：南北方均有强敌，都比他自己强大得多，若不依靠大明，则外不能抗衡强敌，内也难保纳西民族的发展与统一。

深得明王朝信任和倚重的丽江木氏土司不闭关自守，积极地引进中原汉族地区的生产技术和文化教育，广揽人才，以各种优惠条件想方设法让他们在丽江安居乐业。这些汉族同胞后来多与纳西族融合。木氏土司在明代修建了徐霞客到丽江后所描述的"宫室之丽，拟于王者"的土司府（木府）。

开明政策促进了丽江纳西族地区各方面的发展繁荣。在经济生产方面，矿业兴盛，木氏因此成为云南省内最富有的大土司；纳西族当时的畜牧业也比较发达，出产名马，常作为贡品献给皇帝。此外，木氏土司还很重视本家族内的汉文化教育，出现了以木公、木增为代表的木氏汉文学作家群，比如著名的"木氏六公"。汉传佛教、藏传佛教、道教先后在纳西族地区得到传播和发展，产生了著名的融多种宗教文化于一体的艺术杰作"白沙壁画"等。融合了多民族多元文化的丽江古城，也在此时开始繁华。

投桃报李，木氏土司不断地为明王朝征战效力，“辑宁边境”，并借机向北扩张势力，管辖范围南邻鹤庆、剑川，东连盐源、木里，西面已抵维西、兰坪和现属怒江州的一部分地方，北面则越过了中甸（今香格里拉市），到达奔子栏以北和巴塘、理塘、康定及西藏昌都以南地区。木氏所发动的频繁战争给藏、纳西等族民众带来深重灾难，但在这期间，两族的经济、文化交流得到了长足的发展，通过“茶马古道”所进行的贸易日益繁荣。藏传佛教得以弘扬，被藏学家们誉为“滇藏政教关系史上空前绝后的创举”的《大藏经》的印制就在这一时期。这是在藏区第一次正式雕版刊印的《甘珠尔》（史称丽江–里塘版《甘珠尔》）。

明代的木氏土司已彻底走出了部落酋长的狭小圈子，成了地域政治舞台上强而有力的领袖人物，成为凝聚一方兄弟民族的一个重要“磁极”和“辑宁边境”的一个重要支柱。

从改土归流到抗战军兴

清朝雍正元年（1723），丽江实行“改土归流”。废除世袭的土司统治制度，由中央委派非世袭的官员来治理地方，这就是“改土归流”的简单解释。土司统治当从元代算起，至清初已历四百余年。土司皆为木氏一家，凡二十二代。“改土归流”后，朝廷委派流官任知府，降木氏土知府为通判。免除了土司的各种苛捐摊派，废除庄奴500多户，2000多人，结束了封建领主制，建立了封建地主经济。有好几任流官知府鼓励人民开垦荒地，

明代纳西族的文化艺术也达到巅峰。大宝积宫等处所保存下来的“白沙壁画”就绘制于这一时期，壁画内容融合了佛道诸教，反映了纳西族开放的文化心态（图/邓磊）

这是明代木氏土司"夏宫"和著名的历史文化景观"玉柱擎天"所在地玉湖村，明代纳西土司曾在此村修建逸仙楼，在此休闲和吟诗作赋。这是新修的"逸仙楼"（图/引自杨福泉《灵境丽江》）

兴修水利，使耕地面积大大增加。农业、手工业和商业都得到较快的发展。"改土归流"还打破了木氏贵族垄断汉文化教育的局面，大力鼓励和支持民众学习汉文化，在城乡形成浓郁的学习汉文化的风气，使纳西族中产生了一批又一批能诗善文、熟悉汉文化的知识分子。

但另一方面，清廷流官鄙视纳西原住民文化习俗，强制性地在纳西族地区实行移风易俗，导致纳西族地区发生了重大的社会矛盾和文化变迁，加剧了传统文化的衰落。如纳西族民间"殉情"悲剧的急剧蔓延，即是"改土归流"所导致的社会矛盾和文化冲突的表现之一。

光绪年间，神州大地风起云涌，西学东渐成为潮流。丽江一些精英人士勇立潮头，率先建立了丽江高等小学堂、丽江府中学堂、师范学堂、实业学堂等，商贸热、办实业热也相继兴起，这在当时其他少数民族地区是并不多见的现象。到20世纪三四十年代，丽江竟成了滇西北的教育中心，为地方的发展和国家的建设事业培养输送了一大批优秀的人才，他们当中有著名的历史学家方国瑜、画家周霖、作家赵银棠等。

从元明清三代直至民国，纳西族最集中聚居的

公元1723年，清廷在丽江实施"改土归流"，第一任流官知府杨馝踌躇满志地写下了"玉柱擎天"四个大字，叫人镌刻在玉湖的一座神崖上（图/杨福泉 1993年）

土司、百姓和庄奴

明代木氏土司是世袭的封建领主，世代占有当地土地和民众，有很多庄园。民众则分为百姓和庄奴两种。百姓有人身自由，但要服各种劳役、兵役；庄奴则直接在木氏庄园中劳动。木氏土司以"官姓木，民姓和"来区分贵族和平民。土司府设大把事（分文武）、把事和通事等职，有称为"五虎十四彪"的大小头人。在广大乡村和占领区实行军政合一的"拇瓜"（兵管）制度，"拇瓜"这一级地区军事头领之下有"爪阿"（相当于"乡约"）、"本孙"（相当于村长）等头目。明《太祖实录》中称木氏有"聚则为兵，散则为民"的军事制度。

至今，在纳西族聚居的三江并流地区，茶马古道上仍活跃着马帮（图/搜图网）

丽江成为滇西北政治经济文化的中心，同时也逐渐发展成滇川藏联结地带各民族进行贸易的重要集镇，即“茶马古道”的中转站和重镇，四方街成为滇西北的名市。“七七”事变后，我国沿海城市相继沦陷，中断了国际贸易，虽依靠西南地区的滇缅公路进口，但运输进来的货物数量有限，因此，滇藏“茶马古道”上的贸易就日益繁荣起来。太平洋战争爆发后，国际贸易通道仅剩下从滇川出发经拉萨再到印度的这条“茶马古道”。“茶马古道”重镇丽江大研镇一时万商云集，商号林立，进入了滇藏贸易的极盛时期。每天数千匹骡马穿行在横断山脉中的这条“天路”上，甚至发动了大批西藏牦牛帮参加运货，为中国的抗日战争源源不

断地输送着必需的物资。在抗日战争期间，丽江扮演了非常重要的角色，当时有人称丽江大研镇为“小上海”，这给丽江人和外来客商带来了大发其财的机会，给大研古城带来了前所未见的繁荣。那些一时发了大财的丽江人，纷纷购地建房。这些房屋中的很大一部分成为现在古城保护中的主要对象。俄裔作家顾彼得(Goullart.P) 在此期间来到丽江实施宋庆龄、艾黎领导的“工合”（工业合作社）实业，也写下了后来脍炙人口的《被遗忘的王国》一书，生动地描写了当时这个茶马古道重镇的贸易盛况和丰富多彩的风情民俗。

历史的进程发展到1949年，纳西族社会又迎来了一个全新的时代。

曾在“茶马古道”上创造了商业辉煌的丽江“四大家族”之一的李达三老人(右一)一家(图/杨福泉)

撰稿专家

杨福泉，纳西族，历史学博士，云南省社会科学院二级研究员，云南大学博士生导师，现任中国民族学学会副会长，享受国务院特殊津贴，入选“中国百千万人才工程”。长期从事民族学、人类学和纳西学研究，著作有《东巴教通论》《纳西族与藏族历史关系研究》《玉龙情殇——纳西族的殉情研究》等33种。

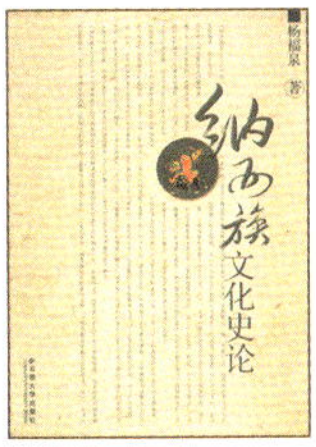

《纳西族文化史论》

扫描二维码，
阅读专家代表著作的电子版

《麽些图卷》

明代纳西族的风俗画

《麽些图卷》是明代的作品，是描写云南丽江纳西族社会生活的生动画卷，其中既反映了该族的社会经济生活，也对其衣食住行、节日和婚俗作了形象的描述，是一件不可多得的艺术珍品，具有重要的历史和学术价值，对研究西南民族史、民族学和绘画史有着重要意义。

图卷的年代

可以从画面表现的生产、生活等内容来考察年代。图卷上有犁耕和平地场面，有护秋的窝棚，这种生产景象是明代经济发展的反映。

猎人没有使用鸟枪，而是以矛、弩和长刀狩猎。图卷中所绘的佩刀与《云南志略》、正德《云南志》等古籍所描述的明代纳西族武器不谋而合。从发饰来看，景泰《云南图经志书》说：“(麽些)男子头绾二髻，傍剃其发，名为三搭头。”《麽些图卷》男子皆“三搭头”，“妇人布冠”，正是明代纳西族的典型发饰。入清后，有重大改变。

图卷反映的生产活动

农业生产是当时纳西族的主要生产活动。《麽些图卷》有两个突出的农业生产活动场面：犁地和平整土地，其中最值得注意的是犁的形制，其特点是曲辕、短小、有调节深浅的犁箭，由于犁架轻巧，只用一条牛挽拉即可。这种犁与东巴经上所绘的犁完全相同，在民族地区还是相当进步的。

纳西族为古代氐羌后裔，素有发达的畜牧业，《麽些图卷》表明，当地纳西族不仅饲养黄牛，还饲养水牛，前者主要用于运输，组成牛帮，后者主要用于挽犁耕田。其他还有犬、鸡等，其中猎犬最为宝贵。

纳西族向来以善猎著称。从《麽些图卷》上看，狩猎工具仍为弩、矛，后者即是镖枪。居住在泸沽湖周围地区的纳西族举行成年仪式时，少年必手持一根修长的标枪，顶端直插过房顶，作为他将成为猎手和战士的象征。纳西族的弩有两种：一种是轻便型的手弩，《麽些图卷》上有所反映；一种是笨拙的地弩，即安置在地上，野兽触动机关后箭射。

在《麽些图卷》上还有一种长柄抄网形工具，是一种渔猎合一工具，既可捞鱼，又可捕捉禽类。在狩猎场面内还有一个猎手手捧一只鸡媒(经过人工驯育的野生公鸡)，带到山林中，引诱野公鸡飞

来，厮斗，猎人藏在草丛中，伺机以抄网把野公鸡扣住。据说这样一天能捕捉几只到十几只野鸡。

《麽些图卷》上还有一位妇女一边走路，一边用纺轮捻纱，说明明代纳西族已改变了"不习纺绩"的落后状态。

别具特点的物质生活

《麽些图卷》对明代纳西族的物质文化生活，特别是衣食住行等方面有着生动的描绘，具体叙述如下：

1. 服饰

《麽些图卷》里有数以十计的人物，少年男子一律梳一髻，穿长衫，成年后实行辫发，然后在头顶盘起，上下形成两髻，如葫芦状，这就是"三搭头"。男子穿短衣，下着裤，赤足。少数人穿对襟上衣。妇女梳髻，以青布包头，有棱角，此即"布冠"。上穿短衣，下着长裙，扎彩色腰带，赤足。这是明代纳西族的典型服饰，并且保留到清初，后来才发生重大变化。

2. 饮食

《麽些图卷》上人们利用石三角架支锅，以木甑蒸饭，用木碗、陶罐、陶瓮等盛饮食。

《麽些图卷》还有饮酒场面，其中的咂酒风俗颇具民族特色。以陶瓮贮酒，然后用竹管吸出，导入小酒壶内，再供众人饮用，这种导酒方法即来源于咂酒。

3. 民居

从《麽些图卷》上看，纳西族居住在群山平坝之中，或者在半山区河谷地带。村落依山负险，树木环抱，风景宜人。有两种民居：一种是野外临时搭的窝棚，呈人字形，开一门，其余三面盖草，供护秋人居住；另一种是固定的草木结构住宅，正房偏高，厢房略低，房檐较长，房顶有呈一定曲度的面坡。房屋四周的墙一律用砖砌到顶，设"漏窗"，在山墙的横梁两端钉有裙板，又名风火墙。房顶以草覆盖。

4. 交通工具

纳西族地区山峦起伏，河流纵横，交通十分不便，所用交通工具也相当落后。水路交通工具或设施主要有木筏、皮船和溜索桥。

《麽些图卷》对水上交通工具没有绘及，但是对陆上运输描绘甚多，如以人力汲水、背柴、运粮、背酒等，其中还应用一种背架。除人力外，主要是利用畜力运输，如牛、马。《麽些图卷》上的牛帮图就是一个见证。

民族风俗的写照

《麽些图卷》还有不少场面描绘节日、婚俗，火把节在其中占有突出的地位。

火把节是西南许多民族的传统节日，有关纳西族火把节的记载不少，但形象资料甚少，《麽些图卷》为此提供了重要史料。如点火把、聚餐、跳舞、游戏等，均是纳西族火把节的重要内容。

（本文选自宋兆麟先生《明代纳西族的风俗画卷——〈麽些图卷〉考》，有删节）

解构图卷

1963年，中国历史博物馆从北京琉璃厂购得一幅《麽些图卷》，该画纵35厘米，横314厘米，绢地，设色。左下方有“古滇何景文写”等字，还钤有两方“何景文印”。其下还钤有“大明味书楼王氏藏”，“为知己用”。右下方有“陆氏纫庵家藏”等印。说明此画为何景文所绘，但此人不见经传。从绘画内容上分析，应该是明代的作品，对研究当时纳西族的社会经济和生活风俗有重要意义。

①

① **牛帮** 在画卷的最后一部分，绘有一组以牛驮运货物的运输队伍。前面有一头“头牛”，颈下拴7个铃铛，背上备有牛鞍，其上驮着口袋。后面的5头牛，也备有牛鞍，驮有口袋。这些牛都没有穿鼻子，但皆佩戴牛笼头。一男子以树枝

赶牛，其背上有一竹篓，另外3个男子，以背架负着口袋。整个运输队伍可能是在运送粮食或盐巴。

②

② **犁地** 有两个男子正要去犁地。前面一人左肩扛一把锄，腰部佩一把长刀；后面一人左肩扛一架曲辕犁，腰部也佩一把长刀，还牵一头水牛，此牛已穿牛鼻子。

③

③ **平整土地** 在群山包围的一块地上，有3个人正在平整土地，准备春耕。其中一位成年男子，在用条锄挖地，另一位成年妇女和一个男孩各持一竹耙，把土块打碎。

它与“犁地”一起构成了《麽些图卷》中两个突出的农业生产活动场面，其中最值得注意的是犁的形制，其特点是曲辕、短小、有调节深浅的犁箭，由于犁架轻巧，只用一条牛挽拉即可。这种犁与东巴经上所绘的犁完全相同，在民族地区还是相当进步的。但是丽江地区的农业发展并不平衡，据乾隆《丽江府志略》下卷记载，直到清代丽江有

④

些地区还“男女皆刀耕火种，力作最苦，耕用二牛，前挽、中压、后驱”。

④ 泼水迎亲 在村落附近，有4个男子，每人都手持一把木勺，向几个姑娘泼水嬉戏，其中有一位是新娘，其他人为伴娘。男家正杀鸡煮酒，开门迎接新娘的到来。

⑤ 游戏 在农田附近，搭有一个人字形窝棚，作为护秋人的住所，其中坐着一位正在吃饭的老年人。附近有两组游戏场面：一组是一位年长的男子，一手端饭碗，一手抓食物，在训练两只小猎犬；另一组是两个男子，一个手拿一条蛇，另一个手拿一只鹌鹑，彼此相斗。附近还有一位妇女，负薪而归，两手搓动纺轮捻纱。

⑤

⑥

⑦

⑧

⑥ 跳锅庄 人们在村寨广场的一棵树下跳舞。跳舞者共有9人，在葫芦笙的伴奏下，围成一个圆圈，翩翩起舞。其中有男有女，有老有少，都佩双圈大耳环。在附近放置一个酒坛，从坛口插入一竹管，竹管另一端插在地上的酒瓶中。有一位男子正手持酒瓶，为一位老者斟酒。

⑦ 火把节 在村寨外的山坡上，立一根两人多高的木杆，其上插有火把，烈火熊熊，火把下有3个男子，席地而坐，一同用餐，互相敬酒。这些男子皆包头，留椎髻，上衣下裤，扎腰带，其中有两个男子披羊皮。附近有若干男女，背着鸡、酒等食品，纷纷向点燃火把的山坡走。

⑧ 汲水 共3人，利用背架背一长形木桶，从河边汲水之后，盘山而上，往山间的村寨走去。其中有两位妇女，包头，穿蓝或绿色上衣，下着百褶裙，长及脚面。其中一人扎腰带，手持一个木制水勺。另一位为少年男子，椎髻，穿短衣短裤，赤手而行。

⑨

⑨ 砍樵 砍樵场面共有6人，其中一位成年男子，身穿红衣蓝裤，正用一把长柄铁斧砍伐一棵大树。旁边两位男子则把早已砍倒的树干劈为木条。一位少年，椎髻、赤身、短裤，把散乱的木柴拾在一起。另有两个男子背负背架，将木柴运往山下。

⑩

⑩ 狩猎 在这段画面上，有两组狩猎活动。上面一组是在一个山冈上，有两个男子，背包头，穿红或蓝色上衣，下着白色短裤，扎腰带，扛长矛。一个四处张望，在寻野兽；另一个左腋下挟一把弩，旁边还跟随一头猎犬。下面一组有5个人在河边捕捉野鸡。有一人手持一只鸡媒，引诱其他野公鸡飞来，另有两人头戴斗笠，穿对襟上衣，手持长柄扣网，向飞来的野公鸡扣去，其他两人也在捕鸡，并有一猎犬跟随。

独特的自然环境造就了纳西族与众不同的自然观（图/视觉中国）

第2章

永在自然的怀抱

生存智慧

本章主撰稿人：云南省社会科学院二级研究员 云南大学博士生导师　杨福泉

纳西族主要聚居的丽江地区地处青藏高原东南缘，滇西北横断山脉东部。历史上，隋唐以来，纳西族就基本活动在滇西北和川西这一川、滇、藏三省区接合部，大约在东经98°—102°，北纬26°—30°之间，这个“共同的地域”，就是著名的横断山脉区域。在这个区域里，高山耸峙，大江奔流。海拔5596米的玉龙雪山，巍然耸立在金沙江畔；以丹霞地貌闻名，杜鹃花灿烂的老君山，被尊为“滇省众山之祖”；金沙江流经丽江境内651千米，造就了著名的“长江第一湾”和自然奇观虎跳峡。这些高山、大江、深峡，时而狂暴、时而轻柔地滋养着一代又一代纳西族子民，同时，又深刻地塑造着纳西族的性格和思想。正是在这一独特的自然地貌的长期熔铸下，纳西族才有了独一无二的文化性格和精神风貌。

纳西族有着自己丰富独特的宇宙观、生态伦理道德观、社区习惯法，以及关于社区资源认知和管理的传统知识体系。纳西族的宇宙观认为人和神在自然界中有分界，人类应该遵守相关准则。在其庞大的神灵体系中，纳西族又创造了一个十分特殊和重要的神祇——生命神“素”，这体现了纳西先民对自身生命的崇拜心理和关于生命意识的原始思维。纳西族的灵魂观念认为灵魂是其所在之人或物的一切活动的原动力和操纵者，它是形体行为的主宰，它也可以离开形体而独立活动，不会随形体的死亡而死亡，由此产生了纳西族独特的送魂习俗等等。

凡此种种，构成了纳西族鲜明的文化色彩，其中有诸多在现在看来都是非常合理的因素。

家住世界遗产地

独一无二的自然造就独一无二的民族

纳西人的精神象征——玉龙雪山

要了解纳西族，首先应该解读玉龙雪山。它是一座圣山、神山，是纳西族"民族之神"的化身。

玉龙雪山，纳西语称为"伯使吉雾路"，直译就是"白沙云银石"。纳西人习惯称雪山是"雾路"（ngv lv），即银石，这个石既是指巨大的岩石，也指小石头，而在纳西人的东巴圣典和民间神话传说、歌谣谚语里，银（ngv）、金（haiq）、绿松石（oq）、黑玉（cuq）是四大吉祥物，银又居于首位。纳西人以"银石"来比喻雪山，是与这种以银居首位的吉祥物排序有关系的。玉龙雪山13座银色的巨岩高耸云端，银光闪烁。从一些特定角度看，这座纳西语所称的"白沙云银石"蜿蜒百里，它的形状也如一条蜿蜒游动的银龙。

在天朗气清的时候，如果你静静地遥望银装素裹的雪山，会感到一种寒凉、一股清气扑面而来，顿时耳清目明，神爽气朗；夜静风清之时，一轮寒月，在雪峰间游移，凝视人间，星光在山巅就像一盏盏闪烁在天外的神灯，那一片冰心雪魄的意境，常常使人心静如水，忘却红尘的喧嚣纷争，忘却人生的忧伤悲怆。

我这个纳西人就出生和成长在玉龙雪山下的丽江大研镇。和许多纳西孩子一样，从小，我就听大人说，我们每天喝的水，源头都是与这座大雪山相关的。这座大雪山滋养了纳西人和我们的城市与村庄，更为重要的是它还滋养了纳西人的心灵和信仰，它是纳西人的一个精神圣地。在岁月的长河里，这座圣山铸造了纳西人的心灵，陶冶了纳西人的精神。

老君山景观（图/杨福泉 1993年）

位于老君山的"丹霞地貌"奇观之一——千龟山（图/杨福泉 2005年）

白袍白马的三多神也是玉龙雪山的山神(图/杨福泉 2008年)

玉龙雪山是纳西人的一座大神山，有意思的是，纳西族全民信仰的民族保护神“三多”，同时也是玉龙雪山的山神。民族神和玉龙山神二者一体，也可看出玉龙雪山在纳西人心目中的神圣地位。玉龙雪山是三多神的栖息地和化身。

世世代代的纳西人都对三多这个雪山之神、民族之魂顶礼膜拜。纳西人供奉象征三多的白石的神庙，就在玉龙雪山山麓白沙镇玉龙村村头。忽必烈曾封玉龙雪山之神三多为“大圣雪石北岳定国安邦景帝”。纳西人的首领也一直把玉龙雪山视为保佑他们和民族兴旺发达的神山，自号雪山的明代纳西著名土司木公(1494—1553，纳西名“阿秋阿公”)曾撰有《重修北岳庙记》，文中反映了玉龙雪山及其神庙当时对纳西人的影响和它的崇高地位。

造型独特的下虎跳峡大具乡石砌“三多”神庙(图/杨福泉 1993年)

纳西象形文字的滥觞地——金沙江

金沙江在纳西语中称为“含衣比”(haiq yi bbiq)，意思是“金子的大江”。在唐代，金沙江就有“磨些江”的别称，磨些即古汉文献中对纳西族的称呼，可知早在唐代，金沙江流域就是纳西人聚居的区域。纳西语称丽江叫“衣古堆”(yi ggv ddiuq)，一般译为“江湾之地”，江指的就是金沙江。这条大江和玉龙雪山一样，孕育了神奇瑰丽的丽江山水文化，是丽江的重要象征。

万里长江的上游——金沙江与澜沧江、怒江如三姐妹并排在滇西北横断山脉纵谷地区奔流100多千米，形成著名的“三江并流”景观。金沙江在丽江境内的东、北、西北三面流过，形成一道天然的丽江(包括如今的玉龙县和古城区)边界。此段流淌于横断山怀抱中的长江

闻名遐迩的石鼓镇长江第一湾(图/杨士赋)

与纳西人悲欢与共,历尽沧桑。因此它又有“丽水”“丽江”“磨些江”等名称。金沙江在丽江境内的群山峻岭中滔滔南下,流到古老的“茶马古道”咽喉要冲石鼓镇,陡然急转,与澜沧江、怒江分道扬镳,向东北方向奔腾而去,这一拐弯,形成了闻名遐迩的“万里长江第一湾”。从石鼓镇沿着金沙江向北行走数十千米,便是著名的纳西歌舞之乡、东巴文化之乡塔城。它是纳西族最早的居住区之一,以出美女和融藏族、纳西族舞蹈于一体的“里儿巴舞”等闻名。这里的一些边远村寨,直至20世纪90年代都还保留着很多古朴的纳西传统习俗。

20世纪90年代,在丽江县、中甸县金沙江沿岸纳西族聚居区域,连续发现了一批古代岩画,仅在丽江县境内的金沙江边就发现了12个岩画点,学术界将其称为“金沙江岩画群”。

最早发现岩画的地点是在位于丽江县大具乡(今属玉龙纳西族自治县)虎跳峡“下虎跳”的一个大崖壁和一个可容千人的大岩洞洞口。岩画绘于离地面4米高的壁面上,壁画为许多呈朱色的符号,笔画痕迹模糊不清。在岩洞洞口石壁上发现的岩画是似两座山的图像,从这两个图像间起笔,往左倾斜画出1米左右长的一根线。大崖洞岩画和大石壁岩画画面面积为16.5平方米。岩画是朱色天然矿物颜料调制成液浆后,绘制在凹凸不平的崖壁上的。

此后,在距离丽江古城100多千米的金沙江边夯桑柯崖壁上,在香格里拉市(中甸)三坝乡渣日村境内花吉足等多个地方也相继发现了岩画。

一些对金沙江岩画进行了初步调查和研究的学者认为,这些岩画与纳西族东巴图像象形文字有密切的关系。东巴祭司和纳西民众称东巴文为“斯究鲁究”,意为“木石上的痕迹”(也即“木石上的刻画符号”),或“见木画木,见石画石”,或“木与石的记录”。从这个词组中可以看出东巴象形文字的最早载体是木与石,而金沙江岩画群则极有可能就是“石迹文字”。东巴文字中最精彩的部分即反映动物类的文字,它们与金沙江岩画的画风相同,都是以线条白描为主。

右图：与东巴象形文字关系极为密切的金沙江岩画（图/和尚礼 1990年）
下图：虎跳峡激流和虎跳石。这奔腾壮观的景色常令人叹为观止，而崖壁上的赭红色岩画，又神秘而令人难以索解（图/三两）

三多神的前世今生

灵异的白石

三多是大多数地区的纳西族都信仰的民族保护神，又称为“阿普三多”，意为“祖先（或爷爷）三多”。相传他属羊，是个战神。纳西人自称“纳西三多若”，意思是“纳西是三多的儿子”。关于三多神，纳西族民间流传着这样的一个故事：

古时候，玉龙雪山下的一个村子里，有个力大无穷的纳西猎人，名叫阿布嘎丁。有一天，他牵着狗到玉龙雪山上打猎，突然发现了一只如白雪一样晶莹灿烂的白鹿，他急忙张弓搭箭射这只白鹿，但白鹿倏然消失。而刚才白鹿出现之处，横卧着一块雪白的大石，他用手推了一下，这块大白石竟然动了起来。他看到这个石头很神奇，便将它背回来，开始时，这石头竟然轻飘飘的，当他背到雪山半山腰时，放下石头歇息了一会，然后想把石头背上再走，但此时这块白石变得重如山。阿布嘎丁意识到这是块灵异的石头，便拿出身上带的干粮供奉在石头前，跪拜祷告说：“神石！神石！这里不是你呆的地方，请让我继续背你走吧。”于是白石又变得很轻。阿布嘎丁将它背到一个地方，也就是后来建盖了三多庙的那个地方时，这白石又变得重如山，而且再也不变轻了。这件事惊动了纳西酋长，纳西酋长便命令在这里建盖一座神房，然后把这块白石供奉在神房里。

从这以后，每逢纳西族与敌人战斗时，总是会有一个面如白雪，目如闪电，身着白盔白甲，骑白马、持白矛的武将出现，帮助纳西士兵战胜敌人，将敌人击败后又倏然消逝。这个神秘的武将曾托梦给纳西酋长，说他的名字叫三多（sai ddo）。从此，纳

三多节上的祭祀仪式（图/李德静）

西酋长（即明代木氏土司的祖先）统治的王国在这个神祇的帮助下变得日益强盛起来。后来，人们为了纪念那个将白石背下来的猎人阿布嘎丁，就在白石神三多像的一旁也塑了他和他的猎狗的像。

关于这个三多神的来历，民间还有种传说，说他是从北方来的。我20世纪90年代在纳西东巴教圣地中甸（中甸县从2002年起称为香格里拉县，2014年改为香格里拉市）三坝纳西族乡白地村，听当地老东巴和志本讲，三多神最初是从北方下来，首先来到白地，后来他去了有大雪山的丽江。这可能与历史上纳西先民的迁徙路程密切相关。

从种种民间传说看，三多神有可能是由古代纳西人的一个部落首领逐渐衍变而成的神祇。

民间相传玉龙雪山山神三多有一个藏族的妻子和一个白族的妻子，从中也可以看出这种从神山信仰中折射出来的纳西族和藏族、白族之间密切的历史关系。纳西族的创世神话《崇搬图》中说纳西、藏、白三族是一对父母所生的三兄弟，藏族是老大，纳西是老二，白族是老三，这也可以对照起来看这三个民族在长期的历史中形成的那种密切关系。

雪山山神的节日

相传每年的农历二月八日，是纳西民族神和玉龙雪山山神三多的生日，各地纳西人都要祭拜他。从1987年起，每年的农历二月八日成为法定的纳西族民族节日——“三多节”。迄今，三多节成为各地纳西族民间最盛大的节日。

每年这一天，各个乡镇的纳西人就络绎不绝地来“三多国”（北岳庙）朝拜三多神，三多庙内外人山人海，香烟缭绕。此时又是离此不远的玉峰寺内万朵山茶花盛开之时，人们赏花对歌，呈现一派歌潮花海的景象。

边远地区的纳西人来不了三多国，但各个村寨都有三多庙，农历二月八日这天，各地村民就在当地祭祀三多神。

纳西人与藏族、白族民众一起欢度三多节（图/杨福泉 2000年）

自然，我们与你是兄弟

敬畏自然，膜拜自然，呵护自然

玉龙雪山、金沙江代表了纳西族所长期生活的滇西北横断山脉地区的基本地理地貌，长期与山岳休戚与共的民族历史，使纳西族产生了突出的神山崇拜意识，他们对玉龙雪山及其化身三多神的崇拜，就是这种神山崇拜意识的体现。同时，滇西北地区又是一个生物多样性和文化多样性十分丰富的区域，独特的自然地理环境、多样的野生生物物种，既为纳西族提供了基本的生活资源，也为他们提供了重要的思想资源。

在长期依赖于大自然的生产生活实践中，纳西先民由神山崇拜而演化出的自然崇拜意识上升到了对人与自然之间关系的辩证认识的高度。其中，最见纳西先民灵心睿智的是"人与自然是兄弟"的思想，正是这种卓越的智慧，孕育出一个返璞归真的文明古邦，一个诗意盎然的人居环境。

人和大自然是同父异母的兄弟

在纳西族传统的宇宙观和生命观中，体现了突出的人与大自然同体合一的思想，即认为大自然和人是同出一源的，有共同的出处和来历。如东巴教认为自然界的日月星辰、山川草木、鸟兽虫鱼以及人的生命最初皆起源于蛋卵，将大自然和人视为有生命血缘关系的物质实体。这是纳西先民自然观和生态观最原初的思想根源之一。

由这个根源出发，纳西族形成了自己的一个基本的宇宙观与世界观，即认为人类与大自然是"同父异母的兄弟"。

在泛灵观的支配下，纳西先民概括出一个作为整个自然界化身的超自然精灵"署"，它是东巴教中的大自然之精灵，司掌着山林河湖和所有的野生动物。《"署"的来历》等很多东巴经神话中说，人类与"署"原是同父异母的兄弟。人类在东巴经中被称为"精"或"崇"，他掌管的是盘田种庄稼、放牧家畜等；而他的兄弟"署"则司掌着山川峡谷、井泉溪流、树木花草和所有的野生动物。人与自然这两兄弟最初各司其职，和睦相处。后来，人类日益变得贪婪起来，开始向大自然兄弟巧取豪夺，在山上乱砍滥伐，滥捕野兽，污染河流水源。

人类对自然界种种恶劣的行为冒犯了"署"，结果人类与自然这两兄弟闹翻了，人类遭到大自然的报复，灾难频繁。后来，人类意识到是自己虐待自然这个兄弟而遭了灭顶之灾，便请东巴教祖师丁巴什罗请大鹏鸟等神灵调解，最后人类与自然两兄弟约法三章：人类可以适当开垦一些山地，砍伐一些木料和柴薪，但不可过量；在家畜不足食用的情况下，人类可以适当狩猎一些野兽，但不可过多；人类不能污染泉溪河湖。在此前提下，人类与自然这两兄弟又重续旧好。

这一智慧而含义深沉的人与自然观不知包含了多少纳西先民在漫漫岁月中的苦思冥想和在与大自然朝夕相处中得出的生存经验，以及从与大自然相处的风霜雨雪中得到的领悟。这无疑是在最初将人与自然万物视为同源生命体的观念上进一步产生出的更为明了的人与自然密切关系之解释。

东巴教中有个规模宏大的仪式，叫“署古”（svq ggvq），即祭“署”，属于这一仪式的东巴经有100多种。这些经典阐释的主题都是人如何与大自然神“署”和睦相处，不得罪“署”。这一仪式对纳西族的生产活动、社会生活和生态道德观等有很大的影响。东巴教认为乱砍滥伐，污染水源，盲目开山劈石，乱捕野生动物是惹怒“署”的几个主要原因，祭“署”仪式也为那些因上述行为遭致“署”精灵报复的人禳解灾祸，安抚“署”，向它们赎罪。这个仪式在每年农历二月属蛇、龙的日子举行，专门主持“署古”仪式的主祭东巴叫“许孙”。仪式从凌晨开始，主祭东巴要吹海螺、摇板铃，其他人则吹麦管笛、竹笛。在仪式过程中，不能喝白酒，只能喝黄酒，忌吃荤、蒜、葱，不能在祭场内高声喧哗。图为一位老东巴在主持祭“署”仪式（图/李德静）

祭“署”——纳西人与“兄弟”的对话方式

东巴教中有个规模宏大的仪式，叫“署古”(svq ggvq)，即祭“署”，这一仪式对纳西族的生产活动和社会生活、生态道德观等有很大的影响。时至今日，每逢农历二月的龙、蛇之日，丽江、香格里拉等地的一些纳西山民还按传统祭祀大自然之神“署”；农历二月八，有东巴教圣地之誉的香格里拉市三坝乡白地举行盛大的白水台盛会，纳西民众烧起天香，虔诚地祭祀白水台神灵和“署”神。祭“署”地点一般在村寨附近的泉水旁或村中的井旁，人们还要到各家各户去举行“烧天香”仪式。如遇到特大的干旱年，市或乡会组织大规模的“求雨会”，请数十个东巴举行三至五天的祭“署”仪式。

仪式举行的凌晨，众人先要漱口洗脸，然后在祭坛前烧天香，除秽，献祭米。鸡叫后唤醒“署”，给“署”施药，诵各种与“署”神有关的东巴经书，其中很多是描述人与“署”之间纠葛的神话故事。除了东巴吹海螺、摇板铃外，其他人还吹麦管笛、竹笛，一派欢乐的民俗气氛；然后进行“分‘署’神之寨”，送“署”神的仪式，将各种祭牲面偶烧于天香堆中。在祭坛处除秽，撒祭米，点酥油灯，诵《烧天香经》，举行仪式者绕火堆转，向五方磕头，祈求“署”神赐福。最后送“署”回归其所居之地。整个仪式的目的是安抚“署”神，请它宽恕人类对它的冒犯之处，赐福泽给人类。

祭“署”仪式体系是纳西族与自然对话的一种媒介，表达的是与大自然和谐相处的基本理念，其中蕴含着人们对于自然报复的恐惧心理和神秘感，反映出一种融汇着先民迷惘惊愕于自然力的心态和情绪。许多东巴经都有与这一仪式相关的内容记载，仅洛克(J.F.Rock)所撰写的《纳西人的“纳伽”(署)崇拜及其相关仪式》一书中就录有116种之多。这些经典阐释的主题都是人如何与大自然神“署”和睦相处，不得罪“署”。

祭“署”(自然神)仪式(图/李德静)

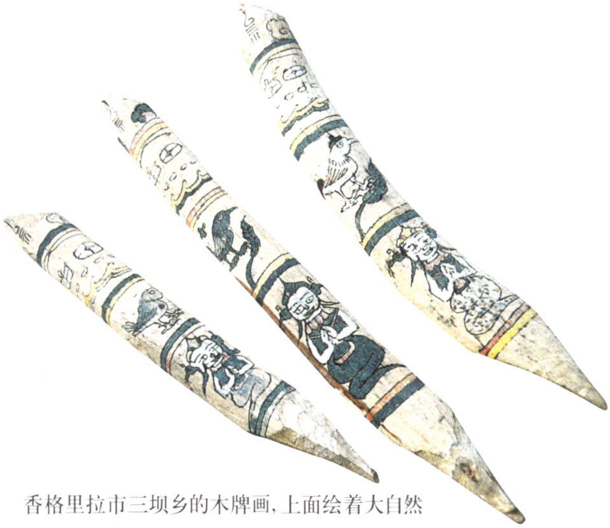

香格里拉市三坝乡的木牌画，上面绘着大自然之神“署”（图/杨福泉 1997年）

祭“署”等礼俗还比较集中地反映了纳西族一种独特的“欠债”与“还债”的观念。东巴教认为，人们为了自己的生存，使用大自然所拥有的物质，如伐木、割草、摘花、炸石头、淘金、打猎、捕鱼、汲水、取高岩上的野蜂蜜甚至使用一些树枝和石头等用于祭祀礼仪，都是取自大自然，是欠了大自然的债，这些债要通过举行祭祀大自然神灵的仪式来“还债”。如东巴经《超度放牧牦牛、马和绵羊的人·燃灯和迎接畜神》中说：“死者上去时，偿还曾抚育他（她）的树木、流水、山谷、道路、桥梁、田坝、沟渠等的欠债。”“你曾去放牧绵羊的牧场上，你曾骑着马跑的地方，用脚踩过的地方，用手折过青枝的地方，用锄挖过土块的地方，扛着利斧砍过柴的地方，用木桶提过水的山谷里，这些地方你都要一一偿还木头和流水的欠债。除此之外，你曾走过的大路小路，跨过的大桥小桥，横穿过的大坝小坝，翻越过的高坡低谷，跨越过的大沟小沟，横穿过的大小森林地带，放牧过的大小牧场，横渡过的黄绿湖海，坐过的高崖低崖，也都一一去偿还它们的欠债。”由此我们也可以领会到为什么纳西人过去盖一幢房子，劈一块石头，砍一棵树，都要举行一个向自然种种精灵告罪的仪式。这些现代人看来可能会觉得迂腐的观念和习俗，反映了纳西先民是将大自然的一切都视为像人一样的生命体的观念。正是靠了这种将大自然拟人化，将人与自然一视同仁地看待的“生命一体化”观念，纳西人所居住的地域才长期保持了人与自然和谐，生态环境良好的人居环境。

英国历史学家汤因比（Arnold Joseph Toynbee，1899—1975）指出：“宇宙全体，还有其中的万物都有尊严性，它是这种意义上的存在。就是说，自然界的无生物和无机物也都有尊严性。大地、空气、水、岩石、泉、河流、海，这一切都有尊严性。”如果人侵犯了这种尊严性，就等于侵犯了我们本身的尊严性。

东巴文化所反映的观念与西方这位大学者的论点，都表达了一种应该尊重和礼敬自然界的主张，从中可以看到这么一种基本的观点：人和宇宙间的万物是平等的，都是宇宙间的一分子，尽管人类自诩为万物的灵长，但人类的生存状态亦取决于大自然界的生态平衡，自然界不依赖于人类，而人类则需要依赖于大自然才能生存。

东巴神像画（“署”神）（图/杨福泉 1990年）

祭"署"仪式能充分反映纳西人的生态道德观(图/杨福泉 1991年)

乡规民约——自然资源的有序取用

许多去过丽江的人都感叹那里的蓝天白云、雪山清流，流连于那家家流水、户户花圃的自然谐和美景。直至20世纪50年代早期，丽江还保持了全部土地面积中有73%的林地和12.8%的草山草坡，森林覆盖率达53.7%的良好生态纪录。这得益于纳西族相沿千百年的传统生态观，而这种敬重自然界万物，小心翼翼地对待自然环境的观念和生活态度产生于古代自然宗教的泛灵信仰。东巴经规定的种种禁忌，以及类似祭"署"这样的宗教仪式用一种古老的方式培养着纳西人敬畏自然、善待自然的生活方式。

东巴教众多祭祀仪式中，祭"署"的重要性不亚于最大的仪式"祭天"。祭司东巴是具体组织和引导民众在这一仪式中与大自然精灵"署"对话的"人神媒介"。东巴通过折射了纳西先民生活真实情景和理想的神话、传说、故事等，对纳西民众进行一种人类在自然界如何生存的教育。在"署古"仪式中所咏诵的上百部东巴经典便是教材，是圣典。这固然与现在的生态和环境保护教育不同，不是一种现代科学意义上的教育，但那种带有浓厚的宗教情感和传统信仰力量的教育，对人类自我约束和规范对待大自然行为却起过非同小可的历史性作用。纳西民间很多保护森林和水资源的传统习俗、乡规民约最初都肇源于这一信仰和仪式行为。

长期以来，东巴教这种将人与自然视为兄弟的观念（或教义）成为纳西人与大自然相处的一种准则，并由此产生出种种有益于自然生态环境和人们日常生活的社会禁律，它或以习惯法的形式，或以乡规民约的方式，规范和制约着人们开发利用自然的生产活动。可以说，纳西族社区很多保护山林水泉及野生动物的制度性措施和习俗，最早可以追溯到东巴教这种基本的自然观中。

东巴经中常见的禁律有：不得在水源之地杀牲宰兽，以免让污血秽水污染水源；不得随意丢弃死禽死畜于野外；不得随意挖土采石；不得在生活用水区洗涤污物；不得在水源旁大小便；不得滥搞毁林开荒。立夏是自然界植物动物生长发育的关键时期，因此，立夏过后相当长一段时期内禁止砍树和狩猎。

一个小案例

笔者1993年在丽江县白沙乡玉龙村了解到这么一个事例。在20世纪50年代前，玉龙村曾有乡绅违犯乡规民约，全村群众团结起来，不管他官大势大，采取了不准他家的大牲畜与村民的畜群一起放牧的处罚。该村的集体林中盛产一种白松树，其松果皮脆肉香，远近闻名，是该村村民的重要经济收入来源，该村对这一片作为衣食之源的集体林保护得特别好，何时采摘松果也有严格规定，定在每年农历九月的几个日子，因此，这些盛产松果的白松林就成为该村长盛不衰的经济收入来源之一。在这片白松林附近有一个相当清冽的泉眼，玉龙村人称之为"鲁丁鲁笨古"，意思是"起龙和产龙之处"。泉眼周遭长着各种枫树、大栎树等古老的树木，按当地的传统信仰，这片泉水是"署"和龙王居住的地方，是村子的重要水源，严禁冒犯。在传统乡规民约被漠视的20世纪70年代，有个村民砍了泉畔的一根古树枝，他母亲知道后，硬叫他在泉畔重新栽了一棵相同的树。由于这股泉水一直保护得很好，现在已经成为远近闻名的生态旅游景点"玉水山寨"的灵魂，该寨名闻遐迩的"三文鱼"全靠这一眼泉水养活。

在东巴教圣地中甸县（现改名为香格里拉市）三坝乡白地村白水台的祭大自然神“署”的泉水处，上面有很多信仰东巴教的民众供奉的木牌画，绘着各种神灵、神性动物和吉祥符号。还有信仰藏传佛教的信众所供奉的风马旗（图/杨福泉 1990年）

纳西族民间善待自然的传统习惯法更进而升华为一种道德观念，成为每个人都必须履行的社会公德。在此基础上，纳西社区的村社组织也自觉地担负起保护环境的职责，各村寨推选德高望重的老人组成长老会，来督促乡规民约的实施。

如20世纪50年代前，丽江县白沙乡玉湖村（现属玉龙县）传统的村民长老组织叫“老民会”，“老民”一般都是在村中深孚众望的老人。村民起房盖屋需木料，首先要向“老民会”提出申请，经“老民会”批准后，由村里的管山员监督砍伐，绝对不许多砍。甚至结婚时要做床的木料也要经“老民会”批准后才能按指定数砍伐。即使是地方上的村长、保甲长等头面人物或他们的亲属也不能违反村规民约。

纳西族村寨的“管山员”，多为能秉公办事、性情耿直、铁面无私的人。20世纪50年代以前，有的乡村还专门请外地人来担任这一角色，如丽江县白沙乡束河行政村（今属丽江市古城区束河镇）还专门请外来的藏族人担任管山员，这除了历史上藏族与该村有长期的贸易合作之外，还考虑到外来人亲属关系单纯，在管山过程中不会受到原住民那样复杂的亲属关系的制约。当管山员是个极易得罪人的差事，当地人因此有一句俗语说：“管山员家中的火熄了，也难讨到火种。”生动地道出了当管山员的不易。但当地同时又有一种说法：“署”和山神始终与管山员站在一起，管山员背后有山上的精灵。这又道出了管山员在社区生活中的重要性和在人们心目中的地位。

灵魂与其飞升，不如回归自然

天堂是纳西人的终极乐土吗？

“神地”就是“祖先之地”

过去，当一个纳西人的自然生命终结，会由东巴来为他的灵魂进行超度。那么，哪里是纳西人灵魂的最终归宿呢？天堂，神地，还是极乐世界？这是一个有趣的问题。负责超度的东巴经师，在丧仪上会铺开神路图，来据图诵经。神路图是东巴绘画艺术的杰出代表，同时，它又是东巴经师为人举行开丧超度祭祀仪式时所使用的主要经典。图中描绘了地狱、人间、天堂三界，有360多个不同人物、佛神、牛头马面以及70多个奇禽怪兽，讲述因果报应、灵魂不死、生死轮回，把死者灵魂从十八层地狱拯救出来，按照图中指引送达神天佛地等观念。据此来看，纳西人的灵魂归宿便是佛教色彩很浓的神地了？其实不然，神路图反映的是明代以来受到佛道诸教影响的纳西族的生死观，是一种纳西族文化与外来文化融合后的产物，而真正支配纳西

在静谧的玉龙雪山草地上放着羊群的纳西少女。具有牧歌情调的山乡，总是被纳西族视为祖先之地（图/李丽元 1990年）

人的依然是死后“回归祖地”的传统观念。东巴在铺开神路图，举行超度死者灵魂转生于人间或神地的同时，进行的另一项更为重要的仪式是咏诵描述传统送魂路线的东巴经，把死者灵魂送往祖先之地，而且确切地指示亡灵必经的具体路站名。在纳西人心目中，回归祖先之地才是根深蒂固的观念，即使东巴按照神路图画卷和经书把亡灵送往“六界”中的最高境界“神地”，人们还是认为死者实际上是沿着东巴所指引的送魂路线回归祖地去了。即使东巴死后，也要叫他的灵魂沿着祖先迁徙之路回归祖地。可见受了佛教生死观念影响的神路图所展示的生命转生“六界”论并未能进入纳西人的心理深层。

纳西族的祖先之地总是绿草如茵，鲜花满地。图为盛开的杜鹃（图/视觉中国）

虽然照东巴教的教义，祭司东巴是要把死者的灵魂超度到十八层天或33个神地，但送往祖先之地比超度其灵魂到这些天堂圣境去更为重要。笔者曾就东巴教中所反映的这种二重生命归宿观念请教过一些东巴，这些不同地方的东巴都一致强调回归祖先之地是最为重要的，必须的，而且都说明祖先之地不是在天堂，而是在祖先们确实生活过的地方。至于转生与六道轮回等观念，东巴们的解释都是比较含糊，不得要领。熟谙东巴经书和风土民情的老东巴和士诚说：“神路图上的那些事只是说说而已，人死后真正要回归的是祖先之地，要沿着祖先迁徙下来时的路一站站地回去，这是绝不能含糊的。”

“祖先之地”就是自然的怀抱

死者要返回的“祖先之地”是什么样的地方，祖先们在过着怎样的生活呢？不少地区的纳西族都把祖先之地解释为在东巴教中所尊崇的居那世罗神山上，有的把它看作送魂路线的终点，有的则把它看作距终点不远的山。李霖灿先生搜集的一份丽江鲁甸乡（今属玉龙县）的纳西族送魂路线中，亡魂经过102个地方，其终点也在居那世罗神山。从各种材料来看，居那世罗神山与纳西族迁徙路线密切相关，它的原型可能是纳西族祖先原来生活区域内的一座山。纳西先民在高山崇拜的宗教意识下把它神化了。

纳西族是山地民族，深谷峻岭、高原牧场始终是纳西族历史上的活动居住区域，大山孕育了纳西族和他们的文化。因此，他们对山的崇拜很突出，并在幻化他们的死后世界时也自然地与山联系在一起，他们的灵魂皈依之处亦是在孕育哺养了他们的大山怀抱中。

东巴教的众多神祇都住在居那世罗神山上。纳西族完全把这一祖先之地视为平和安详、具有牧歌情调的山乡。在丧葬仪式上咏诵的东巴经《次迎菇树猎》（为死者系五色线）中说：

在梅氏族祖先居住的地方，老虎在山上跳跃；在束氏族居住的地方，青草铺满大地，白鹿在山上游逛；在尤氏族祖先居住的地方，牦牛在山上嬉戏，日月星辰闪耀着灿烂的光芒。

东巴经中所描述的祖先之地总是绿草如茵，鲜花满地，流泉淙淙，牦牛在高山青草地上徜徉，红虎在山岭上欢跳，白鹤在这里下蛋，人们住在白毡帐篷里。

这完全是一幅纳西先民狩猎游牧生活的真实图景，与东巴经中所描述的纳西远祖的生活情景十分吻合。这个人死后灵魂要回归的祖先之地洋溢着浓郁的高原生活情调，神性淡而生活气息浓。

另一首流传于纳西民间的古老挽歌也这样唱道：

白云层层的天空呀，白鹤要飞到云层里去了。

白云是白鹤的家呀，白鹤要在云层里飞翔，

白鹤不再回来了！年轻的小鹤和小鹰呀，

来送白鹤到云里去吧！

白茫茫的海子呀，野鸭要到大海里去了，

大海是野鸭的家呀，野鸭要在大海里飞翔，

野鸭不再回来了！年轻的小鸭和小鸥呀，

来送野鸭到大海里去吧！

密密麻麻的深山呀，老虎要归回山里去了，

深山是老虎的家呀，老虎要在山林里奔跑，

老虎不再回来了！年轻的小虎和小豹呀，

来送老虎到深山里去吧！

白皑皑的雪山呀，白鹿要回雪山里去了，

雪山是白鹿的家呀，白鹿要在雪山里跳跃，

白鹿不再回来了！年轻的小鹿和小麂呀，

来送白鹿到雪山里去吧！

挽歌中把死者的离去视如白鹤、野鸭、老虎、白鹿的归身大自然怀抱。没有更多的奢望，只求与清风白云，绿树红花相伴，啜饮高山清流，脚踏如茵芳草，与飞禽走兽为友，以白云彩霞为衣。来到这里，一切人间的恶浊，皆可摆脱，一切俗世的痛苦，皆可忘却。这反映了一个朴素而超然的人生理想和人与自然融为一体的美丽境界。从这些描述中，我们可以看到纳西族浓郁的大自然崇拜之情和强烈的与自然融为一体的生命意识。纳西人死后要回归的这一座大山是一座大自然的乐园，它是由世上所有的生灵创造而成的，是人、神、飞禽走兽同乐共欢的自然乐园。

居那世罗神山这一祖先之地观念，还开了后来殉情者理想乐园“玉龙第三国”的先声。当“祖先之地”逐

拉市海湖边草海一瞥，这景致与一些东巴经的描述是多么相似（图/杨福泉 1997年）

击鼓山风里，起舞明月中。操牛尾而舞的勒巴舞讴歌自然、生命（图/邓磊）

渐被幻化为祖灵之地，成为只有正常死亡者的灵魂才可以去的地方后，居那世罗神山的神性日益浓烈，那种萌发于纳西先民山地生活的山野牧歌式的自然情调在逐渐淡化。而“玉龙第三国”则继承和发扬了“祖先之地”最初的与自然融为一体的特点，摒除了居那世罗山的神性因素，洋溢着山乡生活的牧歌情调，是纳西族将高山生活高度浪漫化、想象化的产物。它比“祖先之地”更富有与大自然陶然共醉，和谐相携的意味。祖地歌颂的是人间烟火味浓郁的耕樵牧猎生活，“玉龙第三国”讴歌的是与天地日月、山川草木和野生动物融为一体的自然生命一体化意识。

纳西族这种回归自然的生命观的形成是与他们历史上生产生活的环境和传统宗教信仰的整体结构息息相关的。生活环境决定了大自然崇拜成为纳西族原始宗教体系中的一个重要内容。他们把各种与自己的生存息息相关的自然物和自然力人格化，在万物有灵的原始思维支配下为自然物和自然力赋予神性和灵性，对他们顶礼膜拜。纳西族崇拜天神、地神、星神、风神、山神、水神、火神、雷电神等，并有祭祀这些神灵的各种仪式。

居那世罗神山

东巴教所崇拜的四大山、水、木、石中的神山名。象形文字写此山为或，上似塔顶，下似三级台基。东巴经记载有这座神山的传说：最初宇宙形成时，天摇地动，后由人类开辟地，用金、银、黑土、黑石、墨玉石、绿松石、白海螺等修造了此山。又说，神山上长着3棵香蒿、3棵白松、3棵黄栗、3棵翠柏，并有3座高岩和3座黑山撑着神山。神山撑着天，山脚镇着地，使天不下塌，地不下陷。神山四周，分别由神匠、神灵、虎、豹守护着。居那世罗山在东巴祭司心目中非常神圣，凡做有关宗教祭祀仪式而设神坛、神座时，要将铁犁铧竖立于神坛中央，以代表此山，并做祭祀。

纳西族传统文化中洋溢着一种礼赞、歌颂大自然的情调，它集中地反映在东巴古典文学、东巴绘画、舞蹈音乐以及民间文学作品中。这种讴歌自然的情调是从纳西族突出的大自然崇拜意识中升华出来的。

因此，无论是祖先之地还是玉龙第三国，我们都能强烈地感受到一种自然生命一体化，自然与人谐趣横生的美感，感悟到一种苍茫古老的与自然同体合一的人格理想。纳西人回归自然的生命观，即有着这样广阔的文化背景。由此，我们也就可以理解为什么在佛道庙宇星罗棋布的纳西社会环境中，纳西人并未从心理深层接受佛教的天堂地狱观、生死轮回观等，还是执着地把祖先所在的高山区域视为自己生命的归宿。20世纪初至40年代，一些西方传教士不远万里来到丽江传播基督教，极力宣扬上帝和天堂等观念，但信徒寥寥无几。基督教在丽江纳西族中的失败，主要是其教义与纳西族文化背景和心理特质相差甚远，其中对生命归宿观念的迥异是一个重要原因。

撰稿专家

杨福泉，云南省社会科学院二级研究员，云南大学博士生导师。

寂静中，古城有一种沧桑，几分神秘(图/卞志武)

第3章

古老文字的活化石

语言文字

本章主撰稿人：云南省社会科学院二级研究员　云南大学博士生导师　杨福泉

中国西南滇西北的纳西族，可以说是世界上为数不多的最早用图画象形文字书写自己人生旅程和心路的民族。数万卷飘零在茫茫红尘中的图画文字经典——东巴古籍，不仅铭刻了他们与大自然和精灵世界的对话，也记录了他们在漫漫世路上的生死歌哭、悲欢哀乐。万卷秘籍，是宗教的圣典，也是一座绮丽的艺术之殿，精神之苑，因此，“纳西古王国”又有“象形文古国”之称。撇开东巴经典的浩瀚内容不谈，仅仅探视一下这种图画象形文字本身的种种象征意义，我们也可领略到很多纳西古文明的清音神韵。

纳西族图画象形文字由于处于图画文字向象形文字过渡的阶段，因此，很多文字的象征含义相当直观而丰富。诸多反映在东巴图画象形文中的象征意义，比如纳西族有些重要的传统观念与特定神祇符号的关系，象形文中很多肇源于宗教的伦理观念，东巴象形文与特定社会组织间相关的象征意义等，都是极其富有文化意义的。纳西族图画象形文字中有与甲骨文象征意义相近而又有微妙不同的字词，反映出两种不同的文化观和审美观。

象形文字是纳西族重要的文化遗产，也是纳西族重要的文明成果，更是纳西族重要的辨识符号。由象形文字记录、传承和衍生的纳西族丰富的历史文化，在当今，越来越以其独特的魅力引起国内外的广泛关注，由此产生的纳西学也成为当今国际上的一门显学。因此，象形文字是我们走进纳西族的一把钥匙。通过这把钥匙，我们可以开启纳西族文化之门，进入他们无比丰富的精神世界，感知蓝天丽日、大江高山之间，纳西民族生活的律动。

“世界上唯一活着的象形文字”

造字、写法无一定之规，需依赖上下字解读的图画文字

代代传承，生生不息

今天，许多来到丽江的中外游客都会买上一幅象形文字作为收藏。纳西人创制的象形文字在国内学术界被称为“东巴文”“东巴象形文”或“纳西象形文”，而在国外则多被称为“纳西象形文”。在纳西语中它又被称为“斯究鲁究”(ser jel lv jel)，意为“木石上的痕迹”或“木与石的记录”。据不完全统计，这种图画象形文字大约有3000多个单字，从文字形态而言，它代表了比图画文字晚，但又比像甲骨文这样典型的形意文字早的一个人类文字发展阶段。它是当今“世界上唯一活着的象形文字”，因为至今尚有纳西传统文化的传承者——东巴祭司能识读，并且还在民间使用着。与之相比，现在世界各地发现的象形文因为没有传人，已不再在生活中使用，都已湮没在时代的风雨烟尘中成为“死文字”，需要一代代学人费尽心力去破译。

图画性突出，形音义兼备

东巴象形文字的造字方法大体可以分为象形、指事、会意、假借和形声五类。从性质上看，它是一种兼备表意和表音成分的文字，由象形符号、表音符号和附加符号构成，并以象形符号为主。东巴文中的象形字非常丰富，有单体符号和合体符号。有的象形字图画性非常突出，如东巴经中有不少表示动物的文字常常就以动物整体的形象出现。从整体上看，东巴象形文字所表现的趋势是动态的，即由繁到简，比如表示动物的文字常常

左半图：刀不利石上磨，人不知世上学

右半图：骏马面前没有跨不过去的沟壑，勇士面前没有克服不了的困难（东巴文化研究院 陈四才书写）

正在用竹笔书写象形文字的纳西老人(图/莲蓬)

是从动物的整体形象到以动物的头部代表动物全身。指事、会意等字符的读音、意义和形体已开始基本固定,并同纳西语中的具体词语有了大体固定的联系。形声和假借的表音符号的大量运用也让东巴文与原始记事的图画字有了重大的区别。因此,从文字形态看,纳西象形文是一种正从图画字向象形字过渡的文字,在文字发展史上代表一个特殊的阶段。如,意为老虎,以虎头象征老虎;意为雄性,以阴囊之形来象征男性;意为“勇猛的女子”,以一个手持旗杆矛的女子形象(有女性头饰)来指代。

象形文折射出丰富的纳西世界

文字反映着人们对客观世界的认识,处于从图画文字向象形文字阶段过渡的东巴文,尤其直观地反映了纳西人对于世界、对于自身最本初的认识,蕴藏着纳西人独特的伦理观念、审美意识和宗教信念。下表中一些看似简单、有趣的象形文字,折射出的恰是一个丰富多彩的纳西世界。

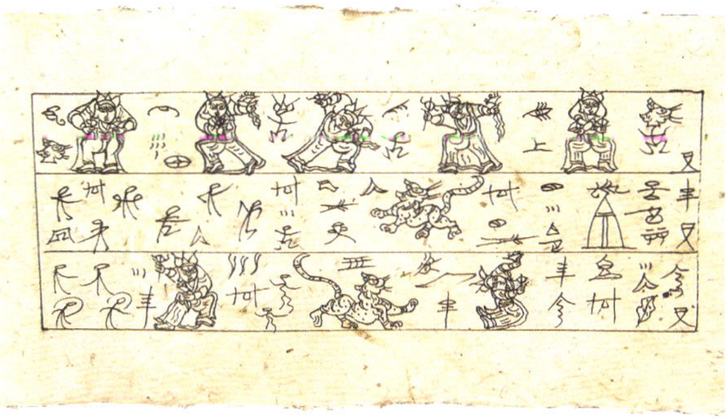

东巴经内页(图/李志雄)

象形文字举要

象形字	所象征的字义	所象征的民俗观念、审美理念或宗教信念
	以羊头象征羊。读为“余”（yuq）	常见于反映放牧、狩猎等习俗的东巴经中，这种以局部象征全体的文字形态是纳西象形文从图画文字向象形文字过渡的一个特征
	意为天地。读为“蒙堆”（mee ddiuq）	上为天之形，下为地之形。以“天”和“地”象征一个民族、氏族、部落的领土，反映了传统的宇宙观
	代指武士。读为“单”（ddaiq）	字形为一手持旗杆矛，头插旗帜的男子形象，在东巴经中普遍指武士。这类象形字以指称对象内在的特性来象征特定观念
	意为福气、福泽。读为“尼哦”（neeq oq）	上为羊，下为绿松石，如果一个人或家庭有很多绿松石和家畜，那无疑是有福气、福泽的。这一观念主要是基于家庭财产积累的意义而产生的
	意为氏族、宗族。读为“窝”（o）	纳西人认为父系是“骨”，而母系是“肉”，以一根骨头来象征“源于一个（男性祖先）根骨”的群体，象征了纳西族特定社会组织，成为表示氏族、家族的字根
	意为美丽。读为“乐”（leq）	头上有花，示其美，以花象征美，反映了某种早期自然崇拜与美的观念
	竖眼。读为“谬子”（mei zeeq）	此字源于纳西创世史诗《崇搬图》，与之对应的是善良的横眼女。东巴经最常见的祝辞中，都提到希望生女美丽漂亮，但很少说到被现代纳西族社会视为女子美德的勤劳、贤惠等品质。《崇搬图》也透露了这么一种古代性爱观，即当时的男人更欣赏一种野性的、没有多少文明教化及伦理色彩的自然之美，因此，横眼的“善良”女被排斥，而具有野性的、非文明特征之美的竖眼女则被男性祖先作为求偶的首选目标
	意为黑、毒、苦。读为“拿”（naq）	以黑夜代表黑暗，萌生于憎惧黑暗心理的“黑”象征邪恶和不洁的东西，反映了东巴教中的“黑白”二元对立观念，而这黑白的观念又与日月星辰密切相关
	两个象形符号均表示污秽、不洁之意。读为“彻”（chel）	上图为“粪便之形”或“胎胞之形”，下图为“已经腐烂的腱或肠子”。两个象形字都读如“彻”，在本义外又指称一切违反民族传统习俗、伦理道德的行为和由此引起的后果。东巴教中这一“彻”的观念深深地渗透到纳西族人的社会生活中，形成一个传统伦理道德范畴，制约着纳西人的社会行为。而这个复杂观念在象形文字中则是一个直观的秽物

象形文字书写的纳西百科全书——东巴经

30000余册，十几大类，涵盖古代纳西社会生活

东巴文字在人类文字史上具有独特的价值和鲜明的特点，而纳西古王国的东巴祭司用这种古老的象形文字写下的浩如烟海的典籍，更是人类文化史上绝无仅有的创举和奇观。

古老的东巴经是这样写就的

东巴经用纳西族地区一种木本植物皮所制的厚棉纸装订而成，其样式一般为横长竖短形，横长约27—29厘米，竖宽约8—9厘米，在左端用线装订成书，从右往左翻页书写。内页一般每页打横线分成3行或4行，从上行开始从左往右书写经文，写完一句，便画一条竖线隔开，继而又写下一句。写完一行又从左往右写第二行和第三行，然后再翻页如此书写。占卜书则一般比经书小，多在上端装订，从下往上翻页书写。书写东巴经的墨用锅底烟灰拌以猪胆汁、松明油烟制成，笔用竹子削制而成。

以上系就东巴经的书写材料而言，若就文字的使用规范而言，以象形文书写东巴经有三种基本方法：一为图画式的表意法，即以字记忆，启发音读；二为省略词语表意法，即以字代句，帮助音读；三为逐词逐句表意法，即以字代词，逐词表音。在这三种书写方法中，以省略词语表意法为主。大多数东巴经的书写方法，并非逐字逐句写出，有时几个词甚至一两句话只写出一两个字符，带有较强的语段文字特征，比典型的表意文字如古汉语更具原始性。是东巴经中常见短语，读作“阿斯尼般日，阿美哦饶日”（e seeq neeq bber ree, e mei oq ssaq ree）。“阿斯”意为父亲，“尼”指男精，“般”是迁徙、流动之意；“阿美”意为母亲，“哦”指女性分泌液或女性之蛋（卵），“饶”是下降之意。直译即：父亲流“尼”之路，母亲下“哦”之路。

活在东巴经里的纳西社会

浩如烟海的纳西象形文古籍，集纳西人古代智慧和哲思之大成，是纳西族古代社会的百科全书。

东巴经中有不少睿智而朴素的哲学思想，如人类卵生说，声、气化生物类说，声、气、白露、大海化生人类祖先

传统东巴纸制作技艺，如今仍得以传承（图/李志雄）

说，雌雄二元化生万物说，三生九、九出母体说，天圆地方、天地空间为五方的宇宙结构观念等。其在人类自然产生的古代时空观、原始宇宙观等方面都很有特色。东巴经作品中还有很多对人生的睿智哲理思考，《挽歌》中就充分体现了豁达的生死观念，明确地指出：没有一种生灵能永远活在世上，人间也找不到一个生命能千年万年长生不老。

东巴经中有140多个有关天象、时令、方位的象形字，并记录有不少星座的名称。从东巴经的记载中，我们还知道纳西族在历史上经历了不同的婚俗。创世史诗《崇搬图》中就记载了纳西族祖先的血缘婚俗、短期“对偶婚”形式等。

纳西族很早就有计数和计量的知识，东巴经中有象形文字记载的个、十、百、千、万、亿的数字符号，东巴教中有专管丈量和测计之神。

东巴经的分类

东巴经的形成和发展可能始于北宋。一些东巴经在结尾由书写者标上书写日期，据公之于世的研究结果，美国学者洛克所发现的最早的一本标有日期的经书是明万历元年八月十四（1573年9月17日）所写。李霖灿在美国国会图书馆所发现的最早的东巴经版本写于清康熙七年（1668）。

按东巴教仪式诵经的要求，东巴经大致可以分为祭天、祭地、祭大自然之神“署”等38类。在宗教典籍之外，还有一类用东巴象形文字书写的应用性文献，按其种类可以分为医书、账本、契约、歌本、书信、日记、文书、对联等8类。这些非宗教用途的文献，过去曾在纳西族民间流行，与宗教用途的经书不同的特点之一是逐字写出，与宗教经书常常只记录关键词句，几个字便代表一句话或多句话、使人费解的书写方式不同。这是东巴文字走下宗教神坛而走向民间后逐步形成的。

东巴经是这样写就的

●横长竖短形，横长约27—29厘米，竖宽约8—9厘米，在左端用线装订成书，从右往左翻页书写。

●内页一般每页打横线分成3行或4行，从上行开始从左往右书写经文，写完一句，便画一条竖线隔开，继而又写下一句。

●东巴经用纳西族地区一种木本植物皮所制的厚棉纸装订而成。

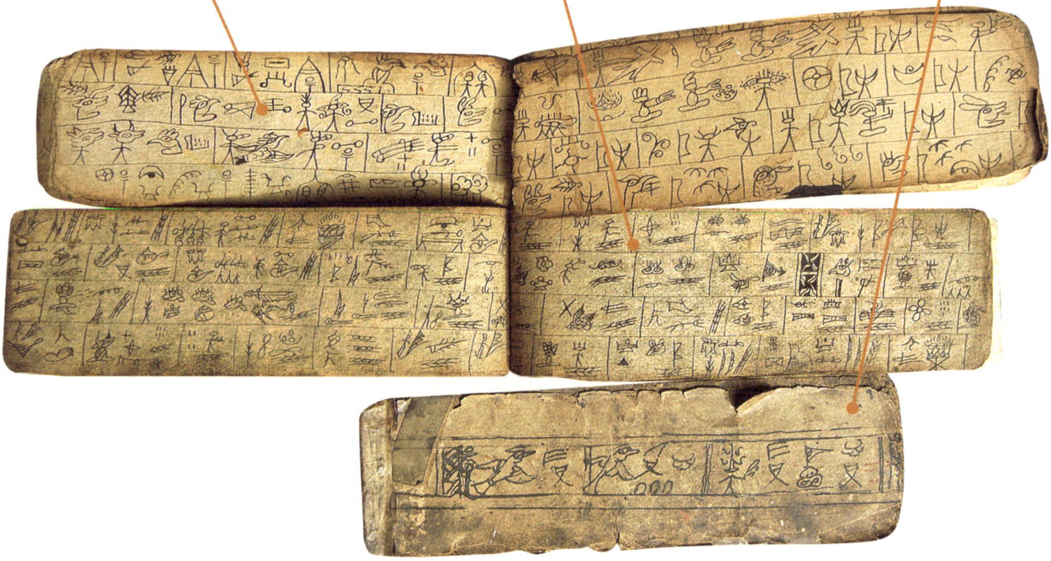

东巴古籍及法器（图/李德静）

祭丁巴什罗仪式的主持（图/李德静）

东巴经中有不少关于医药知识的记载，并有数部专门的医学经典。如在清道光二十年（1840），丽江县鸣音乡冷水沟的大东巴阿普肯命就有一册东巴医药专书《称恩说津》，书中记有200多种草药、动物药和矿物药。东巴经中所记载的多数药方至今仍为民间草医所用，有的草药则被后来的丽江纳西族民间医师编入著名的《玉龙本草》一书中。

此外，纳西人的社会生活、衣食住行等也都在这浩浩经籍中蔚为大观，象形文字使它们免去了湮没于幻化的时空，寂灭于多变的世路之命运。

神圣的竹笔

竹子是东巴教中一个具有重要象征意义的“文化符号”。生命神、畜神、谷神居住的竹篓，祭天用的神米竹篓，驱鬼的竹杈“曼开才”等法器，无一不是用山中的青竹制成。

东巴用这饮风吸露的青竹削制成笔。这种笔在纳西语中称为“梦奔”（meel biu），长约20厘米，宽约1厘米，用刀将一端削成尖锥形，在尖锥顶上刻出一条长约2厘米的裂口，使墨水从中流注而出。过去，东巴在用它写经作画之前，要净手焚香，清心涤虑，呼唤神灵保佑其写出好字，画出好画。东巴文化中的绘画大致可以分为竹笔画、纸牌画、木牌画和布卷画。

书写东巴经所用的竹笔和各色矿物颜料（图/李志雄）

东巴经漂流记

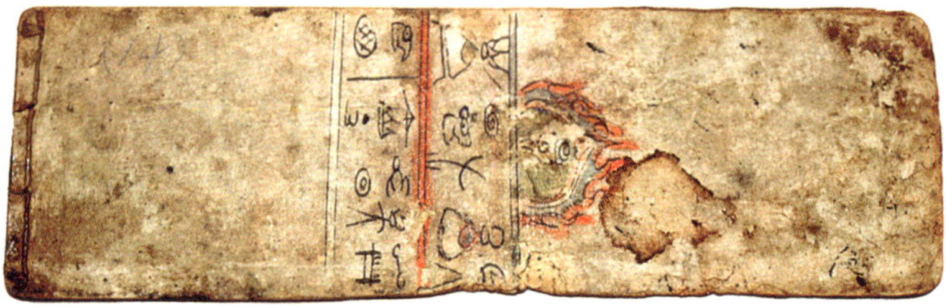

在瑞典国家民族学博物馆发现的东巴经藏木之一（图/杨福泉 2000年）

西方学者早在19世纪中叶就注意到了远在云南的纳西族东巴文化。

1867年，法国传教士德斯古丁斯（Pere Desgodins）从云南寄回巴黎一本11页的东巴经摹写本《高勒趣招魂》。数年后，吉尔（W.Jill）上尉和梅斯内（Mesney）在丽江旅居时得到了3本真正的东巴经，其中两本被寄回梅斯内在英国泽西的家，一本被寄往大英博物馆。这本东巴经被标以“中国缅甸之间山地祈祷者的象形文稿”的题目。

1922年，英国曼彻斯特约翰·赖兰图书馆（John Rylands Library）从英国爱丁堡植物学家福雷斯特（G.Forrest）那里买到135本东巴经，成为当时世界上收藏东巴经最多的图书馆。

1929年，英国外交部和印度事务部委托英国驻云南腾越（今腾冲市）理事购买和翻译东巴经，购集了55本属于东巴教延寿仪式的东巴经，在留居丽江的美国传教士安德鲁斯（Andrews）和一个东巴的帮助下把它们译成汉语，其中一部分已经译成英语。

1931年，英国方面停止了翻译工作，匆忙购买了125册经书，连同原有的55本东巴经一起运回国内，这些东巴经分别收藏于大英博物馆和印度事务部。

1921年至1949年，美籍奥地利学者洛克长期留居丽江，他原受美国农业部之托采集植物标本，接触到东巴文化后就醉心于此，潜心研究。在美国农业部、美国地理学会、哈佛大学等单位的资助下，洛克购买了大量的东巴经。如今收藏在美国国会图书馆、德国国家图书馆等处的东巴经，很多都来自洛克。

1939年，美国老罗斯福总统的孙子昆亭·罗斯福（1919—1948）在波士顿美术博物馆（Museum of Fine Arts, Boston）、哈佛大学皮博迪（Peabody）考古学和民族学博物馆的资助下，购买了不少东巴古籍、东巴纸牌画、占卜图、木牌画、卷轴画、神路图、仪式用具、东巴法器、五幅冠等。后来，这些东巴古籍和绘画作品等分别被美国国会图书馆、哈佛大学、波士顿美术博物馆等收藏。如美国国会图书馆就收藏了昆亭·罗斯福收集的2200多本东巴经。

美国纽约鲁比博物馆在2011年举行的东巴文化展览中所展出的收藏在美国国会图书馆、哈佛大学燕京学社的东巴经（图/杨福泉）

构筑在象形文字之上的东巴艺术之宫

还有比图画文字更适合记录舞蹈的吗？世界最早的舞谱在这里

象形文字的主要使用者是纳西族所信仰的原始宗教东巴教中的经师或祭司，掌握着原始象形文字的这些经师或祭司们被称为东巴。在纳西族的世俗生活中，东巴实际上扮演着一个“智者”的角色，他们掌握着写经、唱经、雕刻、主持法事等技能，传承着东巴文化，在某种程度上，一个东巴如同构筑了一座闪烁着奇光异彩的艺术之宫，而这座宫殿的基材依然是象形文字。

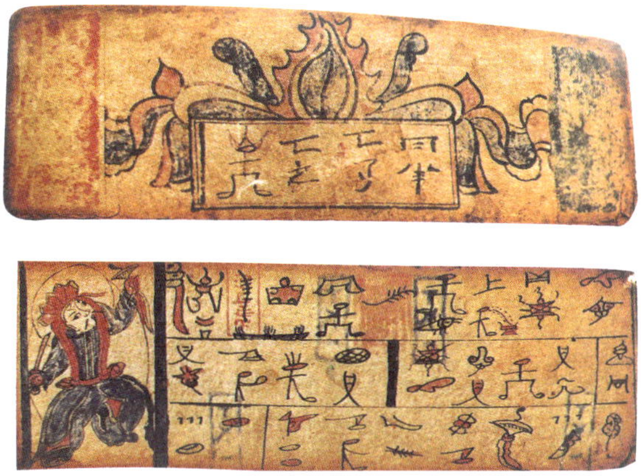

东巴图画象形文舞谱《蹉模》的封面和首页（图/杨福泉）

世上最早的象形文舞谱

以象形文字为基石营造的东巴艺术世界，瑰丽奇幻，精彩绝伦。无论是雕刻绘画，还是音乐舞蹈，都如同暮色晨光、霜秋月明中玉龙雪山顶上那一片美丽纯净的云霞，散发出一派清虚纯然之气，使人进入一个清幽明丽而又古色古香的幻化灵界。象形文舞谱《蹉模》更是这幻化灵界中的羽衣仙子。

《蹉模》，被中国舞蹈界誉为稀世国宝，用图画象形文字记录了东巴举行仪式时所跳的各种纳西族古代舞蹈。它不仅是国内迄今仅见的以少数民族古文字记录的舞蹈专著，也是世界上用文字记录的最早舞谱。古埃及人也曾用象形文字记录舞蹈，但并未流传下来。国外最早的舞谱是15世纪中叶保存下来的两份手稿，国内最早的舞谱有五代的《敦煌舞谱残卷》等，但都比较难懂，有的至今尚未破解。而东巴象形文舞谱则是一份系统、形象而又容易辨认的古代舞谱，是包含舞谱、音乐、美术、宗教、文学等内容的综合性艺术典籍。

老东巴和亦水保存的塔城东巴画高手和国梁所画的东巴教纸牌画，上绘“辟地七姐妹”（图/杨福泉 1989年）

主持祭山神仪式的达巴(图/石高峰 1997年)

东巴舞谱《蹉模》详细记录了纳西族古代乐舞的类别和跳法，既有自古以来本民族传统的舞蹈种类(主要是一些特定的动物舞)，也有受藏族本教影响后引进的舞蹈种类（主要是一些外来神舞），把纳西族古代舞蹈综合为洋洋大观的古典舞蹈体系。在舞谱类型中，《蹉模》属于原始古朴的舞谱，它的功能主要是提供舞蹈的动作进程，对学东巴舞者起引导和帮助记忆的作用。

《蹉模》中还讲到人类的舞蹈起源于人学青蛙跳步，“人类是受金色大蛙跳跃的启示而创造出舞蹈的”，反映了古代“艺术摹拟自然”的朴实美学文艺观念；而有的舞谱中又说这个神秘青蛙的舞蹈是从天上掌握着卜法和卜书的女神巫盘祖萨美那儿学来的，这样又把舞蹈艺术的起源归结于神巫。这两种并存于东巴舞谱中的舞蹈起源论对于研究人类的舞蹈起源都有很高的学术价值。

远山天籁之音——东巴经的唱诵

东巴经都是以奇数写成的诗体文学，这些作品又都用特定的曲调诵唱。东巴教的仪式多达七八十种，每种仪式都有特定的吟诵曲调，有的深沉庄重，有的苍凉、悲婉，有的如山涧急流般起伏跌宕，有的如雪原厉风般激越昂扬。东巴教仪式的咏诵过程即个人或集体的唱诵表演。东巴唱曲有30多种，不同的仪式有不同的诵经调，有的区别较大，有的比较接近。同一仪式中，唱法又根据程序和经书内容的不同而有变化，而且，不同地区的吟唱各有自己基于民间音乐传统的特点和风格。

东巴的咏唱调以纳西族民间的传统曲调为基础，保留了纳西族古代民歌曲调的一些风格特点。照东巴们的说法，这些诵经调就是古代传下来的山歌。这种宗教音乐与山歌野调的交融是与东巴自幼受民间音乐熏陶，本身亦多是出色的民歌手这一点分不开的。就因为东巴生活在民间，对民间艺术相当娴熟，因此在民间歌舞的海洋中亦如鱼得水，优游自如。在民间各种节庆对歌场合，东巴能与其他民间歌手对唱如流，而且由于东巴精通传统文化的各种典故轶闻，古谱古调，因此往往比民间歌手更胜一筹，故此纳西民间有“对歌调赢不了东巴”的谚语。东巴教仪式与纳西民俗活动的密切关系，东巴既是宗教祭司又是民间歌手等特点决定了东巴音乐与民间音乐水乳交融之关系。

东巴咏唱经典的曲调声气旺盛，音波悠长，声音嘹亮高亢，起伏跌宕，有沉洪深远的苍劲风格，听其歌咏宛如听人长声吟啸于空阔高远的朗月星空之下，高原林莽深谷之中，不禁神为之夺，气为之摄。如祭天是歌颂先

东巴经研究的若干第一

西方第一篇讨论纳西族象形文字和东巴经的文章是拉卡帕里尔（Terrien de Lacouperie）于1885年发表的《西藏境内及周围的文字起源》一文。

第一个比较完整地写出一本关于纳西族和东巴经书、东巴象形文字专著的是法国人巴克（J.Bacot），他在1913年出版了《麽些研究》(Les Moso）一书，全书约6万字。

西方第一篇以纳西人及其文化为研究对象而写的学士论文是昆亭•罗斯福在1941年在哈佛大学读书时所写的学士论文《对纳西人的初步研究：他们的历史、宗教和艺术》（现在收藏在纽约公共图书馆中），其中有不少昆亭手书的东巴象形文的插图。这篇厚重的论文侧重在对东巴绘画艺术的研究上，反映出昆亭当时所下的功夫是比较深的。

对纳西族东巴文化用功最深的是美籍奥地利学者洛克，他于1921—1949年长期留居丽江，购买了大量的东巴经，这些数以万计的东巴经后来由他赠送或卖给各国的一些图书馆、研究机构及个人收藏者。

英国学者杰克逊（A.Jackson）在1979年公布的欧美两地东巴经的收藏数是9354卷，笔者粗略估算，如今流散在美国、英国、德国、法国、意大利、荷兰、瑞士、西班牙等地博物馆、图书馆以及私人之手的纳西象形文东巴经应有1万多卷。留在国内的东巴经也有2万多卷，收藏在丽江、昆明、北京、南京、台湾等地。

祖的伟业丰功和英雄精神，因此吟诵调比较深沉庄重；而祭风仪式主要超度殉情者之灵，叙述殉情者的悲情故事，雪山爱情灵界的美丽超凡，因此吟唱调有苍凉、悲婉、瑰丽而浪漫的突出特征；而在吟咏反映古代战争等的诗篇时，咏诵曲调则有如山涧急流般起伏跌宕，如雪原厉风般激越昂扬。这种音波长、声气旺、音量大、长声吟啸的音乐风格与纳西族生产生活的地理环境有一定关系。纳西族曾活动于宽阔的草原和林莽山峦、高山深谷，兼有游牧和山地农耕狩猎的生活方式，人们喜欢在高远辽阔的草场和山峦起伏的山野放声长歌，让声音传得很远很远，以便于呼唤同伴、畜群等。如今在纳西族地区的山野林莽听牧人和猎手歌唱，仍然能感受到他们发声悠长洪亮的特点，直唱得山鸣谷应。东巴象形文的"唱"字画一人张口放声长歌，一根波浪状的长线从口中延伸而出，表示歌声起伏有波，而且声音悠长。

东巴沉洪深远的乐调配上所咏唱的诗体神话、史诗、古老传说，显现出纳西先民虔诚神圣的原始信仰情感以及人在大自然和社会中的漫漫生涯中玄思遐想的心理轨迹和悲欢离合。听东巴歌唱，时而使人神凝意静，悠悠思古，时而使人情绪激越，心驰神飞。有的悲剧长诗，如著名的《鲁般鲁饶》，东巴咏唱时，忽而深沉凝重，忽而清越昂扬，把长诗的悲婉哀艳之情，浓烈的浪漫色彩表现得淋漓尽致。

东巴音乐为古老的原始宗教音乐，它具有浓郁的人间味和人情味。大自然和人，神化的自然力和神化的人是它的吟唱对象；同时，那渺远不可解的长天大地、大千世界、神怪精灵等也是它的咏叹内容。其宛如发自大山深处的天籁之声的特点，一直保留至今。

永宁地区的年轻达巴（图/李跃波）

殉情长诗《鲁般鲁饶》的吟唱高手
大东巴和开祥

和开祥（图/杨福泉 1997年）

鲁甸乡老东巴和开祥是吟唱记载在东巴经中的纳西殉情长诗《鲁般鲁饶》的高手，他的歌吟有一种独特的苍凉深邃的风格，深沉凝重而又清越昂扬，把长诗的悲婉哀艳之情，浓烈的浪漫色彩表现得淋漓尽致。我多次在丽江听他吟唱此长歌，每次都被这种沉洪苍凉中透着一缕缕人生凄苦无常意味的调子所震撼，它所咏叹出的殉情男女主人公的悲剧故事具有一种深入神髓的悲剧感染力。

扫描二维码欣赏
和开祥吟唱《鲁般鲁饶》

东巴经中的东巴舞乐

东巴舞谱中所记录的舞蹈种类

各地东巴舞谱中所记录的舞蹈种类主要分动物舞和神舞两大类。综合起来看，动物舞中有蛙舞、白鹿舞、红虎舞、白牦牛舞、白羊舞、马舞、猴舞、鹤舞、鹰舞、蛇舞、狮舞、龙舞、豹子舞、豪猪舞、孔雀舞、大象舞等，这些动物或为东巴教神祇的坐骑，或为与纳西文化有特殊的内在联系的神禽异兽。而神舞种类亦多，如祭大自然主宰“署”的署舞，给为情死和非正常死亡者而跳的卡日神舞，在放替身消灾仪式上跳的恒衣根空舞，压凶死鬼时跳的郎久敬久舞等。神舞中最重要的有三尊大神舞，即萨利瓦德、英古阿格、恒丁窝盘舞；其次为东巴教祖师丁巴什罗舞，宁蒗县油米村还有东巴教第二祖师阿明什罗舞、五方神明东巴舞。其他还有龙狮鹏三位一体神舞、玛米巴罗山神舞、手擎曼陀罗的塔拉明布神舞、拉姆女神舞及各种护法神舞等。

东巴乐器

东巴音乐包括了声乐和器乐，东巴乐器分打击、弹鸣和吹奏乐器。属于打击乐器的有大鼓“丹古”、手摇鼓“丹把辽”、板铃“展来”、铃“局汝”、锣“尔罗”；弹鸣乐器有口弦“扩阔”，但后因口弦多为殉情男女互诉衷情所用，并成为殉情的一种音乐媒介，引起东巴的禁忌，因而在祭殉情者等仪式上只挂不弹；吹奏乐器有笛、葫芦笙、白海螺“都盘富仁母科”、牦牛号角“板科”等，在近代，葫芦笙多用于群众歌舞而不用于东巴教仪式；弦鸣类乐器有琵琶、筝等，如今这两种乐器只见于民间而已不用于东巴教仪式，但东巴画中则所绘很多。在东巴古画《神路图》上还绘有一些未见于东巴经象形文的乐器，如芒筒、长号、喇叭、唢呐等。这些乐器在唐宋时的西藏寺院壁画中也有存在。海螺和鼓也是唐代吐蕃乐器。西藏札达古格王朝遗址红庙壁画中有一似东巴手摇鼓的有柄手鼓，本教祭司所用的手鼓也与东巴的手鼓十分相似，而且两教都有教祖和神明祭司可以骑着手鼓飞行空中的传说。

板铃“展来”和手鼓“丹把辽”，板铃象征太阳，手鼓象征月亮（图/杨福泉 1989年）

东巴的乐器之一：铓锣

东巴的乐器之一：钹

东巴教的有些乐器也保留了古羌人乐器的风格特征，如象形文“笛子”一字，多画三孔，东巴象形文字写如，这是上古时羌笛的特征。近代东巴举行仪式时，一般只使用板铃、手鼓、大鼓、锣、海螺、牛角号等，节奏单一，谱点简单，旋律性不强。与东巴经和东巴古画所体现的名目繁多的乐器类别相比，可能乐器的简单化是东巴教逐渐衰落的结果。

东巴的绘画和雕塑

东巴文化中的绘画大致可以分为竹笔画、纸牌画、木牌画和布卷画。

竹笔明丽，纸牌古朴

竹笔画主要指用尖头竹笔所绘的东巴经图画，包括经书封面装帧、经书扉页画、题图、插图、各种图画符号和画稿。用竹笔写成的东巴经本身因由图画文字和象形文字两种混合写成，也有突出的绘画特点，是典型地反映了“书画同源”的艺术珍品。有的经书用红、黄、绿彩色添绘，黑色的象形文字与单纯明丽的色彩交相辉映，有一种儿童画般的稚拙之美。

最能集中体现竹笔画风格的是东巴经中的画谱部分，画谱外形一般略大于东巴经书，所用纸张亦与东巴经相同。按内容分为可供通用的综合性画谱和单一性画谱，后者是某一仪式的专用画谱。有以墨素描的画谱，也有色彩富丽的着色画谱。从画谱“扩奔”一词的纳西语本义可以看出它是木牌画艺术发展的产物。东巴教有数十个大大小小的仪式，每个仪式上都要用很多相应配套的木牌画，要画成百上千的鬼神精灵、奇禽异兽，因此需要把这些形貌服饰特征各异的形象大体固定下来，分类注明，作为谱典传承，方便学习绘画。画谱一般多由世所公认、才艺超群的大东巴画成。东巴画谱的内容十分丰富，包罗万象，再现了纳西族的自然崇拜观念和丰富多彩的社会生活。

纸牌画指画在多层厚纸黏合而成的硬纸牌上的绘画，分占卜纸牌画，主宰大自然的精灵“署”之画，以及东巴的五冠画等。纸牌画用于各种东巴教仪式，画面约33厘米见方，用时用竹棍夹住画面，插在蔓菁、萝卜或洋芋上，可随仪式的程序移动。早期纸牌画多用竹笔画成，后来亦产生了用毛笔绘的纸牌画。内容有各种人面人体神、半人半兽神、奇禽怪兽、日月星辰、山川草木等，寓宗教的神秘性与大自然之美于一体，写实与夸张、变形诸艺术手法并用，字与画浑然一体。

画有日月星辰、人神灵兽、吉祥器物的木牌画，多插于山林水源处
（图/杨福泉 1997年）

远古遗风木牌画

木牌画是东巴文化中很古老独特的一种绘画艺术形式。在古代，木牌用一种称为“梅”的树木制作，后来普遍用松木制作，长25—40厘米，宽4—5厘米。木牌分尖头形和平头形两种。木牌画用于东巴教的各种

仪式，不同仪式都有相应配套的木牌画，小小的一片简朴的木片上往往能渲染出奇谲变幻、瑰丽迷离的艺术形象和审美意象。

这种奇特的宗教木牌画历史悠久，敦煌与居延等地的考古发现证明，木牌画鬼神插地祭祀之俗，原应是羌人的古俗，作为古羌人后裔的纳西人沿袭了这种古俗。从这种古老而神秘的木牌画中，可以听得到来自遥远过去的一支苍茫古歌，这支歌的宗教历史文化内涵是深广的。东巴教的木牌画多用矿物或植物制作的红黄蓝等色彩涂色，平头形木牌画则不用彩色。早期的木牌画只用简单的颜色或不着色，用东巴传统的自制竹笔绘成。绘木牌画时，先用炭条或毛笔在木牌上画上线描造型，然后再涂上色彩。东巴教有专门的木牌画稿本，有画谱和范本性质，供初学者使用。画技娴熟的东巴作画时不打草稿，用粗犷的墨线描绘，一气呵成，着色时也快捷简约。所绘的神人兽形貌古怪、造型奇特，神态表情十分生动，极有灵气。其线条粗犷豪放，自然流畅，着色鲜艳但艳而不浮，有明快稚拙之美。

布画杰作《神路图》

东巴文化的丹青之奇还体现在一种独特的布画上。

布画指画在麻布卷轴上的各种神像画，东巴举行仪式时挂在临时设置的神坛正上方，每一仪式都有相应的神像卷轴画。卷轴画有长卷、多幅和独幅多种。多数神像卷轴可能是在元明之际发展起来的。卷轴画早期以麻布居多，后期的一些用土白布绘制。每幅卷轴画主要画一尊神

《神路图》局部（图/李德静）

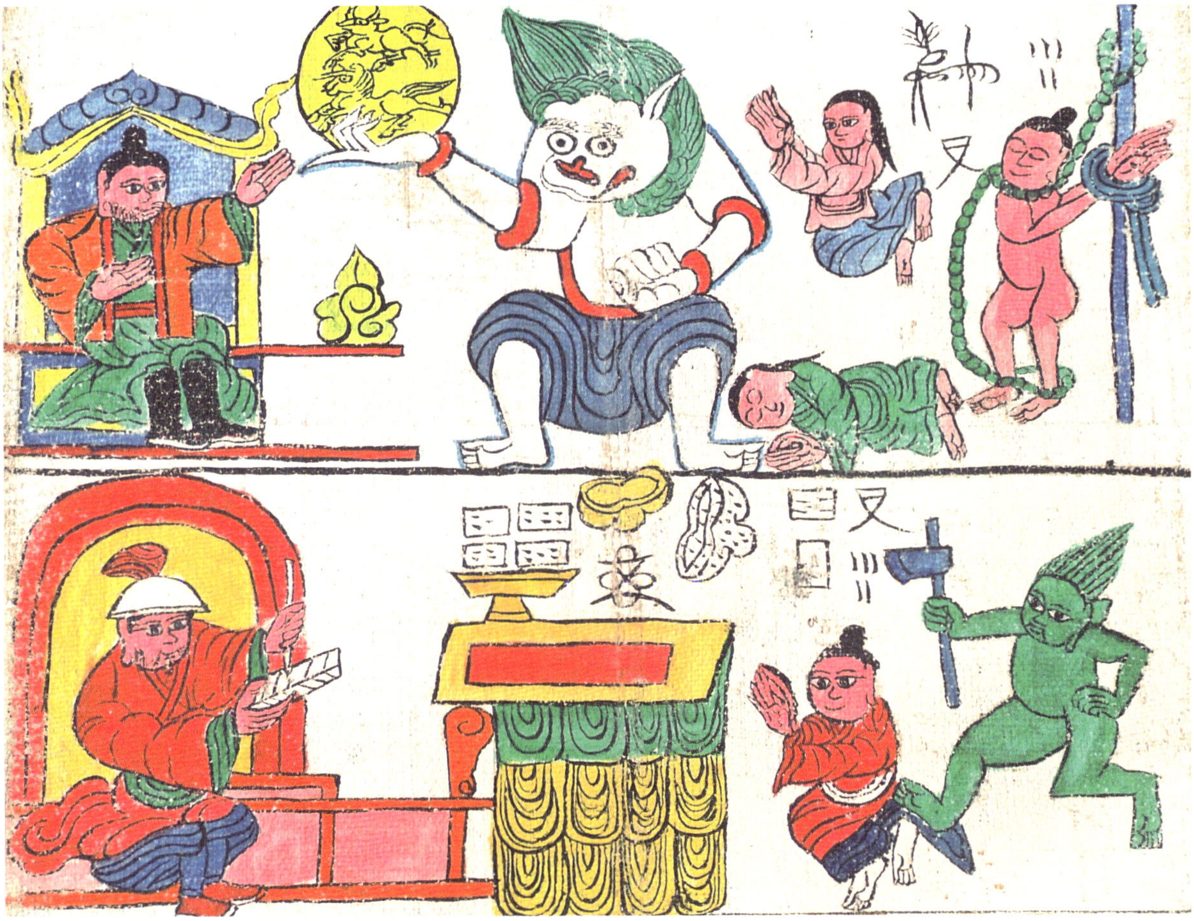

祇，主神的周遭绘着与其相关的神界和其他神祇、祭司、灵禽异兽以及各种宗教吉祥符号。

卷轴画中还有一些装饰性的动物画卷，如卫护神门的红虎和白牦牛、二龙抱珠等。这些神兽画挂在东巴教仪式神坛的前方，表示由它们守护着神坛。

布画中的杰作是《神路图》，这是一幅奇特的宗教绘画，其内容融东巴教神话、本教、藏传佛教、汉族神话、婆罗门教等于一体，是典型的多元文化相混融的煌煌巨制，有相当高的学术价值和艺术价值。

《神路图》长15至20米，上绘鬼神人三界，有近400个人神鬼兽的形象。各种人神鬼形象生动传神。画中还特别绘有一些因乱砍山林、滥杀野兽、劈山炸石、污染水源、投机倒把、偷盗乱伦、造谣诽谤而在死后受万般苦楚的罪人，反映了纳西族传统的伦理观和与大自然认兄弟，与之和睦相处的生命精神。

从艺术特点看，《神路图》融汇了早期东巴传统的粗犷画风与后来发展的精绘风格，相得益彰，原始艺术的平和浑朴气息仍处处可见，显现出一种单纯明快、浑朴率真的美。

充满世俗意味的雕塑

东巴文化中的雕塑艺术也是别有特色的。

东巴雕塑有面塑、泥偶、木偶和木雕，近年来还在丽江塔城古墓地发现了反映东巴舞、神鸟蝙蝠、送魂冥马等内容的石雕。

面塑在东巴教中称“多玛”，是用于各种东巴教仪式的献祭供品。面塑一般是一次性的，随用随捏。后来，有的东巴为方便计，用泥捏制这些仪式上必需的“多玛”，这样可以使用多次，于是泥偶应运而生。随着泥偶的产生，木偶也逐渐出现，木偶一般是用来做东巴初学做面偶的仿效模型，有与上述“画谱”相似的功能。

正在凝神创作的东巴（图/李志雄）

东巴面塑、泥塑和木雕作品中最值得称道的是那些神和神人同格体的偶像，作者造型时并不注重外形细部的逼真酷似，而是用整体写意的手法，如眼睛就是看似随意刻画的两个洞，嘴巴的轮廓也只是微张的一条开口，从局部看显得十分简单。但如果从整体看，整个造型体现出一种活泼的表情神态，透出一种内在的生命精神。它具有单纯明快的审美特点，单纯的符号效应又与作者审美心境的单纯朴实有密切联系。

这些神灵偶像的造型最突出的一个特点是自然浑朴，神态天真憨稚，普通平和，使人感到十分亲切，有的还呈现出一种滑稽的意味，极有“稚趣”与谐谑之美。这些偶像的世俗生活气息十分浓郁，造型也完全是照着山民村夫纯朴的气质格调创造而成的，让人觉得面对的是一群活生生的普通人，可与之同乐共欢，嬉笑言谈。这种艺术风格和审美情调是与东巴教的性质分不开的，通过这些神灵的形象，我们可以明显地看出东巴教浓重的人间味和民俗味。

面偶（图/李德静）

东巴教与纳西人

原始宗教的灵性力量

在茫茫世间，东巴教与纳西人风雨相伴，成为他们生命中最重要的灵性力量。

东巴教是历史上纳西族全民信仰的原始宗教，为何称之为"东巴教"呢？那是因为纳西祭司在民间被普遍称为"东巴"，因此，纳西人的原始宗教就被学者们称为"东巴教"。东巴教在纳西族中流行的时间最长，纳西人中信东巴教者最多，特别是农村的老幼妇孺，皆是东巴教的忠实信徒。因此，东巴教对纳西族社会的影响也最大，特别在乡村社区中表现得最为突出，几乎所有的社会生产生活，都受到东巴教的深刻影响。

在大山的怀抱中，呼唤着神灵。图为木里俄亚村东巴(图/苏国胜)

人生一路，东巴相护

纳西人的一生与东巴教有着密切的关系，人生的每一步，都深深地在东巴教的祭坛上留下了痕迹。生老病死，婚丧嫁娶，哪一个阶段都离不开东巴教的庇佑与祝福。

当一个纳西人尚在母亲腹内，就要请"人神媒介"——东巴举行保胎保育仪式；一旦呱呱坠地，深恐邪恶鬼怪侵扰他（她）的父母，要请通灵的东巴举行驱鬼、除秽、祭生命神、取名、产妇洗头、见天日、拜太阳等一系列复杂的仪式。纳西人认为，举行了这些仪式后，

来到人间的婴儿就能平安地开始走他的人生之路了。

纳西人的成年礼是在13岁那年举行，要请东巴或达巴（达巴是东巴的异读，是东部方言区的纳人，即摩梭祭司之称谓）主持举行“穿裤”（男）成年礼。这象征着这个少年从此已经步入成年期，可以参与只有成年人才能参与的各种社会活动。举行成年礼的当天，东巴咏诵东巴经《迎请生命神》，祈求生命神赐予这个已成年的少年富裕和寿岁。然后东巴为这少年行“抹酥油”祝吉礼。女子的“穿裙”礼与此大致相同，只是穿裙时要按照“男左女右”的传统，站在火塘右边。

纳西人从订婚到结婚，要请东巴主持举行推算男女属相，择吉日，祭生命神、祖先神、东西南北中五方神、火塘神，系生命线，抹酥油等必不可少的神圣礼仪。纳西族的传统婚礼称为“素字”，意为“迎接生命神”，东巴主持举行祭生命神、拴生命线的仪式，这是婚礼的核心内容。整个过程与东巴教密不可分。

人的繁衍，是关系到种族延续和氏族、宗族、家庭继嗣的大事，是社会生产活动中举足轻重的一面。在纳西族社会中，东巴教的影响也突出地反映在男欢女爱和人的繁衍增殖这一重大事情上。为求多育，要请东巴举行各种仪式，如祭拜司掌着男性生育力的生殖神“伙”，祭祀司掌着男女交合、怀孕与传子的神灵“自”，生育神“仁”等。

在长期以来处于父系制社会结构的丽江纳西族中，为求父系血统继嗣绵延不绝，要举行祭绝后鬼的仪式。而在处于母系制社会结构的纳西族支系纳人（摩梭人）中，则多祭与生育特别是与生女孩密切相关的女神“巴丁拉木”“干木”及专司生育的女神“那蹄”，以多女为福。人们盼望神灵庇佑，多生女孩，以便延续母系家庭血缘。

当一个人在人间走完了他（她）生命的历程，东巴要通过丧葬仪式（譬如在白毡神坛前铺开神路图，据图超度亡魂到神地），帮助他的灵魂返回祖先之地，即进入一个生命的新空间。纳西人的传统习俗是火葬，丧葬

过去，女子到13岁时举行“穿裙礼”，后来丽江纳西妇女改穿裤，便行“穿裤礼”。男子亦在13岁时行“穿裤礼”。举行这个成年礼的当天，家中请来一个与女子属相不相冲犯的人，男子成年礼请女子。此人家庭要三代健在，夫妻俱在，子女多而健康。当天还请东巴举行祭生命神的仪式。举行“穿裤礼”时，请来的人给少年穿上事先准备好的新裤，少年站在正房火塘的左边，双脚踩在猪膘肉上，一只手提着一个猪板油团，一只手托着一个放了米、麦、玉米等的小木盒，这有希望以后生活富裕的意思，东巴诵《迎请生命神》经，祈求生命神赐予这个已成年的少年富裕和寿岁，然后东巴为这少年行“抹酥油”祝吉礼(图/李跃波)

仪式分为两次，第一次是人死后的开丧仪式，这实际上主要是一个处理“死者之身”的仪式，纳西语称为“西开”（xi kai）；第二次是火化后3年内举行的超度仪式，是一个处理“死者之灵”的仪式，纳西语称为“西务”（xi ngvl）。两次仪式都必须在东巴的主持下进行。

从生命的起始到生命的终止，直至成为祖先神的角色，纳西人生命周期中各种人生角色的转化，都是在东巴教祭司的引导和东巴教神灵的庇护下，在东巴教

东巴教中有个“生命神”，称为“素”。“素”神与人生几个重要关口的礼仪密切相关。纳西语的“婚礼”一词称为“迎素神”，可见迎请“素”神是结婚仪式的主要内容。这个以“迎接生命神”为主题的结婚盛典充满了喜庆的气氛，人们以诗的语言你唱我答，其中又穿插着很多讴歌和宣泄生命之乐的欢乐情节。新郎家所请的主持婚仪东巴“许孙”边抹酥油于新郎新娘额头边咏诵经典，祝神灵赐福他们(图/李德静)

教义的范围内进行。东巴教的神帜和灵光，始终与纳西人的生命历程相伴随。从东巴教中所反映的人生礼仪体系中，可以看出作为东巴文化之源的很多纳西传统习俗，又以东巴教为载体而得以在纳西社会中比较稳定地传承下来。

与东巴教合为一体的纳西族世俗生活

东巴教与纳西族的社会组织活动有着不可分割的联系，所有的东巴教仪式都是以社区的家户、宗族和村寨为单位举行的。从有的仪式中，还可以看到纳西古氏族宗教活动的迹象。有的东巴教仪式反映了纳西族传统典型的以父系宗族为核心所进行的宗教活动，如祭天，那是东巴教最大的仪式，也是纳西族民间最大的节日。纳西族有不同的祭天派别，绝大多数纳西人都归属于主要的4个祭天派别，它们是：铺笃、姑徐、姑闪、姑展。

纳西族的各种社会生产活动也都与东巴教信仰息息相关。砍树伐林，开沟挖渠，抓鱼捞虾，开荒劈石，要祭司掌山林湖泽的超自然精灵“署”；放牧、养牲畜，要祭畜神“糯”等等，不一而足。可以说，纳西族社会生活中无事不与东巴教有关联，东巴教的各种仪式与纳西族社会生活融为一体，密不可分。

灿烂深邃的星空使纳西先民浮想联翩，在遐想沉思中便产生了纳西人独特的星相占卜学。东巴经中有《占星择日经》，根据二十八宿星相讲每天适合干什么，不适合干什么。永宁达巴也有卜算日子的书，全书12篇，每篇记载一个月的凶吉日，12篇记载一年的凶吉日。过去，很多纳西人相信这些说法，每天的生产生活都受到这些观念的影响。

纳西人关于人的生理病痛的观念，也受到了东巴教较大的影响。东巴经中有专门占病因的经书，多归病因于鬼怪作祟。各地纳西族对各种病因都有自己的解释，有病时请东巴或达巴、桑尼(或称桑帕)作法禳解。东巴不是仅仅以祈神送鬼的宗教手段为人治病，他们还辅之以一些理性的医疗手段，如拔火罐、吃草药等。东巴教这种把祈神送鬼和医疗手段相结合治疗的方法，与当代流行的因势利导的心理疗法有某种相同之处。

东巴教与村寨的地域和安危也有密切的关系。在东巴教中，有司掌着村寨所在地域和村寨本身的“子瓦”神。“子瓦”原指山寨所在的山岭和山坡。纳西族各个村寨每年要定期举行祭祀“子瓦”神的仪式，全村寨的人们在祭仪结束时共同分食祭祀场上的肉食，重温同仇敌忾、共御外敌的村寨传统精神。

象形文字王国中的智者——东巴

书写了数万卷被视为人类文化瑰宝的象形文经典——东巴经的东巴们究竟是些什么样的人呢？他们是如何成为受人景仰的东巴的呢？他们在当今社会的境况又如何呢？

东巴是东巴教的祭司，意为“智者”“上师”“大师”。从东巴经所记载的神话、史诗中看，在古代，东巴的政治和社会地位是很高的，他们是人神媒介，是部落酋长的军师参谋。在人们的心目中，他们知天晓地，善测祸福，能镇鬼驱邪，求吉祛灾，是非同寻常的灵异之人。在东巴教中，甚至产生了许多被神化了的东巴。到后来，由于纳西族社会不断受到外来政治体制、文化和宗教的影响，纳西族上层统治者对各种文化取舍态度的转变等因素，东巴的政治地位日趋衰落，参与政事者日益减少，只是在劳动之余为人祝吉祈福，请神送鬼，占卜治病。他们平时从事耕稼樵牧，是不脱产的农牧民，只是在受人所请时才举行法事，略得实物或现金报酬，但家庭收入主要是靠生产劳动。东巴没有自己的宗教组织——教会，无统一的教规教义，相互间没有统属和被统属的关系。学识渊博、精通众艺的东巴被尊称为大东巴，出类拔萃者被尊称为东巴王，但这仅仅是一种尊号，与诸如藏传佛教那样的教徒等级制不同。

东巴全是男子，其传承主要是家庭或亲族世袭制，父传子，子传孙，无子则传于侄。也有一些东巴是无东巴

一个东巴，要集巫医学艺匠于一身，是具有多种技能的纳西族早期知识分子（图/李志雄）

家世而投师学艺的。东巴生活在民众中，既受东巴教文化艺术的熏陶，也深受民间文化艺术的影响，因此博通东巴教典籍，也熟谙民情风俗、故事谣谚，有的还懂草医，真正集巫医学艺匠于一身，是具有多种技能的纳西族早期知识分子。很多东巴有十分惊人的记忆力，能凭记忆咏诵数百部经典。永宁等地的达巴无经书，但能快速地背诵洋洋洒洒的长卷口诵经。东巴的博闻强记固然与他们的天资聪颖有关，但长年的刻苦学习训练是其主要原因。东巴是纳西传统文化的大学问家，与东巴对话，常有进入幽深知识之林，目迷五色之感。问一个象形文古词，常常会引出一串长长的故事；问到某个典故，经常又引出很多其他陌生的掌故。东巴们也喜欢“学术辩论”，讲经论典时常常各执一说，互不相让，这些白发老人对民族文化诠释的认真和执着是十分感人的。

走村串寨访东巴

1989年3月，我同当时丽江县民族语言工作委员会副主任和学才结伴，去他家乡塔城依陇山区进行田野调查。塔城乡位于丽江县城西北部（今属玉龙县），离县城145千米，是纳西族最早的居住区之一。在纳西人的眼中，塔城是个神秘的地方，它以东巴教的发达和纳藏文化的交汇而著称，历史上出过不少名震四乡的东巴大师，因此，塔城素有"东巴之乡"的声誉。

经过多次辗转和艰难跋涉，我们抵达了海拔2600米的巴甸村。据向当地老人了解得知，巴甸村的大多数村民属于四个纳西古氏族"束""尤""梅""禾"中的束氏族，部分村民属于尤氏族。这个当年闻名遐迩的"东巴之乡"仍然保留着纳西族的很多传统的古风古俗，还可以看到不少在丽江平坝地区已几近绝迹的以木板瓦盖顶的木楞房、"母房"（即"祖房"、正房）等居住方式，男子还身着传统的白色或黑色羊毛毡衣，头戴羊毛毡帽，不少男子还以传统的弩弓射猎，古老的亲属称谓也保留得比较完整。

但是令人感到遗憾的是巴甸几个自然村的东巴所剩无几，知识渊博的已只剩一位名叫和学智的老东巴，我一到巴甸便立即去拜访他。

千卷古经遭人祸

和学智老人年近七旬，看上去十分潦倒，身着一件很旧的中山装，头

如今，东巴文化研究院是传承东巴文化的一个重要机构（图/邓磊）

古老的东巴经（图/李德静）

戴一顶“文化大革命”时期曾十分时髦的黄军帽，脏兮兮的样子。我去时，他正默然坐在院子里晒太阳。看着他那有点木讷的样子，我怎么也看不出这个出身大东巴世家，以博闻强记著称，在二十多岁时就能独当一面地主持东巴教大仪式的祭司的丰采。

和学智老人曾经被丽江东巴文化研究室聘请去翻译东巴经，我从同事口中知道他以好饮酒而远近闻名。他翻译东巴经很认真，知识也渊博，在翻译了六十多本东巴经之后，他回到了村里。

初见和学智时，他略显呆滞，但一谈起东巴教的事，他的话就慢慢多起来，那混浊的眼睛渐渐发出一种灼灼的亮光，一口气向我讲述了五个东巴教仪式的详细过程，还把家中珍藏的几个用于祭祀仪式的木碗和一个看上去非常古老的生命神竹篓拿出来让我看。

在讲经论道的过程中，他也讲起了自己的身世。他家祖上源于纳西王（明代起为木氏土司）最早居住的丽江县白沙乡，是白沙东巴大师久知老的后裔，后来辗转迁移到此居住，与本村的东巴大师东五属同一家族。他父亲法名东金（即和绍文），也是远近闻名的大东巴，民国时期还任过丽江县巨甸乡的乡长，是近现代纳西东巴中少有的政坛神坛双栖人物。和学智读过几年小学，略通汉文。

我问起他家还有几本东巴经，他一下子黯然神伤，从里屋拿出一本渍迹斑斑的经书，这是一本卜书，他说这是唯一幸存的一本了。“文革”以前，家里的东巴经尚有上千卷，“文革”中，家里的上千卷经典连同其他东巴上交的几千卷经典都被付之一炬。看着这个著名的东巴世家唯一剩下的那本占卜经，我想起1984年到西柏林联邦德国国家图书

署明村举行超度老东巴的仪式(图/李德静)

馆考察该馆所藏的东巴经时的那种复杂的心情，一千多卷被“西方纳西学之父”洛克（J.F.Rock）带出的东巴经和不少东巴画、法器等被视如国宝，待如上宾，保管得如此之好。为收购这批东巴经，联邦德国总理阿登纳还亲自出马帮助筹措经费。面对这一切，我既为中国的古老瑰宝流落异域而惆怅感慨，但一想起那将成千上万卷东巴经付之一炬，或投之江河的“文革”年月，我又感到，这些经典能在此躲过那场劫难，不能不说是一种幸运。更令人欣慰的是5000多卷东巴经“文革”中因静锁在县图书馆一个人们很少注意的房子里而未被发现，幸免于难，使得后人能够在东巴文化的故乡成立东巴文化研究所，花费近20年的时间进行大规模的经典翻译工作。

和顺东巴说祭天

东巴是神巫，人神媒介，但又多是能工巧匠，不是仅仅靠做东巴教法事来糊口，靠信徒施舍过日子的宗教职业者，他们有很强的谋生能力。塔城乡署明村的东巴和顺，就是这样一个多才多艺的人。他是个出色的木匠，远近村民除了请他主持东巴教仪式，还常常请他当起房盖屋的大师傅。

我到达署明村那天，他正好被陇巴村的一户人家请去主持丧葬仪式，只见到他哥哥和训，他也是个东巴。

这次的访问未见到和顺东巴本人，后来在1991年7月，我和加拿大魁北克蒙特利尔大学教授汉尼（F.Hanny）进行一项关于纳西和藏族问候语的合作研究项目时再次来到署明村，这回见到了和顺东巴，和顺当时62岁，看去相貌清癯，精神健旺。和顺很热情，也很健谈，我们在他家住宿，晚上围着火塘听他讲古说

祭天仪式之射五方仇敌（图/李德静）

今，我从和顺口中了解到不少此地东巴教的仪式和规矩。

和顺东巴讲到，署明几个自然村已经恢复了过去是纳西族最大节日的祭天仪式，四村和五村各有一个祭天场，届时全村人都参加，四村共有22户合祭，由和顺当主祭东巴。与过去传统的祭天仪式不同的是，现在已不杀猪，不搞轮流制的"养猪户"，不搞"射箭杀敌"仪式，主祭只是凭记忆咏诵一些传统祝辞，不再像过去那样咏诵很多东巴经（东巴经的丧失是这程序简化的一个重要原因），祭天的时间也已大大缩短，一般只是一天，而在过去则要举行三至五天。我与和顺一起去看了该村的祭天场，周围长着很多松树和栗树，祭天场中有用石头围成的祭天灶。

有意思的是，恢复祭天的署明村并存着个体家户祭天和全村合伙祭天的不同习俗。署明一、二村是各家各户自己祭天，不请东巴主持；四、五村则是全村合伙祭天，请和顺主持。和顺所在的四村属于"铺笃"祭天派（纳西族从古代氏族制衍生而来的四大祭天派之一），三村的杨姓村民属于"姑徐"祭天派。这几个村的村民都自称属于纳西四个古氏族中的"束"氏族。

祭天是纳西族相沿甚久的一种古俗，也是东巴教最重要的一个大仪式，列在众多仪式之首。后来祭天仪式演变为纳西族民间最大的节日。从束、尤、梅、禾四个纳西古氏族中衍生出"铺笃""姑徐""姑展""姑闪"等祭天派。纳西族人自称"纳西莫比若"，意为"纳西是祭天的人"，以祭天作为本民族的主要特征，可见祭天在纳西人心目中的神圣地位。

天生注定做东巴

1989年在访问巴甸村和署明村后，我前往洛固村拜访了另一位东巴和义顺（汉名和亦水，后改名和玉顺），他时年67岁，也是纳西路鲁人，他的人生经历在东巴中极富传奇色彩。和亦水并非生于东巴世家，在出生后数日，家里请了个远近有名的纳西巫师桑帕（在很多地方又叫桑尼）来给他取名，并给了他一块铜做的护身圆盘，铜盘上面按五行方位镌刻着十二属相神兽，保存至今。这个巫师叮嘱他父母，他长大后应该叫他学做东巴，后来父母已将此事淡忘，可和亦水自从幼时知道此事后，一直把自己应该学做东巴这事记在心里。他家有个从巴甸村搬到洛固来住的东巴亲戚。和亦水到14岁，便常常偷偷地舀一些家里自酿的酒去送给这个东巴亲戚，向他学东巴知识。他记性好，两天就学会了一本很难的《开坛经》，这个东巴亲戚看他人聪明，很高兴，便把自己的知识全都教给了他。和亦水从他那儿学会了必须要用古代路鲁语念的两本用于丧葬仪式的东巴经《斋富》（开路经）和《余扩》（杀羊经），这两本路鲁人独有的经书他至今仍然珍藏着。后来巴甸村有名的大东巴东金（上面提到的和学智之父）很欣赏他的好学，有心收他为徒弟，又教了他不少东巴教知识。

1952年后和亦水不再搞东巴法事，直至20世纪80年代以后才逐渐恢复做一些法事。他早年当过解放军战士，并曾在村里担任民兵连长和农会主席，因此，他能在“文革”时躲过劫难，珍藏下来几种十分珍贵的东巴经、东巴纸牌画和东巴法器。

我看到在他家藏有东金写的祭大自然神“署”的经书《大鹏斗恶“署”》一书，极有东巴书法的神韵，堪称珍品。经书上有东金的印鉴。另外还藏有民国时远近闻名的东巴画高手和国梁（大东巴和文玉之三子）所绘的一套占卜纸牌画，极具东巴画传统的古朴特色。此外他还藏有板铃、皮鼓等法器，板铃上系着一只岩羊角，光滑黑亮，一颗獐子牙，看去已年深日久，格外珍贵。

和亦水东巴（图/杨福泉 1989年）

火塘中燃起的东巴教信仰

纳西族的传统住宅空间也与东巴教有密切的关系，它最为集中地反映在母房“吉美”(jji mei)中。

纳西族将传统住宅中的正房称为“吉美”，直译意为“母房”“大房”，有的译为“正房”。母房是整个家庭住宅的中心。

在母房平台形火塘灶边上，有一根柱子，称为“美杜”(mee dvl)，意为“顶天柱”，象征东巴教中顶天镇地的居那世罗神山。顶天柱上插着祭天时象征天神地神的栎树枝和刺柏枝，人们认为它能娱神镇邪。神龛一般设在东西两个睡铺相接之处，是一个称为“大”的柜，柜上放着生命神柱篓“素堵”(svl dvq)，有的则挂在顶天柱上。

象征畜神和谷神住所的竹篓和祭天时放祭祀用大米的“神米”竹篓，都放在母房里，或挂在顶天柱或神龛上。

纳西族各地村寨的火塘灶均设在母房内，位于神龛下，建房时就在神龛下建高约40—80厘米、长宽约3—4米的木结构平台，整个平台底下空心，不让木架和地板触地，意为不让冲犯地脉。火塘设在平台正中间，火塘边的木板要用上好的木料。建火塘时要在火塘中央埋一个盛有金银、玉、绿松石、光玉髓、桂花籽、葵花籽、松子、檀香、柏香、五色丝线、五谷及海贝等物的土碗，象征火塘灶的心脏。火塘正上方称为“格故鲁”，是神圣之所在。平时一日三餐前都先祭火塘上的诸神，举行祭祖礼、成年礼等都要祭火塘。

丽江纳西人认为北方是神和祖先所在地，因此是表示尊贵和善的上方，是神龛之所在。在家庭的社交场合，神龛下最上方的尊位属于亲族的男性长者。平时，火塘边东西两端靠近神龛的座位是最尊之位，分别属于家庭男女家长。火塘边供奉灶神五兄弟五姐妹、祖先神、谷神、畜神等。有不准将水泼于火塘，不准跨越火塘，不准在火塘边洗脏东西，不准脚踩铁三脚架等种种禁忌。

纳西人的一生就这样与东巴教结成生死相依的关系，他们的喜怒哀乐、悲欢离合都与东巴教密切相关，东巴教熔铸了他们的精神和心灵。

纳西人对火塘有一种特殊的依恋，这种依恋，实际上是情感的取暖，因为火塘边有母亲坐着。如果火塘边没有了母亲，那么，那个家庭一定会觉得空了，没有了特殊的氛围，缺失了情感的支点，好像圆满的东西缺了一角，始终是一个结，是一个解开不行，又难以结起的空缺的结（图/李跃波）

撰稿专家

杨福泉，云南省社会科学院二级研究员，云南大学博士生导师。

《东巴教通论》

扫描二维码，
阅读专家代表著作的电子版

东巴舞是东巴在各种宗教仪式中跳的舞蹈，是东巴通神娱神、镇鬼祛恶的重要手段，其艺术审美性蕴含于宗教的神圣功能和意识之中。
东巴舞保持了早期氏族部落群体舞蹈的特征。几乎所有的东巴舞都是集体舞，这是远古人类群体行动的生产生活方式和整体观念在舞蹈艺术形式中的反映。
东巴舞在不少方面保留了歌、舞、诗三位一体的舞蹈形式，在不少舞蹈中，东巴边唱边舞，咏诵韵文体的东巴经，并以舞蹈动作叙述故事，这些舞蹈中混有戏剧因素，可视为舞剧的雏形。
基于摹拟自然的艺术观，东巴舞是自然美与形式美融为一体的舞蹈形式。东巴舞的风格具有原始舞蹈的清新自然，真实质朴的特性。除真实摹拟的舞蹈动作外，东巴舞中也有不少经过艺术提炼，重在象征表现的动作，以表现丰富复杂的舞蹈内容。
在队伍的编排上，大多数东巴舞已脱离原始宗教舞蹈中手拉手、搭肩、勾腰的圆圈舞形式，更多出现的队形是横排、竖排、穿花等。在队形和动作的编排上已特别注意平衡和对称，在造型上有高低、前后、左右等对称形式，具有对称和谐的美感。
东巴舞的整体舞蹈中饱蕴着原始宗教的神秘气氛和浓郁的巫风，但又时时流露出清新亲切的生产生活情调意趣和民俗味（图/李志雄）

在束河古镇的青龙桥上，远眺山脚连片的民居建筑（图/邓磊）

第4章

雪山大江边诗意的栖居

建筑

本章主撰稿人：昆明理工大学教授　蒋高宸

建筑，作为一个系统存在，它不是孤立的。从生长、发育到成熟，都与环境（包括自然环境和社会文化环境）有关。纳西族在历史上曾有过一段漫长的始自中国西北河湟地区的迁徙过程，唐代以降，其活动中心基本稳定在川、藏、滇交界处的雅砻江、盐井河及丽江段的金沙江流域一带，又以丽江县（包括今丽江市古城区和玉龙县）的丽江坝、拉市坝、七河坝等坝区及金沙江的河谷地区分布最为集中。

与之相对应，纳西族的建筑文化，也是在不断迁徙、不断改变生活空间、不断接触外界文化（汉、藏、白等民族文化），并作着不断选择、吸收中而逐渐丰富、成熟起来的。开放、进取、有机、复合、多元是其重要的特点。

美国城市理论家芒福德在追溯城市发展的历史时告诉我们，在城市出现之前先有村庄，在村庄出现之前先有非永久性聚落（例如生息繁衍地、墓地、圣地等形式）。他还告诉我们，在聚落的起源、形成和发展演变中，不能忽视人类自身的动物性渊源和古代社会的社会性、宗教性两股动力。以这些观点来观照纳西族的古代聚落，可以发现，一部纳西族的古代聚落发展史，大致可以分解为这样三个阶段，即："居无定所、随畜迁徙"阶段，"负险而居、酋寨星列"的有邑聚阶段，走向古代城市化阶段。

纳西族建筑形式的变迁也由此呈现出如下历史动向：毡房—土庄房—木楞房—仿汉建筑。直到元明之际，丽江古城在滇西北高原脱颖而出，标志着纳西社会发展的新水平和聚落建设的新高度，开始了走向古代城市化的新阶段。

今天，作为纳西族建筑智慧和技艺的集大成者，这座位于横断山脉雪山大江怀抱中的遥远边城，成了中国第一座被联合国教科文组织列入世界文化遗产名录的古城。

原初的记忆——永宁地区的纳人民居

公元7世纪前后金沙江上游的纳西族建筑

如果说，丽江古城是开放、吸收、融合的结果，是纳西族传统文化的一种变异，那么，在永宁纳人（摩梭人）的生活区域大量存在且仍被使用的以井干式木楞房为基础的“一梅体系”和“天柱体系”所表征的则是纳西族传统文化的“原质”，蕴含着纳西文化更为朴素、纯粹、本真的信息。

如今，在泸沽湖边依然能见到这种保持了传统的井干式木楞房（图/三两）

源于土司禁令的井干式木楞房

井干式木楞房一直是纳人（摩梭人）代代沿袭的主要住屋形式。据说，这源于永宁土司颁布过的一条禁令：百姓不准建盖瓦房。这种井干式木楞房，当地称为“木罗子”，从墙体到屋面全用木料构筑，建盖一幢正房，需砍大小树木700余棵，如果不在林区，那是很难得到这么多木料的。

摩梭人的家庭，一般都有较多人口，所以一家住屋往往形成较大院落。院落的组成包括正房、左右厢房和门楼等，均围绕一个天井四面布置。正房后是园地，用围墙与房屋连接围合。

正房都是平房，其余则多为二层楼房。虽然正房相对低矮，但它是院落的心脏，家庭活动的中心，摩梭文化的重要象征。

摩梭语称正房为“一梅”，其平面的构成、划分、功能都颇为复杂。一梅的核心是主室，进深较大（一般在6—7米左右），面阔相当于两个开间（约在10米），在分间的轴线上不设墙，而是设两根柱子，把房屋进深一分为三。墙体为垒木而成，并无柱子，所以墙体兼有承重和围护的双重功能。

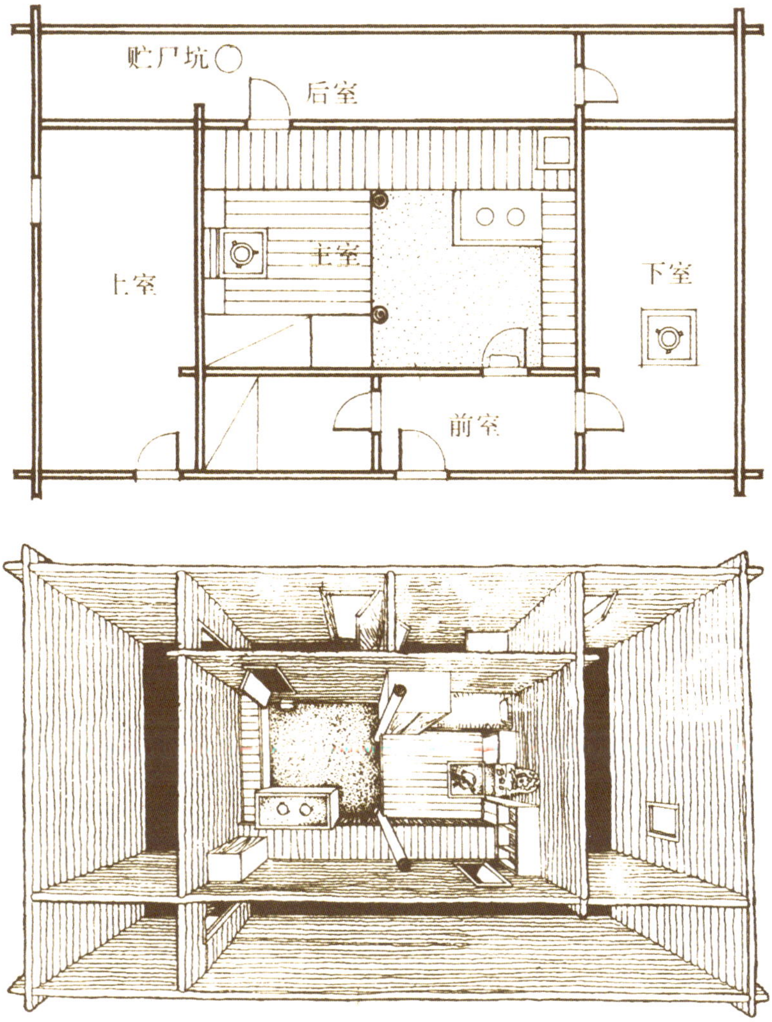

“一梅”平面图与俯视图

木楞房修建时，主室是最先动工的，先垒起四围墙壁，然后立两根中柱，再上屋面。待主室这个核心形成后，便在其前、后、左、右接建前廊、后室、上室、下室等。这些房间把主室包围在正当中，成为类“回”字的平面。这种修建顺序，是由垒木成墙的特殊性质所决定的。

一梅以外的厢房和门楼，进深都较小，结构也较简单。西厢房称“喀拉意”，即经楼的意思，楼上设经堂，并供喇嘛住，楼下堆放柴草。门楼和东厢房称“尼扎意”，除门楼楼下留出一间作为院落出入口外，楼下的其余房间均当畜圈使用，楼上则隔成一个一个单间做客房（花骨）。

在修建过程中最受重视也最能显示摩梭文化个性的是立中柱和“生火”仪式。

两根中柱的右边（靠里）一根，称为女柱，另一根称为男柱。这两根柱子要精心选料，并必须是出自同一棵树，以隐喻男女同源同心，母系亲族不可分离。砍伐前要举行仪式，竖立时要进行祭奠。

纳人（摩梭人）视火为房屋的心脏，在主室里要设下火塘和上火塘，各在右、左两边，分别称为“喀姑”和“瓜窝”。房屋落成后请喇嘛占卜升火时间，在黎明之时开始举行升火仪式，祈愿用火驱除恶鬼，永保家人平安，祈愿塘火永不熄灭，人口、财富像火一样兴旺。

纳人视火为房屋的心脏，在主室里要设下火塘和上火塘，各在右、左两边，祈愿用火驱除恶鬼，永保家人平安，祈愿塘火永不熄灭，人口财富像火一样兴旺（图/三两）

一个纳人从生到死的家中旅程

众所周知，永宁纳人依旧保持着以走访婚为主要婚姻形态的母系社会形式，在纳人社会中，男性像是自由的分子，游离在母亲家庭和与阿肖（摩梭语称走婚时共宿的男女）共宿之间，从一方面取得物质的供养，从另一方面享受情感的满足。正像纳人民歌所唱的那样，他们“愿学老鹰天上飞，哪里快乐哪里歇”。与此相反，无论在婚姻关系中还是在家庭组织中，女性都处于中心地位，女性是纳人社会的支撑柱。

纳人社会性质的女性中心这一要素，渗透到永宁地区自然环境的物质实体构成中，进而升华为虔诚的女神崇拜，结果衍化成了当地整体环境空间的控制性动力。这一点尤其反映在木楞房的一梅结构中。

一梅中的主室由女性家长控制，是女家长、老年妇女、未成年男女居住的地方，也是一家人炊事、进餐、聚会、议事、举行仪式的地方。后室（“衣古都”）为库房，集中放着粮食及家中最为重要的财富，对外不开门，必须通过主室才能进入，这说明它是处在女性家长的监护之下的。一梅左端的上室（“衣该”），是家中老年男子度过晚年时的歇息处；右端的下室（“衣昌”）为存放粮食和加工饲料等的场所。

当我们进一步对住屋房间的功能进行考察时发现，纳人个体的居住行为是随人的生命进程而变化的。这种变化可以女子、男子、喇嘛三种人分别说明。

女子未成年时在一梅里室，接受家长的抚育教养；年满13岁行过成丁礼后便移住于“花骨”。花骨的面积不大，设施也很简单，一般只有一张板床、一个火塘、一个木箱，仅仅只能作为一个供阿肖偶居的空间。白天，除下田生产外，女主人都在一梅或院内活动。要待夜幕降临后，才回到自己的花骨，等待男阿肖来访。不经主人特许，一般人是不许进入花骨的。男阿肖来访时，或由女阿肖出门迎接，或事先约定暗号（如向房顶抛几粒小石子）。

女子怀了孕，到产前两三个月，便不能再与男阿肖共宿，并要搬到一梅内住，由母亲照料。正房的后室是孕妇分娩的地方。小孩出生后的第三天，产妇的母亲或姐姐在太阳一出时，就要取一根燃烧的松明丢到天井里，然后产妇抱着婴儿到天井里去站一会，见一见太阳，乞求太阳保佑，这叫拜太阳仪式。举行过该仪式后，产妇便从分娩的后室迁到主室，住在下火塘右侧。满两三个月后，小孩留在一梅由外祖母照管，母亲又住进花骨。到年老丧失生育能力，不再结交男阿肖的时候，又再次回到主室。死后停尸于后室。后室除了作仓库用外，还是纳人生来死去的地方。这就是纳人女子从生到死在家中的旅程。

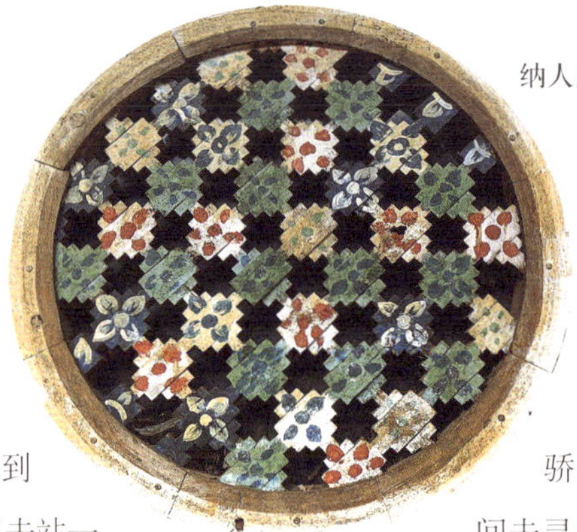

纳人建筑上的花窗（图/三两）

男子成年以前，也是主室中的骄子。成年以后，白天为衣食劳碌，夜间去寻找阿肖欢乐。纳人女子对男阿肖是有所选择的，她们喜欢聪明、健壮、高大的男子，认为这是"人种好"。符合这样标准的男子，会不断受到女阿肖的接待，年轻时无需担心夜晚温暖的去处。带有某些缺陷的男子，那就有些"悲惨"了，没有女阿肖接待时，只有在自家的草楼上独自吞咽清冷。到了垂暮之年，一梅中的上室是所有男子的归宿，一直到死。

纳人建筑中的中柱最能显示纳人文化的个性。两根中柱必须出自同一棵树，以隐喻男女同源同心，母系家族不可分离（图/三两）

受藏族文化影响，纳人信奉藏传佛教。家中男子多的，必定有人要去当喇嘛。但是，永宁的喇嘛，大多数是"坐家喇嘛"。即"坐"在家中，可以务农、从商、赶马驮运，甚至可以结交阿肖，与俗人无异。家中有专设的经堂，一生都有安定的吃、住保障，比一般男子有更好的境况，所以愿当喇嘛的男子不在少数。

总之，纳人把自己赖以生存的空间神圣地女性化了。由之生发出一种特异的控制力，推动着部族世世代代把自身各个体之间和自身与地域环境之间凝结成同一的整体。这个事实可以解释为纳人对永宁地域环境的认同；也可解释为纳人幻想以某种神奇的力量，表明自己对自然的依附。

高度哲学化的一梅空间

女性中心的观念，在一梅结构中得到了充分的体现。这一结构，与纳西"二元交合化生万物"的宇宙观有着同构的性质。支撑一梅这个女性中心的是男女双柱，这表明，纳人女性中心观念的特点在于：既肯定、突

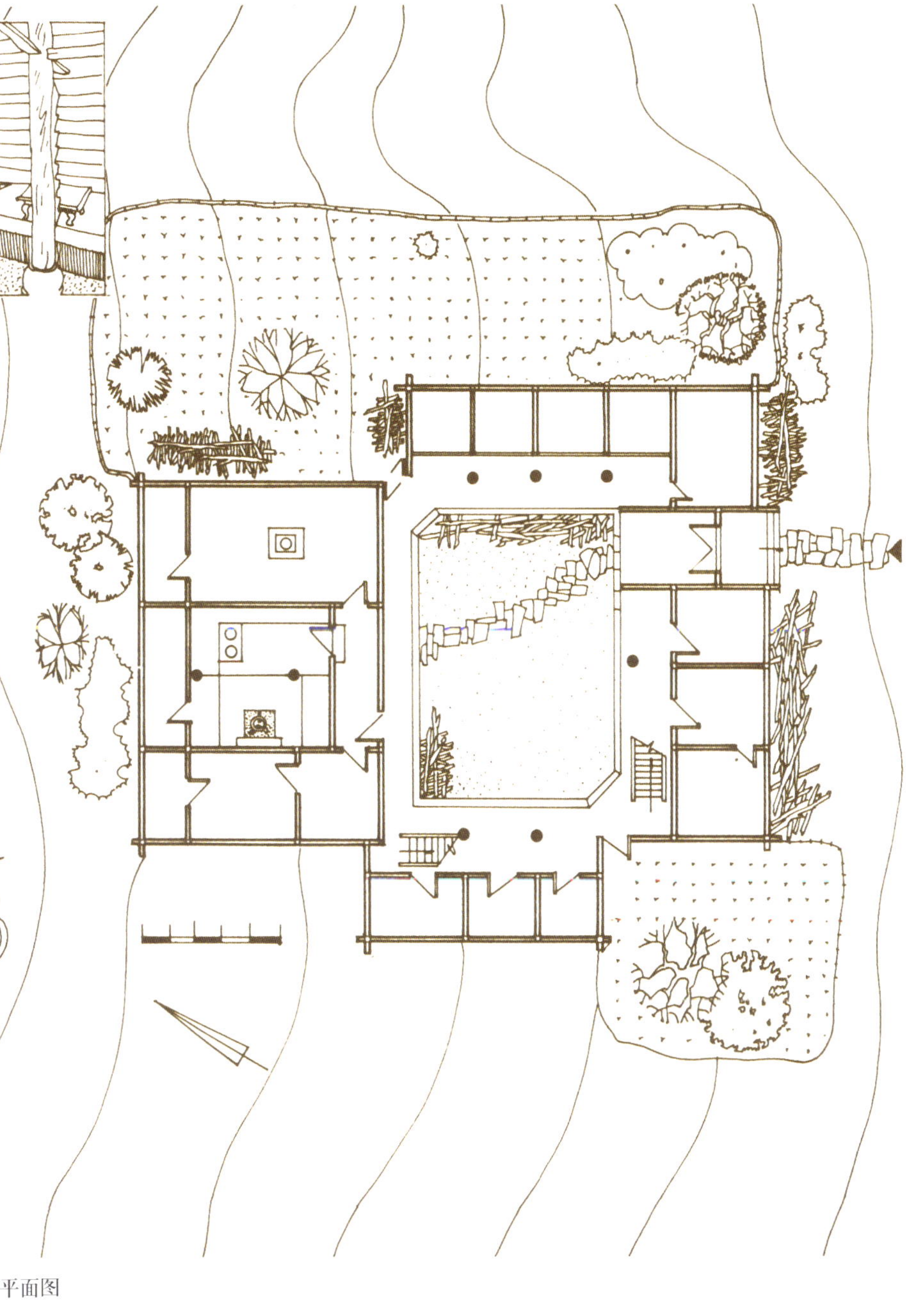

纳人母系氏族大家庭住宅院落平面图

出并着力维护女性中心，但也不忘记男性协同。给两根原本只有纯工程意义的木柱，赋予一男一女的文化概念，同时男柱竟能在一梅的主室中和女柱并立，无不是对这一观念的显示、强化和社会承认。

二元化生观念是我国古代哲学中的一个重要主题，在《易经》《礼记》等许多古籍中都有广泛反映，而在纳人民间和东巴经典中所反映的也许更为质朴，更有原始的感染力。

纳人的一个谚语说："没有男人，没有女人，不会生小孩。"这是对"生孩子是女人的事，与男子无关"的一元论的进步和反叛。

而从一梅空间的划分与秩序层面来解读，一梅空间也同样富含哲学意义。

一梅的核心是主室，进深较大（约6—7米），面阔相当于两个开间（约10米），内有上下火塘。修建木楞房时，主室是最先动工的（图/三两）

一梅的空间划分，存在着两个导向性因素。一个是以一梅主室下火塘为原点的径向发散形水平向划分，另一个是以柱为竖轴的垂直向划分。

在上述第一种划分中，明显地形成了三个环：内环、中环、外环。内环即一梅的主室，这是以象征家庭生命和房屋心脏的火塘为中心，高度浓缩了纳人家庭观念与原始生殖崇拜观念的核心区域。在这区域中，包含有男和女的一条分区界线。右侧，以女柱为界、下火塘为中心是女性区域；左侧，以男柱为界、上火塘为中心是男性区域。被抚养的未成年男女，属于女性区域，但是越界行为是被允许的。只有"舅舅"资格的成年男子，必须在主室中停留时，则不能越过男性区域。詹巴拉神（灶神）守卫着下火塘，突出了下火塘区域的女性地位，打破了男女区域并列的均势。

木楞房素朴的外表之下有着丰富的文化内涵（图/三两）

中环，包括一梅的前后室和上下室，这是一个过渡区域，正像它们的几何位置一样，只带有附庸的性质。

外环，生育期的妇女、家畜、园地都处于该环上，是一个最富生机和活力的生命之环。除花骨受到保护性的限定之外，外环上的其他区域对家庭全体成员都是开放的。只有门楣上悬挂的牛角等辟邪之物，阻止着恶鬼的进入，以保持家人心理上的平安吉祥。

在上述的第二种划分中，只有明确的上、下概念。但这“上”和“下”，有着丰富的内涵。例如：

其一，上是天，下是地。

纳西族每年都要举行祭天仪式，牢固保持人与天的联系。纳西族认为，生命、知识、智慧都是天给的，“在天之父，传授大地造化的奥秘；在天之母，传授人类繁衍的准则”，“我们希望生儿育女，才虔诚地把天神献祭”。这就是纳西心中的天、希望中的天。

其二，上是“繁星满天”，下是“青草遍地”。

洛克收集的6015号东巴经书中说：“天上布满星星，地上长满青草。在天上的星星中，银河是最博大的……在地上，草是最博大的……”纳西族“以银河比喻男性生殖力，以星星和青草比喻人口繁衍的原因之一”。

其三，上是“声音”，下是“气体”。

“最初，从上面出现了原始的声音，从下面出现了原始的气体；原声和原气作变化，出现了一滴白露珠。白色露珠作变化，出现了木、火、铁、水、土五行。五行作变化，生出了万物，出现了成千上万个禅神的好儿女”（《纳西东巴古籍译注（三）·董述战争》）。

上述种种上、下观念，说到底无不蕴涵着崇拜生命的观念。在一梅空间中，上与下的分区，虽然只是隐性的，但是通过中柱，已得到有力的象征：圣境在上，俗境在下；天国的祥瑞，沿着中柱降到人间；由中柱媾合的天与地、男与女、阳与阴、董与色、声与气、繁星与草地等等变化生成的鲜活生命，荫庇着人类的生存。这些存在于一梅之中，用心灵可以领受的精神美餐，哺育着摩梭儿女。物质的贫乏，被精神的丰富充填了。

一个象形字中蕴藏的哲理

东巴创造了一个象形字，读“美科突奇盘若记，堆奔希奇开美命金”。这个字的表意很明白：上为天，下为地，中间是男和女。再联系到东巴经中的一段话：“天与地交合，生出了阳神‘董’与阴神‘色’。”还有一段话：“天与地中间住着董与色，董是人之父，色是人之母，是他俩使孩子诞生，使谷物生长和成熟。”这就把我们带到了“一梅”之中：上有天——屋盖，下有地——房屋所在的地面，“天”与“地”交合——以柱为中介，生出了阳神董——男柱和阴神色——女柱，有这董——人之父和色　　人之母，便可带来人口的繁衍和粮食的丰收。这使我们确信：一梅的结构模式，是体现摩梭生命模式的物化典型。摩梭人对男女柱的崇拜，实质上乃是原始生殖崇拜的空间化形式。一梅空间结构的哲学本质就在于此。

为了增强说服力，东巴经中还有直接把房屋看成是董与色二神化身的：“石头由董神养育，树木由色神浇灌……夏天砍来木板盖在房顶上，然后压上石头，遮住夏天的雨。”

饱食与性应是生理需要的根本，追求对这最低层次需要的满足，是人类早期文化形成和发展的动力。纳人建筑文化还未完全跨出这个具有时代标志的门槛。

与自然和谐共生的丽江古城

突破古老社区的孤立和封闭，不断吸收新的生活方式

不见雪山面，衣裳少一件

如果把丽江古城当作整体空间的一个组成构件看待的话，那么，四围的远山像屏障，近城的小山、穿城的溪流是骨架，在城与远山之间的连绵的绿色田野宛如翡翠的托盘，是底景，托着古城这颗耀眼的明珠。它们相得益彰，共同形成了一幅既有强烈中心，又有丰富层次的田园景观画卷，这是一种景观结构的整体性。

丽江古城所在的丽江坝，海拔2400米左右，年平均气温在12.6℃左右，最冷月平均气温5.9℃，最热月平均气温不超过18℃，为温凉气候区。因海拔较高，又邻近玉龙雪山，每到冬季的早、晚间或者阴天，雪风刮来，也寒冷难耐，但在避开雪风的地方则要暖和得多。纳西人民由此总结出“不见雪山面，衣裳少一件”的经验，并把这条经验应用到古城选址上。它具体表现为城址在丽江东坝子、南坝子、西坝子、北坝子的接合部位，东北靠象山、金虹山，西北依狮子山（黄山），在三座山接合处的一条狭长地带上，东南和西南毗连丽江坝东西坝子的开阔地带，北眺玉龙雪山，中有中河水将其分为两半，地势沿河缓坡向东南伸展，可谓“三山为屏，一川相连”，空间呈“U”字形。独具慧眼的选址使冬秋两季侵袭古镇的雪山风寒为象山、金虹山所阻拦，夏日的西晒又为狮子山所遮挡，同时狮子山的东南

从狮子山上俯瞰丽江古城，当能更深刻地领悟我国著名建筑学家刘敦桢在《西南古建筑调查概况》一文中所说“我国将来之住宅建筑，苟欲其式样结构，犹保存其传统之风格，并使之发皇恢廓，适应时代之新需求，则丽江民居，不失为重要参考资料之一也”的深意（图/三两）

侧是整个丽江坝子日照时间最长的地段，可以获得充沛的阳光。坐落于此的古城因此春季东风徐来，夏季南风通畅，冬无严寒，夏无酷暑，气候四季如春。

在丽江的冬天，人们喜好“烤太阳”，哪里太阳最好，哪里就人最多、最热闹，照不到太阳的阴暗角落里，你是不会见到人影的。在布局城市和建筑时，纳西人十分重视朝向的选择，以争取得到尽可能多的阳光地。一般来说，坐西朝东被认为是最好的朝向。因为东向的房子，一早便可“烤”到太阳，一早“烤”够了太阳，一天都会感觉暖和。坐北朝南或坐西北朝东南，在当地也被认为是好朝向。古城紫坡带谷的民居，基本上都取这样的朝向，原因就在好“烤太阳”一点上。“烤太阳”，成为古城选址的又一重要判据。

丽江的冬天，纳西人特别是老人儿童喜好“烤太阳”(图/邓磊)

古城的选址就这样充分利用了地形地势等自然条件，形成了靠山傍水、背山向阳的理想“风水”格局，奠定了适宜人居的良好的环境基础。

源于纳西文化心理的空间布局

丽江古城虽然吸收了中原王城的一些文化风度，但不照搬古代中原王城的模式。它有别于中国任何一座王城，在总体结构上融进了纳西人崇尚自然的审美传统和生活情趣。

仔细解析丽江古城的空间格局将会发现，狮子山(黄山)、象山、金虹山是丽江古城的骨架，来自玉泉的西河、中河、东河水系是丽江古城的静脉，街道系统是丽江古城的动脉。

从图中我们可以清楚地看到丽江古城西、北两面以狮子山、金虹山为屏障，挡住来自雪山方向的冷风袭击，东南两方与宽广平川相连，获得温暖的小气候

丽江古城的这种格局与纳西族的传统空间理念密切相关，古城城址北依象山和金虹山，西靠狮子山(黄山)，东南朝向开阔的平坝，呈现出负阴抱阳的理想格局。北方是纳西人《崇搬图》所讲述的“祖先居住之地”，纳西人的神山玉龙雪山也在北面。山是神的居所，而水代表着与祖先联系的脉络。玉河从纳西人祭祀大自然之神“署”与龙王的玉泉(黑龙潭)迸涌而出，在城区边界处分为东河、中河、西河三条河流引入古城，继而再多次分流，

狮子山(图/杨福泉 2006年)

穿街过巷，作为生活用水贯穿全城。大小十几条水路，构成古城空间的基本骨架。几十条街巷与这些水路或并行或交叉，数千座民居分布在纵横交错的水路和街巷系统中，人工的空间与自然的空间紧密融合，表现出空间结构的灵活、建筑布局的自由。

在纳西族的东巴文化中，东方属木，又是太阳升起之方向。太阳、月亮与星辰，是纳西东巴教中最重要的崇拜对象。所以纳西木氏土司的府邸“木府”不是如中原建筑那样“坐北朝南”，而是坐西朝东，反映了木氏土司希望获得东方木之气和太阳护佑的心理。徐霞客在《滇游日记》中所写的“丽江诸宅多东向，以受木气也”就是这种空间信仰文化的反映。

中国古代的城市平面形态大致分为两类，一类是“方形根基”的理念形态，一类是“因天材，就地利”的

纳西族空间理念的象征性符号——狮子山

木氏土司府门迎东方朝阳，背枕黄山。黄山位于古城西侧，又叫狮子山，因其状如一头踞伏的雄狮而得名。狮山在纳西语中叫“坞古补”（we gv bbuq），意为“寨头的小山”。这座小山海拔2530米，山顶与山脚相对高差66米，山体周长3千米多。登上黄山顶，向东可俯瞰古城全景，向北可远眺玉龙雪山，向南可观赏佛教神山文笔山(牟波山)。

过去，狮子山上有建于唐朝昭宗年间(889—904)的古庙普得坛，乾隆《丽江府志略》记载：“普得坛在城西黄山上，每岁正月，大研、白马、剌沙、剌缥四里众民祭神处，唐昭宗时建。”所祭的是山神、河神、土地神和五谷神。

在晨曦霞光和薄暮烟霭中，从狮子山极目下望，古城一大片鳞次栉比的民居瓦房呈一片与天地混融的黛青色，宛如细浪绵绵的一片苍青色深湖，又如铺开的一幅巨大水墨画，苍苍茫茫，如梦如烟。

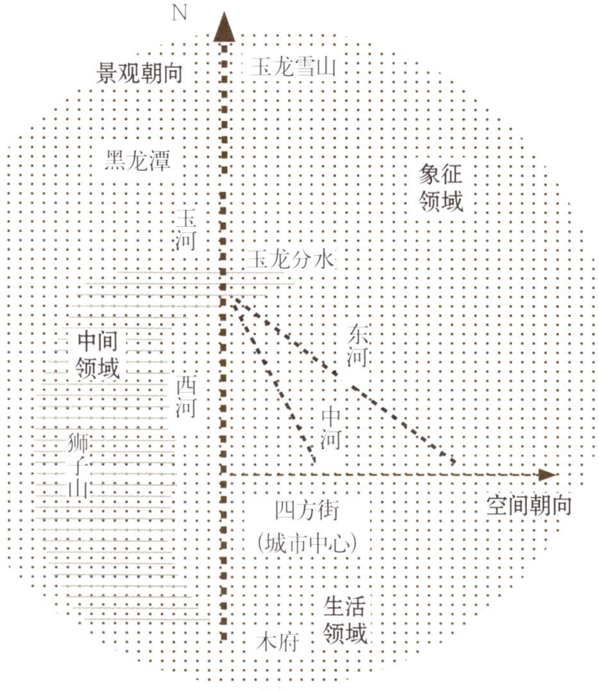

丽江古城的空间结构图示

自然形态。丽江古城在形成过程中始终保持了一种似是无序却有序的自然形态平面，始终保持了随自然地理营建城市的思路，即“城郭不必中规矩，道路不必中准绳”的随其自然的方式。特别是在明代之后，中原汉文化的城建理念不断影响了云南城市的建构格局，当大理古城也开始倾向于“方形根基”的中原城市理念时，丽江古城始终保持的这种自然形态平面，是本土文化的自尊、自信的胜利。

点线结合的水流系统

丽江古城中的流水给人的印象极为深刻。古城有水处就是人烟稠密处、生活方便处、清新干净处、景观优美处、生机盎然处。难怪在几百年间对穿城而过的那些溪流，虽然有人曾想把它改动一下位置，但是终未敢付诸实施，这一负责任的审慎态度是值得称道的。这种精神希望能够传之永久。

古城的水系是丽江古城独特面貌的重要的组成部分。丽江古城对水的利用相当科学，由一泉起源，通过网状的大小河道渠沟流经千家万户。水系的源头在城北象山脚下的黑龙潭，它有数十个出水点，出水量为1.918—4.430立方米/秒，汇成潭面近4万平方米，提供了古城水系的主要水量。潭水向南流，汇成玉河，在双石桥（又称玉龙桥）一分为三，形成西、中、东三条河流，分别流入清代府城和附郭地区。其中，西河沿黄山山麓流经木府再向南流，清代称这一地区为白马、剌缥里；中河自玉龙桥分出后与东河并行，从四方街处开始向南流经七一街段流出古城，清代称其流经地区为八河里；东河穿今丽江一中而过，清代该地区为丽江府城所在地。三条河流在古城南端合流，之后汇入漾弓江。

一般认为中河是一条天然形成的河流，西河约在元代开挖（一说在明初为木氏所开），东河则开挖于清代。三条河在城内又分成数条支流，形成网状水系，入墙绕户，造就了主街傍河、小巷临水、跨河筑楼、依山而居的高原水城景象。丽江古城的日常生活方式与水路息息相关。与水相关的各种利用方式，如四方街的止水与放水、水井边的取水与洗濯、街道与商店之间的跨河

吴大勋所创造的“洗街”

乾隆三十八年（1773），吴大勋就任丽江府知府。他在所著的《滇南闻见录》上卷中这样记载：

“郡城西关外有集场一所（即四方街），宽五六亩，四面皆店铺，每日巳刻，男妇贸易者云集，薄暮始散。因逼近象山，山水流澌入市，然后东注于溪湖。市廛之民向以泥泞受困。余思另辟一沟，使水从市外行，非不便民，惧于街市风水不利。因谕街傍众铺，各就门前铺砌石街，于进水之口筑一小闸，晨则下闸阻水不得入街，暮则启闸放水涤场使净，俾入市者既免于泥泞，又免于尘埃，而水仍由市流行，当无所碍，各铺家所费无几，而便益无穷，城乡之民，无不感惠焉。”

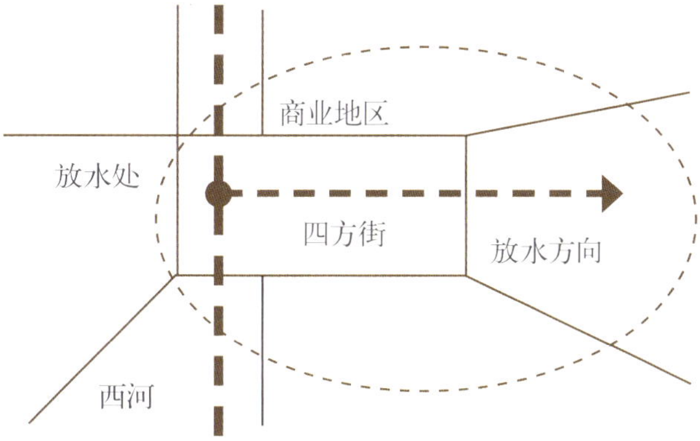

四方街的放水图示

架桥等，都已经定型化和仪式化，成为代表人与自然共生的传统生活方式的符号。

西河在四方街的西侧、沿地势较高的狮子山麓流过西区，连通四方街和木府等中心场所，承担着向四方街放水及向其他次一级支流分水的功能，具有重要的空间地位。古城人利用西河与东河的高差，在四方街西侧的西河上设置活动闸门，放下活动闸堵住河水，利用漫溢的水冲洗四方街。水流冲洗四方街街面后排入中河。居民也喜欢用水桶汲水冲洗门前的五花石街道。20世纪40年代在丽江古城居住8年之久的俄裔作家顾彼得（P.Goullart）在《被遗忘的王国》一书中曾说，他周游列国，而丽江古城是他所见过的唯一每天用溪水冲洗街市的城市。

古城中还有从不干涸的白马龙潭和很多水井，居民创造出"一潭一井三塘水"的用水方法。三塘水相连通，水口为头塘，居民在此汲取饮用水；头塘水从溢水口流至第二塘，居民在此洗瓜果蔬菜；此塘之水又流至第三塘，为洗涤衣物之用水。民间称这种形式的井为"三眼井"。潭水经三眼井沿渠流向南，灌溉古城郊区的农田。这种连环井的用水方式在丽江古城有井泉的地方到处皆然，体现了古城人独具匠心的用水爱水传统。在长期的演化过程中，三眼井的建设与使用得以定型，成为具有民俗文化意义的空间"仪式"。通过这种定型的空间形态和使用规范，邻里社区关系的纽带得以维系和加

玉河在玉龙桥一分为三，形成西、中、东三条河流（图/三两）

古城中有很多很少干涸的水井，古城居民创造出“一潭一井三塘水”的用水方法。靠近出水口为头塘，居民在此汲取饮用水；头塘水从溢水口流至第二塘，居民在此洗菜；此塘之水又流至第三塘，为洗涤衣物之用水（图/杨福泉 2004年）

强，丽江古城的传统文化习俗得以更新和传续。

有三眼井处，周围的空间都比较宽敞，形成小广场似的社区活动空间，周围有各种当地的古树名木。平时，人们除了来这里挑水、洗涤，在劳作之余和茶余饭后还喜欢在此纳凉憩息，谈天说地。

网状分布的玉河和散布各处的三眼井形成了线与点相结合的水系，共同提供古城居民生产生活用水，并发挥着防火、泄洪的重要作用。古城人一直有用水护水的好传统，对水的管理和使用已形成一种与社区生活密切相关的“水文化”。大人会早早地教孩子不要在水源头大小便，不要往河里扔脏东西，不要在上午10点以

丽江古城的三眼井

在丽江古城，有数口这种“三眼井”，即白马龙潭三眼井、义尚甘泽泉三眼井、光碧巷三眼井、格宝坞三眼井等。光碧巷的三眼井又称“半月泉三眼井”，因以石围成半圆，形似半月，故名之。在清代和民国时期，这个三眼井又称为“狮乳泉”。井旁有一棵古榆树和一棵古槐树。民间相传这是过去木氏土司洗涤祭天仪式所用的“圣米”之处。

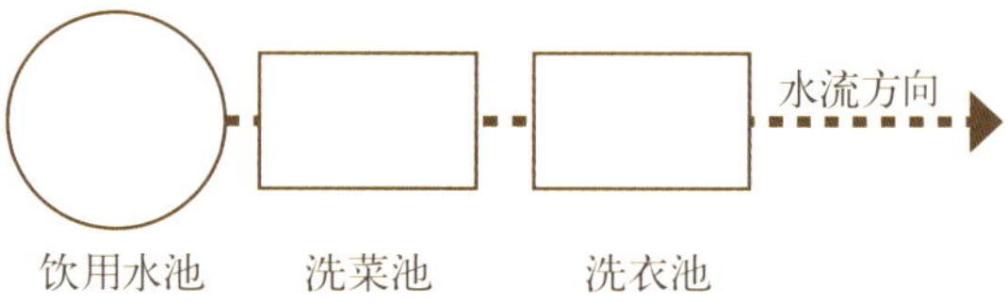

三眼井的利用图

前去河里洗衣服和脏东西，因为这之前是人们汲取饮用水的时间。这些习惯口耳相传保留至今。

纳西人讲究“活水长流”，认为水只有流动不息，才有灵气和生命，因此，没有像有些民族那样讲究“护水、围水在家”，不让水流出家门，以免让水带走财运。古城的纳西人让活泼泼的水欢快地流进家里，又舒畅自由地穿过庭院扬长而去。常与流水相伴，在睡梦中也能静聆水声泉韵。古城安静的岁月就在这依山临水、纵横曲折的街道上流淌而过。

开放性迷宫般的街道广场系统

街道广场是古城空间的骨架，古城生活的舞台，古城景观的颜面，古城供人穿越、接触、交流的途径。它们具有这样一些功能和作用：划分和连通古城空间，容纳和组织古城功能，表达地域自然特征，展现视觉艺术形象，显示空间环境个性。

街道广场是古城空间的骨架（图/三两）

用东巴图画象形文字等三种文字书写的丽江古城光义街的标志牌（图/杨福泉 2006年）

正如前面说过的那样，丽江古城乃依偎在狮子山、金虹山两山相夹的缓坡地上，顺山势与水流——西河、中河、东河向东南两向展开布置的。街道全系步行交通，人背马驮是最重要的运输方式。古城中心的商贸广场——四方街、通往外部的进出口、由上述“三河”构成的水网，对街道网络的形成，起着主要的控制作用。

按交通性质的不同，古城街道可分为以下四级：对外交通主要街道，如七一街、黄山街；城区主要街道，如新华街、仁和街、密士巷、积善巷、新义街；城区次要街道，如光碧巷、金星巷；小巷，如兴文巷、文华巷、振兴巷。

按功能性质的不同，古城街道可分为商业性、居住性、综合性三类。

商业性街道：临街为铺面，铺面之后系内宅，即通常所称的“前店后宅”式。这类街道具有可接纳人的特征，一般显得繁华、热闹，有动态之美。居住性街道：临街除入口门楼外尽设高墙与街道隔离，呈“庭院深深深几许”形式，具有突出的“防范”特征，一般显得宁静、安详，有静态之姿。综合性街道：兼有商业性街道、居住性街道两者的特性。

丽江古城主要街道的宽度（路面宽加路边到沿街建筑柱边或墙边尺寸的总和）一般在3.5—5米之间，基本满足步行要求，必要时小型车辆亦可通过。沿街建筑高度，当为一层时，约为2.5—2.8米；当为两层时，约为5米；街宽与临街建筑高度之比多在1—2之间，人行

丽江古城路网水系图

其间，颇感亲切宜人。

古城街道的路面全都使用五花石（一种红色角砾岩石）铺装。该种石材，质地坚硬，石上花纹图案自然雅致。这样的石头路面，雨季不泥泞，旱季不飞灰，便于清洗，常年都显得十分干净，颇具自然、朴素的特色。

从空间角度来看，街道和广场是一个连续的统一体，但又各具不同的特性：无论尺度如何，街道是“一条线”，广场是“一个面”；街道是“行进”，广场是“停顿”；街道是“动态”的，广场是“静态”的。或可说，这些就是我们区别街道和广场的主观标准。

从景观角度来看，街道和广场是丽江古城的黄金带。在丽江，应该是先有四方街，后有丽江城。从平面图上可以明显看出，古城的居住区是围绕着四方街这个中心布局的。这是以一个广场为中心，向心布置居住区的纳西族聚落传统模式的体现。位于古城周边的白沙和束河两镇，亦可看到这种模式的原型。

丽江古城的四方街，平面略似长方形，四面有店铺包围，中间地面铺五花石，供摆设早出晚归的活动摊点。其西侧是西河，东侧是中河，西高东低。西河上设有活动

用五花石（一种红色角砾岩石）铺就的古城街道路面，雨季不泥泞，旱季不飞灰，朴素，自然，便于清洗（图/三两）

闸门，由此可放水冲洗四方街的地面，脏水归入中河排走，此种巧于利用自然条件的独特清洁方法，实不多见。

我们曾经把狮子山、象山、金虹山比作丽江古城的骨架，把来自玉泉的三岔河水系比作丽江古城的静脉。那么，什么是丽江古城的动脉和心脏呢？这动脉应该是丽江古城的街道系统，而心脏则应该是四方街。向外发散，四方街是各条街道的起点；向内聚合，四方街是各条街道的终点。总之，丽江古城的条条街道都通四方街。这就是说，不仅在居住区的布局上显示出了四方街的中心地位，在道路系统的布局上同样显示出了四方街的中心地位。不仅如此，历史上的四方街还是丽江古城甚至是周边农村的一个公共生活中心，今天它仍然不变地承袭了古城大起居室的功能。一个包容性、公共性、开放性、多义性的四方街，还在继续经历着它的生命的过程。

丽江古城主要街道及其辐射街巷一览表

街名	位置	走向	辐射
新华街	位于古城的西北部	北起双石段，沿玉河西河两岸，南至四方街，折西延伸至狮子山黄山巷顶	萃文巷、黄山上段、黄山下段、双石巷
新义街	位于古城北端新华街与五一街之间	西北东南走向，北起于玉河广场	百岁坊、密士巷、积善巷
五一街	位于古城东部	东西走向，西起于四方街，往东一直贯通古城	兴仁巷、文治巷、文华巷、振兴巷、文明巷
七一街	位于古城东南部	是一条从东面进入古城的主要街道，中河与主街平行地由西面向东流	关门口、兴文巷、崇仁巷、八一上段、八一下段
光义街	位于古城西南部	基本为东北—西南走向，东北起于四方街，西南止于长水路，所经区域包括木府等	现文巷、金星巷、官院巷、忠义巷、光碧巷、新院巷、金甲巷

兼容汉藏取法唐宋的古城建筑

土司府偏居一隅，四方街赫然居中

丽江古城是个古朴而融多种风格于一体的建筑艺术之苑，纳西人素来开放亲和，乐于与其他民族进行广泛的文化交流，建筑上吸收了汉、白、藏等民族的技术精粹，形成融合多民族建筑风格于一体，以中原古老的建筑风格为主调的格局，并保留了很多唐宋中原建筑风格。我国著名建筑学家刘敦桢对丽江古城拙中蕴美、朴中见秀的民居建筑备极赞美，他说：“丽江附近建筑，已完全汉化，但较昆明、大理，保存古法较多，且详部手法极富变化”，“（云南）省内中流住宅，以丽江县附近者，最为美观而富变化”。他又说：“我国将来之住宅建筑，苟欲其式样结构，犹保存其传统之风格，并使之发皇恢廓，适应时代之新需求，则丽江民居，不失为重要参考资料之一也。”

根据历史资料重修的木府门楼，清晰地显示出丽江建筑深受汉族建筑影响的情况（图/三两）

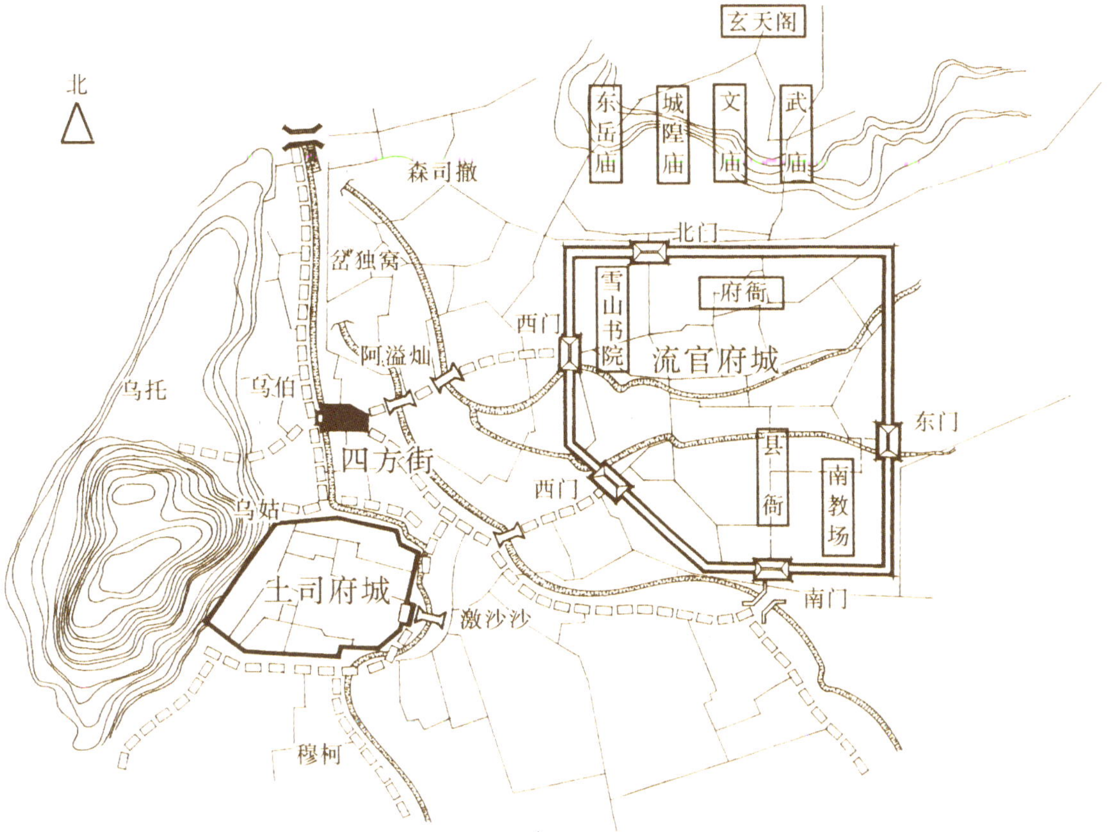

从这张平面图上可以看出，象征着土司王权的木府建筑群在丽江古城空间布局上却并不理所当然地占据中心位置，而是偏居西南一隅，把中心位置让位于四方街，彰显了古城平民化、世俗化的特性

边城王府——木氏土司衙署“木府”

明代是纳西族历史上一个重要发展时期。明洪武十五年(1382)，置丽江府，后改为丽江军民府。木氏土司逐渐从部落酋长上升为纳西社会的最高统治者，文化上全面向汉族靠拢，不仅喜好研习汉族的诗文，也喜好修建仿汉式的建筑，以提高自己统治的权威和满足自己享乐的私欲。木氏土司建造了规模宏大的宫殿式建筑群，丽江古城很快成为纳西族社会、政治、经济、文化的中心。

木氏土司的豪华宫殿建筑群已经毁于战乱，根据实地访问考察，如今我们可以大致还原清末时期木氏土司府城的情况。

木氏土司府城，西以狮子山(黄山)为依托，北、东、南三面引玉河水环绕，玉河被誉为一条护城的玉带河。以此玉带河为界，木氏土司府城的占地面积，计约70000平方米。这么一大片区域，按用地的性质可以分为两区，即核心区和边缘区。如果作个不恰当的比照，整个府城有如明清北京的皇城，而核心区则似宫城。边缘区为贵族或木氏家族所居，以拱卫土司。

核心区(即明代丽江军民府)具有施政、居住、祭祀、拜佛、求学、游乐等多种功能，以相对应的院落式建筑作分区分组布置。中心一组建筑由最东端的“金水桥”(俗称马鞍桥或玉带桥)算起，前段计有金水桥—忠义坊—府城门—圆池—护法楼；后段计有光碧楼—

月门—玉音楼（俗称小五凤楼）—三清殿。

这一组建筑规模最大、等级最高、造型最为辉煌，布置上形成明显的中轴线，并由前（东）到后（西）随地形逐级升高，前后高差达5米之多，气势威壮，前段为施政的中心，后段为祭拜的中心。在这一组建筑的北面，还分别有三组主要的建筑，即住宅大院、家庙和皈依堂–万卷楼。

徐霞客在他的《滇游日记》中曾惊叹木府的建筑“宫室之丽，拟于王者”，我们从所还原的清末木氏土司府城的状况来推想其在明代鼎盛期的盛况，徐氏所言，当非夸饰。

木氏土司在建造自己的宫殿式建筑群和建构古城时，虽模仿中原风格，但又不忘将它植根于地方和民族传统，未像大理城等效法中原“方形根基”的传统建筑模式，始终保持自然形态平面。木府的朝向未按照以“坐北朝南”为佳的中原风水理论，而是根据纳西族喜欢朝向太阳和东方属木，木为纳西东巴教中的神秘崇拜物，亦为皇帝所赐纳西土司之姓，因此欲得“木”之气而盛的想法，坐西朝东。

以木府为代表的象征着土司王权的建筑群，是丽江古城的“三个磁性中心”之一，有意思的是这样一个

新修木府的过街楼（图/三两）

“王权”的象征，在丽江古城的空间布局上却并不理所当然地占有几何中心位置，而是偏居一隅，在重要性上居于次位。这样的空间秩序显示出日常生活空间的重要地位，塑造了古城平民化、世俗化的形象。我们甚至可以略微夸张些说，丽江古城建筑无高贵者金碧辉煌的炫耀，也没有贫民扉绝望挣扎的呻吟，唯有老百姓青瓦土墙民居建筑的质朴和率真。

新修木府建筑之忠义坊（图/三两）

土司府城以院落式建筑作分区分组布置。中心一组建筑由最东端的“金水桥”(俗称马鞍桥或玉带桥)算起,前段计有金水桥—忠义坊—府城门—圆池—护法楼,后段计有光碧楼—月门—玉音楼(俗称小五凤楼)—三清殿

从东巴文看纳西建筑的等级

明代开始，纳西社会人的社会等级、贫富出现明显分化，典型的是把社会本应平等的人分为“木”和“和”两大姓，木姓为统治者，和姓为被统治的平民。建筑文化也相应出现明显的反差，像徐霞客《滇游日记》所言的那样：“其处居庐连络，中多板屋茅房，有瓦室者，皆头目之居……”这一状况在象形文字中也得到了反映。

 东巴文字第1024号为王者的“金殿”。

东巴文字第984号是“九间百椽”的贵族甲第。

 第990号是财粮丰盈的“富豪之家”。

 第991号则是简陋寒苦的贫穷户。

传统的板屋、草房只在平民中沿袭，土司豪门推动着建筑“汉化”潮流。

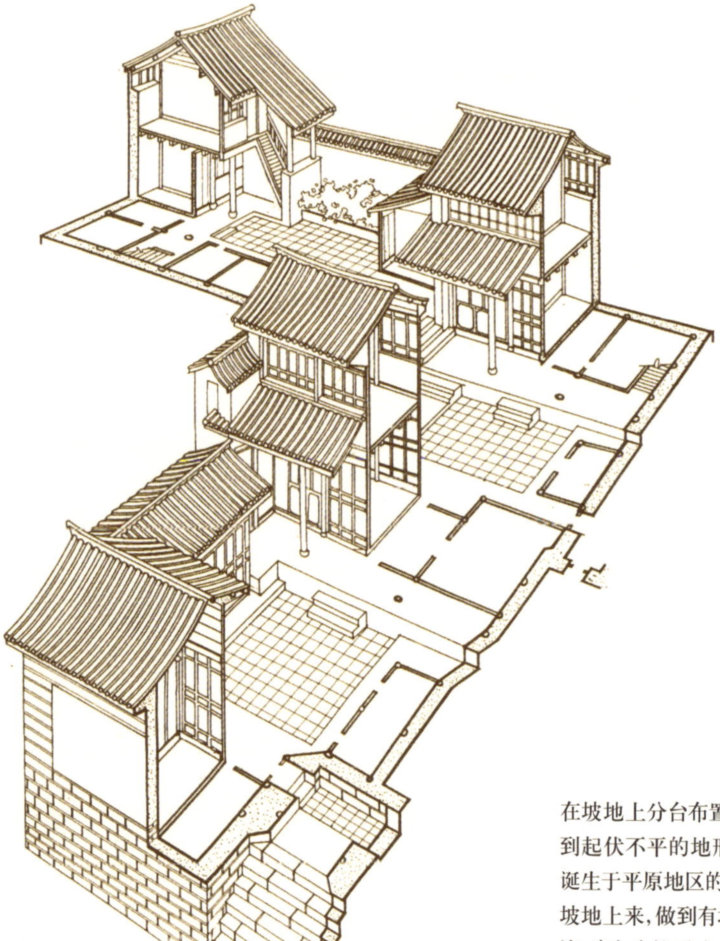

新华街87号剖视图

在坡地上分台布置的合院式住宅。丽江靠山，免不了要遇到起伏不平的地形。建筑者利用地形高差，错层布置，把诞生于平原地区的合院式住宅经验，创造性地运用到山区坡地上来，做到有坡不见坡，有坎不见坎，不露人工雕琢痕迹，宛如自然天成。这样做的结果，不仅用地紧凑，不破坏山体，而且建筑高低错落，层叠起伏，别具一番风味

1999年正式落成的新修木府非常成功地再现了昔日这丽江"紫禁城"的崔巍气势，现在的木府占地30000余平方米，中轴线长369米。主体建筑有木牌坊、忠义坊（石牌坊）、仪门、议事厅、万卷楼、护法殿（又称后议事厅）、光碧楼、玉音楼、三清殿、配殿、阁楼、戏台、过街楼、家院、走廊、宫驿等，大小162间屋宇，依山势逶迤分布在狮子山脚下，高低错落，起伏有致，自有一种山城古殿的独特风采。雕饰彩绘富丽古朴，梁伟柱壮，气象森严。一片苍苍茫茫的黛青色琉璃瓦，典雅庄重，氤氲着一派明代古建筑的浩浩大气。整个建筑群坐西朝东，府内"玉沟"纵横，活水长流的布局，又体现了丽江特有的风水和建筑文化特点。

青瓦土墙乐逍遥

以大研镇为中心分布地的院落式建筑，并非血统纯正的纳西建筑，它更多呈现的是纳西族传统文化的"变异"。这个"变异"是以"汉化"为主导倾向的多质文化的融合。

每个时代都不可能不依赖旧传统，但同时又不断抛弃旧传统、重建新传统，从而实现新旧的更替。事实上从来就没有不变的传统。一方面新传统必然载有新时代所赋予它的新的精神，另一方面旧传统也不可能因新时代的到来就迅即消失。特别是在旧传统中沉淀很深、自识性很高、得到民族和社会广泛认同的那些东西，总是会在新传统中延续、复活，重新获得新的生命活力。从明代肇始、清代蔚然成风的纳西院落式建筑新体系，就很好地印证了这一点。

明清两代，随着纳西族与其他民族文化交流的发展，汉、白、藏等族的建筑技术不断地为纳西人所吸收。纳西人将自己传统的井干式木楞房以及有古羌文化特点的碉房结构与汉族、白族的民居形式相结合，形成独具民族特色的"三坊一照壁"和"四合五天井"的合

三坊一照壁与四合五天井

"三坊一照壁"即正房一坊，左右厢房二坊，正房对面是一堵照壁，合围成一个三合院。每坊皆三间两层，正房一般朝南。正坊中间即"堂屋"，是传统的会客和举行仪式之所。

"四合五天井"指由正房、下房、左右厢房四坊房屋组成的封闭式四合院落。除中间一个大天井外，四角还有四个小天井（俗称漏阁或漏角）。在四个"漏阁"小天井中必有一个用于大门入口。这类建筑设门楼，大门一般朝东或南。各坊相交处有的用"头梁合抱柱"，有的组成"走马转角楼"。这种建筑形式一般适宜于家庭人口较多、经济比较富裕的人家。最近数十年来新盖的民居已经很少盖这种"四合五天井"。

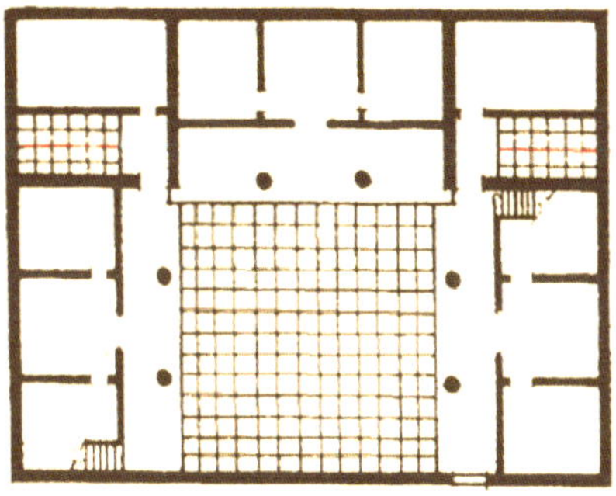

三坊一照壁

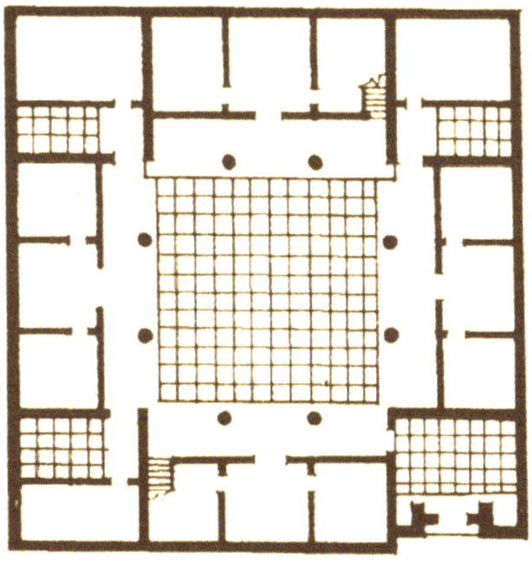

四合五天井

院式土木或砖木结构瓦房建筑。这是古城民居中最基本、最常见的形式。

丽江古城现存的古民居，绝大部分是清代和近代建筑。民居样式丰富，以三坊一照壁和四合五天井为主；在体型组合及轮廓造型上纵横交错，形态优美；建筑外观的立面多为石砌勒脚，墙面抹灰，墙角镶砖，青瓦铺顶，色调和谐，外观朴素。“三坊”，通常位于北、西、南三个方位，东面设照壁。这样布局，便于挡住西北的寒气，吸纳东方的暖阳。大门开在东南方，构成一个

纳西人庭院一瞥。纳西人十分重视庭院的绿化和养花，以高大的橘、香橼、苹果、花红等花果树作为绿化的中心，正房前的廊房（厦子）是沟通内室和院子的中介，向阳明朗的院子与冬暖夏凉的厦子，形成了使人心旷神怡的居住空间（图/杨福泉 1999年）

改土归流后，随着儒学在丽江的传播，纳西族的价值观念发生重大转变，祈求现世生活的欢愉取代了非世俗性的宗教圣化热情。福禄寿喜被认为是现世生活欢愉的根本，因而成为了象征性装饰符号的最重要主题。图为丽江民居中带有马鹿图案的铺地。“鹿”与“禄”同音，马鹿因此成为“禄”的象征，隐喻一辈子有吃有穿和在朝为官（图/三两）

明亮温暖的小院。厨房一般设在西、北两个角，取顺风之势。四合五天井与北方四合院差不多。

古城中还有一种民居，民间称之为“前后院”，即在一条中轴线上分别设前后两个大院。后院为正院，一般为四合五天井；前院为附院，为三坊一照壁或两坊与院墙围成的小花园。两个院落之间有可以穿通的花厅房。另外一种称为“一进两院”，即在正房院的左边或右边设另一个附院，形成两条纵轴线。

古城民居的大门忌设立于正中，只要环境允许，一般都采取东向、南向和东南向，取“早迎旭日”“紫气东来”和“彩云南现”等寓意。

古城的民居将拙朴与灵秀有机地融为一体，如外墙求坚实，不作繁缛的精巧装饰，有的直露外墙土坯本色，不加粉饰，一片天然。博风板、屋檐、悬鱼等拙朴古雅，门窗、梁头雕饰和构图则式样精巧。

在纳西族和藏族长期的商贸往来和文化交流中，藏族的一些建筑风格样式在清代也流传到古城里。两层楼都有长廊，将三栋楼房或四合楼房造成相互通连的建筑格局，这种建筑形式称为“蛮楼”，是纳藏建筑风格相融的产物。

丽江古城合院式住宅的4个崇尚

1. 崇尚变革，追求建筑的完美，以兄弟民族的工匠为师，善于学习、善于吸收。

在一些东巴经中，纳西族以神话传说的形式，曲折地表达了对汉式建筑的赞许与仰慕和一种不满足于自身传统建筑成就，追求更为完美的建筑目标的渴望。无疑，相对占有优势地位的汉式建筑，带有榜样的力量，对纳西族发展新建筑起了导向的作用。

白族建筑的汉化过程比纳西族发生得早得多，大研镇的汉式建筑是大理地区汉式建筑的展延，特别在物质技术层次，也就是在硬件系统上表现最为分明。例

丽江民居的外墙墙体有自下而上向内收分的特点。当地称为“见尺收分”，即每高一尺，收进一分（图/杨福泉 2010年）

如平面布局、木构技术、门窗梁头等部位的装饰基调和细木雕花技艺等方面，起初乃得于白族工艺匠师的传授。可以认为正是借用白族民居的经验，才奠定了纳西族合院式民居的物质技术基础。

2. 崇尚自然，追求人与山水的亲和，在现实空间中再现“署古”精神。

在两山（狮子山、金虹山）夹一泉（玉泉）的自然环境基础上，纳西族创造了把平地合院引向坡地和临水布置的经验。

建筑上山而尊崇山，不使山体受损伤，更使山富于人性；建筑临水而珍爱水，不使水窘困，更使水富于激情——这就是纳西与山水亲和的传统自然观在合院民居中的体现，是“署古”精神在现实空间中的外化。

3. 崇尚白色，追求更多的阳光地，天井成为住屋空间的控制中心。

在纳西族的观念中，白色就是太阳，就是阳光，就是

建筑坚实的墙体及竖高的比例，让人一看就会联想到碉房簇拥的羌寨，实际上这是纳西建筑的祖魂再现（图/三两）

白昼，就是盎然的生机，就是善和神灵。

东巴经说："第一代纳西族远祖住在竖着白色石的地方，是光明之地，太阳月亮星宿山谷河流乃至飞禽走兽都是白色的。"也即是说一切美好的都是白色的。

民居空间中无顶盖的天井，就是洒满阳光的、白色的阳光地。院落布置无论如何曲折变化，总是围绕着天井运作，它取代了天柱的地位，成为新的空间控制中心。它不仅维系着构成民居的各物质要素，更维系着人与天之间的心灵感应。纳西族最隆重的祭天活动，便是从天井中开始的。虽然天井不独为纳西民居所有，但是同是天井却各有不同的文化内涵。纳西族民居中带有祭天功能的天井，既含有"求食和增殖的原始依托"的意味，又寄托着"内聚、勇敢、智慧、富裕"的期冀。

有顶盖无墙垣的"厦子"（正房的前廊），是阳光地——天井的延伸和补充。纳西族民居中的厦子特别宽敞，是日常生活的主要场所。厦子不像天井那样暴露，也不像内室那样阴暗；不像天井那样神圣，也不像内室那样私密。在厦子中起居的安适感，同样来自白色的心理体验。

4. 追求自我的肯定，重温敬祖的情感，对古羌血脉的认同。

纳西族合院式民居外在形象的后面深藏着的是纳西古文化的精髓。这些精髓又大体有这样三个方面：

其一，有刚劲挺拔的阳刚之气。

建筑坚实的墙体和明显的向内收分以及竖高的比例，让人一看就会联想到碉房簇拥的羌寨。实际上这是纳西建筑的祖魂再现。纳西族正是从此类的历史中走出来的，虽然是走出来了，但总不能忘却对祖先的怀念。

其二，有朴拙灵秀的自然之美。

不施粉黛直露土色，或者虽有粉刷但无繁缛装饰的外墙，使你觉得“朴”；深远的出檐、宽大的博风板，使你觉得“拙”。但“拙”而不“笨”，不但不笨，因设有“雀台”及后墙檐下和山墙上部的开窗，反透出一股灵秀，美得自然，因而有更强的感染力。

其三，有洒脱敦厚的清真品格。

不矫揉造作，造型简洁，不掩盖结构的真实，突出材料自身的质感、色泽和不同材料的对比，是为构成清真品格的重要因素。

丽江合院式住宅的类型和宅园空间的地位

宅园空间系指室外空间，例如由房屋包围的内天井，在房屋外围、有围墙围护的室外园地，以及半隐蔽式的花园。在不同类型的住宅中，各宅园空间具有不同的地位。

丽江合院式住宅，可以分为以下五种类型，即：

农村型住宅。一般有较宽大的室外园地供栽种蔬菜、饲养家禽、家畜等使用。也有内天井，但是它不仅为生活服务，也为生产服务。

府第型住宅。主要指木氏土司府第，除居住之外，还兼有政治、宗教的功能。室外空间主要是为了衬托建筑的宏伟壮丽和观赏游乐。

文人型住宅。较大型的文人型住宅，除内天井外，还带有半隐蔽式花园，以体现文人寄情山水的雅趣。一般文人型住宅，当求半隐蔽式花园而不可得时，天井便被精心地以绿化点缀，以满足适情的追求。

普通平民型住宅。由于经济地位的限制，住宅规模都较小，不但不可能有半隐蔽式花园，就连内天井也得极大压缩，欲绿化而不能，主要起通风、采光作用。

前店后宅型住宅。此种住宅，一般建在商业区的沿街地段，用地紧张，建筑密度大，除内天井外，一般均无其他室外空间。

与适用性相结合的自然性、空灵性、教化性、艺术性，是丽江合院式住宅庭院环境的四大特色，是纳西人民创造性智慧的结晶，是纳西文化、民俗、审美、技艺和价值观念等的综合表现。

宽大的博风板和灵动的悬鱼呈现出一种拙朴之美（图/邓磊）

图为束河青龙桥。束河，素有清泉之乡的美誉。来自龙潭的泉水穿街过屋，川流不息。街道古朴自然，与周围环境相得益彰。毗邻青龙桥的四方街是束河的商业中心，流水潺潺，垂柳飘舞（图/李志雄）

从大研回望白沙、束河

在大研古城之外，丽江另有两个比较典型的民居聚落建筑群，分别是白沙聚落建筑群和束河聚落建筑群。白沙聚落建筑群位于大研古城以北，在很长的历史时期内，这里是滇西北地区的政治经济文化中心。建筑群的中心位置有一个矩形广场，四条主街从四个角延伸出去。北面有一条小溪流入四方街，接着又拐入各个院落。白沙聚落建筑群早于大研古城，对大研古城的建筑规划有示范作用。束河聚落建筑群位于大研古城西北约4千米处，是大研辐射出去的一个市集。束河的建筑形态灵活丰富，屋顶高低起伏，十分生动。一条青龙河流经建筑群腹地，建成于约500年前的青龙桥从河面跨过，桥长23米，宽约4米，高4米，是丽江境内最大的石拱桥。束河也有一个四方街，街面用五花石和花岗石铺成。四方街的形式在白沙和束河的同时存在表明，这一形式是纳西族聚落中心的空间“原型”，具有重要的民俗意义。

有意思的是，和大研古城一样，束河在清代和民国年间也曾是著名的丽江四大集市之一。20世纪城市规划中最具影响力的人文主义大师刘易斯·芒德福提出过“磁性中心”的城市理论，丽江古城同样具有这样的“磁性中心”，其一便是商贸集市。丽江作为“茶马古道”重镇，滇川藏各民族长期以来在这里进行茶马以及多样化的贸易交流，形成了丽江古城“马蹄踏出的辉煌”，形成了以四方街为核心的集市繁荣。以骡马交流会、龙王庙会等为年度商贸交流中心的各种周期性集市贸易，推动了丽江古城的商贸交流。这种城与村、村与城连环套结的多核结晶方式是丽江古城生长的基本方式。城市是市街化的村落，村落是社区化的城市，这是丽江古城生长方式的最重要特征。一次城市化的浪潮淹没了一些原有的村落，又有另一些村落在浪潮的边缘处浮现出来，而当另一次新的城市化浪潮涌起的时候，它们又在被淹没之列。如此往复地进行着，城市便由小到大、由下到上、由内向外地生长起来，这就是丽江古城生长的全过程。

平民性、静态美、历史感、整洁高雅是丽江古城历史环境给人的突出印象。丽江古城的出现，既是社会权力聚合的阶段结果，同时又是促进社会权力聚合的新的开始。它是一个宝库，容纳了纳西族历史文化遗产中最可宝贵的财富；又是一个先锋，突破了纳西古老社区的孤立和封闭状态，不断吸收新的生活方式。作为一种古代聚落的典范，足可垂示后世。

从白沙到大研——城市轨迹与王权脚步

木氏土司势力的崛起在白沙，而发展以至达到极盛的高峰则在大研。

在现在白沙古镇的中心广场往东，有一殿宇群落，当地人称“木都”，至今保存完好，是这里曾为木氏土司统治中心的历史见证。那么，从明初开始，木氏土司为何要放弃这个西傍芝山，南至龙泉，且辛苦经营了多年的老窝，而要东迁大研去发展呢？综合中外城市定位理论，我们大致可以找到如下一些理由。

从白沙到大研是政治的需要

元代末期，纳西部落首领是通安州的知州、丽江宣抚司副使。直接在他管辖下的地盘还很小，而且，从性质上来说，他还没有完全摆脱部落酋长的身份。依靠着阿普三多神灵的庇护，在白沙，他是没有什么可以挑剔的。

明初，木氏家族被赐木姓，子孙世袭土官知府。统领的地盘，由原通安一个州，扩大到通安、宝山、兰州、巨津、临西等五个州县；拥有的头衔由原来的知州，提升到知府。既是世袭土司，又是朝廷命官，这一政治地位的大变化，必然要促使他对巩固既得地位和争取未来更大发展作出种种相应的选择。中心所在地的变与不变，当在选择的重要内容之列。

在交通不发达的情况下，城市居中，既方便管理、控制，也方便集聚“服务”。在“天子至尊”的中国封建社会中，城市居中，还被认为是“礼”制观念的外化。就丽江的实情而言，聚居地被高山大江分割得零零碎碎，彼此隔绝严重，交通全靠步行和畜力，居中立城合情合理。而白沙，位于丽江坝子一隅，从全局衡量，难免显得过偏，哪及大研的适中？借新建府治之机，木土司弃白沙而求大研，令尔后的发展，确实大得其利，这已为历史所证实。

在白沙四方街广场上晒太阳的纳西老人。由这个广场往东，便是“木都”（图/邓磊）

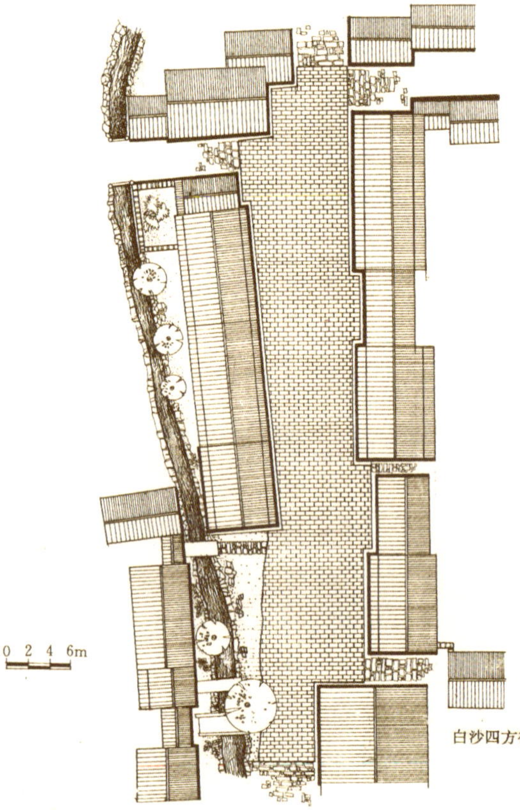

白沙四方街平面图

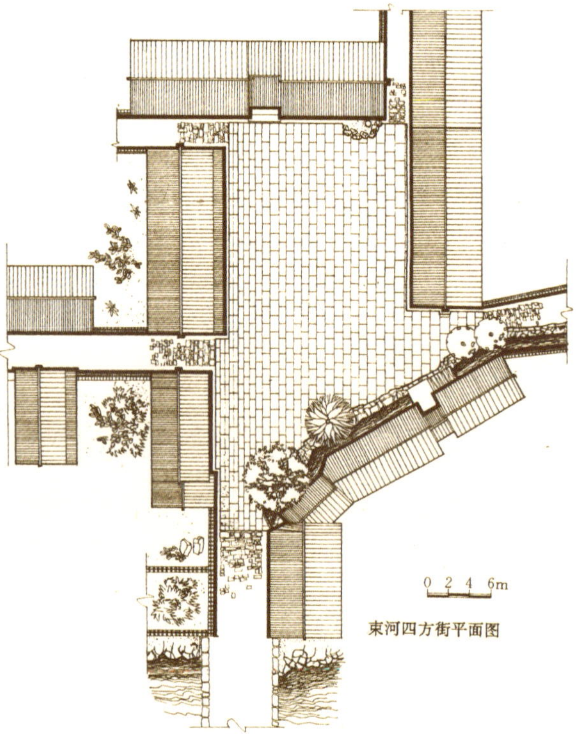

束河四方街平面图

从白沙到大研是巩固城建基础的需要

在以农业立国的古代，土地是否丰饶和宽广，是城市是否能有坚实的生存发展基础的最重要条件。白沙较大研，土地瘠薄浅狭，“环境容量”难与大研相比。舍白沙求大研，符合“度地卜食，体国经野”的原则。

从白沙到大研可以更好地利用交通要冲这个优势条件

大研是滇川藏大三角交界地区的交通要冲，数条古道在此交会，其中最著名的是茶马古道。沿着茶马古道向北行，近可以到“三塘”，即建塘（中甸）、巴塘、理塘；远可以到拉萨、加尔各答；向南有两条路，一条是过邱塘关，经鹤庆到大理，另一条是过九河关，经剑川到大理；向东南是去永胜的路；向东北则可达永宁、四川。大研这样便利的交通条件，是白沙所无法相比的。

把政治、经济、文化的中心，依托于这样一个四方通衢、区位优势明显的地方，无论是要向内聚合力量，或向外发散力量，都是十分有利的。

从白沙到大研可以更好地发挥城市的“两个中心”的作用

这里说的两个中心是指地区服务中心和货物中转中心。

前面已经说过，大研很早就是滇川藏三省区交界地区著名的集市了。东巴经中就这样写着：“美好的城镇在依古坝，这儿可买到好马，这儿可买到好鞍。”

这里说的“依古坝”就是指大研。按“中心场”理论分析，作为中心集散地，它是一定地区内的“服务中心”，一定地区内也需要一个具有一定规模的地区服务中心。这样的服务中心要求处于地区的中心位置，且交通方便，以利于及时提供方便、经济的服务。白沙不具备这样的条件，而大研则显示了它在这一方面的优越性。

这里所谓的“中转”，是对那些为地区外服务的货物而言。如茶叶、食盐、药材、山货、皮货、铜器等。地

明代，木氏土司大力推行儒学教化，这在一些建筑细部的装饰上也得到了充分的反映（图/邓磊）

当茶马古道要冲的大研，曾是内外货物运输所不可缺少的中转中心。需要在这里中转的理由，只要说出一条就足够了，那就是茶马古道是马帮踩出来的大道，其地是高山峡谷，其路是艰险曲折，其气候和生活条件是异常恶劣，内地的人和马匹是决不敢轻易闯进去的。于是，各地的货物多集中在大研中转，以后一直到抗日战争时期都是如此。

从白沙到大研是塑造木氏土司新形象的需要

城市从它起源的时候开始，就同象征和圣化的意义联系在一起了。

阿普三多是白沙的象征，木氏土司借助于这个象征的感召力量，实现了纳西民族的大统一。话也可以这样说，白沙的木氏土司是以民族的领袖为标榜的。明代以后，木氏土司在明朝廷的委任下，地位上升了，实际上已从民族的领袖转化为统治一方的世袭命官了。为此，需要重塑新的象征，借以巩固他的命官的地位。在当时的云南，这个能为各少数民族接受的新的象征，不可能离开儒学“教化”的轨道。于是“文笔峰”“大研厢”的命名，正好是最名正言顺的选择。“文笔”与“大研”，不过是原先“玉龙”“白石”圣化的时代变异。尔后，木氏土司在大研镇及其外围地区所进行的种种重塑新神性质的建设活动，可以证实这一点。

撰稿专家

蒋高宸，昆明理工大学建筑学系教授，中国民族建筑研究会专家，致力于建筑史，少数民族建筑和人居环境研究，主持完成多项国家自然科学基金项目，出版有《丽江——美丽的纳西家园》《建水古城的历史记忆》《云南民族住屋文化》等专著多部，发表学术论文数十篇。

《丽江——美丽的纳西家园》

扫描二维码，
阅读专家代表著作的电子版

蓝天、白云、绿树、碧水、玉桥、黛瓦，纳西族的世界，色彩斑斓（图/邓磊）

第5章

察“颜”观“色”识纳西

色彩和民俗

本章主撰稿人：中国社会科学院研究生院教授　白庚胜

色彩是阳光在大地上流动的画作，它绘下春的姹紫嫣红，夏的连天碧色，秋的枫红菊黄，冬的素裹银装。黄色的泥土，绿色的森林，金色的沙漠，蓝色的海洋……人类和其他物种一起在这色彩斑斓的世界中不断繁衍生息。然而独有人类不仅适应了自然的丰富色彩，而且将自然色彩化为符号语言，给色彩赋予意义，用色彩进行象征，借色彩表现喜怒哀乐，以及对美丑善恶的态度，由此衍生出人类独有的色彩文化。从西班牙阿尔塔米拉山洞的野牛画到非洲撒哈拉沙漠残存的野鹿画，从我国云南的沧源岩画到广西壮族的花山岩画，无处不留下古老的人类认识色彩、运用色彩进行表情达意、进行审美展示的痕迹。

不同的人类集团由于自然环境、文化传统、价值体系的差异，建立起迥然不同的色彩文化系统，这正是大自然之丰富性与人类社会之多样性的生动反映。通过了解一个民族对色彩的感知和运用便能窥得其对世界的理解之一斑。生活在中国西南边陲的纳西族，也有着与其自然、社会、历史相适应的色彩文化，色彩不仅体现于纳西人衣食住行的日常行为中，而且已深深地烙进纳西人的哲学观里，指导规范着他们几乎全部的活动。因而，色彩于纳西人有着格外重要的意义，也许只有了解了纳西族的色彩，才能更深刻地领会什么是纳西族、什么是纳西文化、什么是纳西文化的精神。

不识黑白，无以知纳西

纳西的黑是什么黑？纳西的白是什么白？

黑与白是一切人类群体对世界的色彩辨识之开端，是对明、暗作出的基本划分。由于所处自然环境与社会文化的差异，不同群体对黑或白的喜好也不尽相同。因为部族迁徙，以及历史文化的复杂流变，纳西民族尚黑还是尚白，始终是学术界不休的争鸣课题，这也恰恰说明了黑与白是纳西族最本源、最重要的色彩。纳西人以黑白表示鬼神，以黑白命名山川，以黑白区分善恶，以黑白渲染礼仪。黑与白的二元对立是纳西人对世界的基本认知，要认识古老的纳西民族，一定绕不开他们的黑白观念。

神话中的纳西色彩

神话中常常蕴藏着丰富的民族世界观的内容，要了解纳西人古老的色彩观念，先从其神话中寻找一定不会错。纳西神话中的神灵鬼怪在肤色、服饰、用具上常常具有鲜明的色彩特征。这些色彩不仅起到识别神灵鬼怪属性及其处所方位、性格特点等的作用，还能够唤起人们对特定神灵鬼怪的喜爱或憎恶、尊敬或鄙夷的感情。神白鬼黑便是纳西人对神鬼世界的基本描述。

神是白的，鬼是黑的

在纳西族的创世神话《崇搬图》中，世界是这样诞生的：

宇宙之初，无声无息，无影无像。后来，因阴阳交合，虚实相成，真假互动，始出现一黑一白两个球团，白色球团变作英古阿格大神。英古阿格大神变成一只白鸡，生下九对白蛋，孵化出九对神、人。黑色球团变作英古丁那神，英古丁那神变成一只黑鸡，黑鸡下了九对黑蛋，九对黑蛋分别孵化出九对鬼、怪。

纳西人认为天地初开之时世界便呈现二元对立，将神鬼分为神灵与鬼怪两大类，分别用白色与黑色表示，并赋予了白色及其所代表的神灵真、实、善、美、净等积极的意义，赋予了黑色及其鬼怪假、虚、恶、丑、秽等消极的意义。

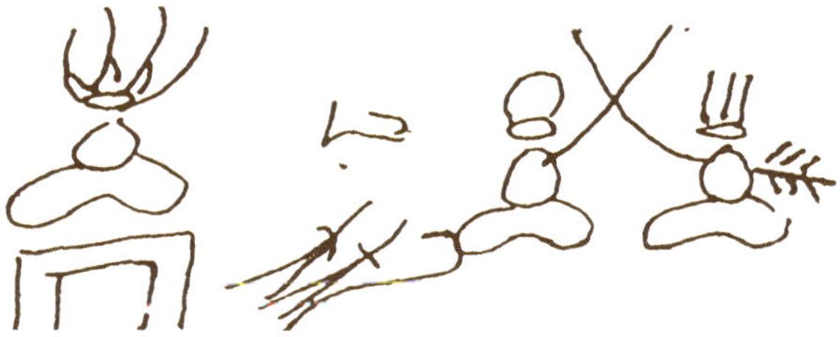

《黑白战争》封面细部。白部落酋长美利董主（左，戴帽者）与黑部落酋长美利术主（竖发者）在打斗（图/杨福泉）

东巴经中常见的两个象形字，表示最初出现的黑色与白色的一团，黑色象征恶，白色象征善。
左边那个字是三尖全黑之形，意为天下初出的一团黑色，是生恶之万物者。另一字为三尖全白之形，意为天下初出的一团白色，是生善之万物者（图/杨福泉）

神鬼世界的黑白及其象征意义

神	鬼
白	黑
善良	凶残
正义	邪恶
光明	黑暗

东巴神话中的黑白二色通常表现为对立与对抗，黑与白的对立实际上也就是鬼与神的对立、恶与善的对立。在纳西著名的神话史诗《黑白战争》中，美利董主为代表的董界（即神界）与美利术主为代表的术界（即鬼界）之间便是对立冲突的关系。两个部族分别用白色和黑色来代表，神话中有：

浩浩远古，以居那世罗神山为中心，分布着“董”“术”两个部族。董族所居之地为白天、白地、白月、白星，连山川河流、飞禽走兽都是洁白璀璨，一片晶然。术族所居之地则是黑天、黑地、黑日、黑月、黑星，山川河流、飞禽走兽等都无一不是漆黑如夜，墨色沉沉。

简言之，董界的一切皆白，而术界则一切皆黑。两界为争夺交界处的神树而战，为争夺日月而战，为报血亲之仇而战，双方处于紧张的对抗状态。对抗的结果是白色战胜黑色，即董界战胜术界。这同时也意味着光明战胜黑暗，善良战胜凶残，正义战胜邪恶。

变化中的黑与白

在东巴神话中，黑白多表现对立对抗，但有时也可相互转化、达成和谐，其冲突也可以调解。在神话《高勒趣招魂》中描写道：

高勒趣在寻找父亲的路上，遇到一条黑蛇与一条白蛇在争斗，他将白蛇赶往路上方，黑蛇赶往路下方，两蛇重归于好，不再争斗。又遇到一只黑驴和一只白驴争斗，将白驴赶往路上方，黑驴赶往路下方，它们也停止争斗，平安相处。

神话中黑蛇与白蛇、黑驴与白驴之间的争斗通过高勒趣的调停而化解，也意味着黑色与白色和解。甚至，在一定的条件下，黑白还可以向对立面转化。神话《多格绍·本绍》中有：

古时，神地黑暗无光，鬼域光明无比。于是，神派使者前去偷盗鬼域之火与水，射杀鬼域的牦牛与老虎，使得神地光明灿烂，而鬼域则陷入黑暗。

从此处可见，黑与鬼、白与神的联系并非与生俱来，神与正义也不是理所当然地相关联，神地竟然是因为偷盗鬼域之火才获得光明，如此行径，难称正义，也正是神偷盗鬼域之火的行为才使神鬼世界的黑白发生了互换。因而，黑白色彩与道德判断之间也非一一对应。

纳西族神话中的黑白二色既有对立冲突，又兼具融合，黑白象征以白善黑恶为主，时而也扬黑抑白，显得复杂多样，扑朔迷离。在一个民族中出现如此巨大的黑白象征差异是较为罕见的，而这正是由于纳西族历史文化的复杂多元。纳西族在历史上所经历过的民族战争、宗教征服、政治依附，与白、藏两个民族的经济文化交往以及生活空间、生产形式的改变等等，都对东巴神话甚至整个东巴文化的产生、发展、丰富起到了十分重要的作用。因而，只有了解了纳西族独特的社会文化发展脉络，才能明白为何会出现黑白两色既对立、又融合，既认为神白鬼黑，又扬黑抑白。

纳西族俗世生活中的黑白存在

黑、白既是纳西族神鬼世界的主色调，也在纳西人的日常生活中占据十分重要的地位。无论是婚丧嫁娶的人生礼仪、山川动物的原始命名，还是日常服饰的穿戴，黑白两色的使用频率都要远高于其他色彩，其象征意义在不同的情境下也不尽相同。

在为去世东巴举行的超度仪式上，我们可以发现白色显然是纳西族葬礼上的主色调（图/李德静）

在受汉文化浸润最显著的丽江地区，红色，在民俗活动中的表现十分活跃。至今，丽江白沙普通民居门上的喜联，犹可见流风余韵（图/邓磊）

人生礼仪中的白

纳西族久婚不育的妇女要举行退白虎仪式，白虎是一种令人恐惧的存在，“白虎进宅”，被认为会导致妇女不孕，造成一个家系的中断，因此要举行仪式将其捉拿。在房内点上油灯，烧好香柏，置一空坛于床上，在供奉过白虎后将空坛置于床下，一个月后的晚上取出，打入一枚生鸡蛋，用红纸封坛口，以五彩线缠紧，埋于来往人多的道路上，任人踩踏，以绝白虎之患。

求子仪式中的白色与虎结合，成为受贬斥的消极因素的象征，是人们要驱退乃至消灭的主要对象，埋在路上任人踩踏更是将其置于极端否定性地位。

在纳西族婚礼中，白色的意义又完全不同。受藏文化影响，近藏地区的纳西族婚礼以白色为主色调。在婚礼上，新娘的父亲以洁白的哈达敬献神灵。迎亲时的对唱歌词中也明显地表现出对白色的崇尚。

有声望的媒人，
头戴白雪礼帽，
身穿白云衣裳，
腰围如风腰带，
脚穿白雾毡靴，
白云从雾中来。
将贵媳妇送来，
还捎来好礼物，
请你们快开门，
迎我们进门来！

歌词中一连用了许多个“白”形容媒人，这是因为纳西族将媒人称作“白鹤”之故。相传白鹤是纳西神话中的祖先崇仁利恩与衬红褒白咪的媒人，所以白色是纳西族重白系统婚礼中吉祥的颜色，是纯洁爱情的象征。婚礼上的对唱词也多渲染白色的氛围。

而纳西族丧葬仪式上的民歌这样唱道：

昨天晚上我做了一场大梦，
梦见雪花飘飘，
今天早晨起来一看，
那并不是雪花在飞扬，
是孝男孝女们披麻戴孝啊，
大地一片白茫茫。

白鹤是纳西神话中的祖先崇仁利恩与衬红褒白咪的媒人。所以，白色是纳西族重白系统婚礼中吉祥的颜色（图/孙志江）

随社会文化而变的色彩信仰

从总的趋势看，由单一而多样、由巫术而审美、由神秘而世俗、由集体表象而个性化表现，乃是人类社会色彩文化的共同历程。纳西族民俗中的色彩信仰处在不断发展变化之中，一个明显的轨迹是，纳西族的色彩信仰依其社会及文化的变迁而变，并且受到周边民族及其文化的影响。又或者可以说，以纳西人对色彩的喜好变化为线索，便能捕捉到纳西民族历史文化的流变印迹。

作为游牧民族，纳西先民的生产生活十分粗朴。他们对色彩的利用仅止于直接使用带有色彩的牲畜皮毛制作服饰、营造居室等。生活在高海拔地区的纳西先民主要牧养牦牛、绵羊等，牦牛多为黑色，所以纳西族以黑色作为其居室、服饰之色彩，并以黑色自称其族。人们对于牦牛等的毛皮的需要，使“黑”不仅作为一种单纯的色彩而存在，而且含有了审美内容、文化意义。

当纳西族从青藏高原南迁至金沙江畔，由游牧民族转变成农耕民族之后，他们在金沙江两岸种植棉花，服饰原料由黑色的牦牛毛皮转变为植物纤维织成的白色布料。纳西族同时也受到了崇尚白色的藏族本教和信仰白色的藏传佛教噶举派（白教）的影响，于是以白色麻布裁剪制衣，穿在身上与其宗教信仰形成一致，与雪山连绵的自然环境也相符合。元初，忽必烈入滇，曾封率先归附的纳西族首领阿良为“茶罕章官”，意为“白色地方的官”，也可见当时白色在纳西族社会中居于统治地位。甚至在纳西神话《黑白战争》中的“白”战胜“黑”也被学者解读为折射反映了当时纳西族从游牧向定居农耕过渡，并由农耕生产最终占据主要地位的历史变迁。

在受汉文化浸润最显著的丽江地区，红色在民俗活动中表现得十分活跃，常常出现在喜庆欢乐场合。尚红是纳西族不断汉化的结果，因为在纳西族的古老民俗中，红色常常代表贪婪、残暴、流血死亡等，显然并非纳西族固有的崇尚色。

纳西族的色彩崇拜并不是由一色完全取代另一色，各种颜色崇尚在纳西族生活中都有表现。多元性存在于统一的纳西族民俗及纳西文化中，面对纳西族多元色彩信仰中的各种矛盾，我们只能在纳西族特定的社会历史背景下，在与周边民族及其文化的比较中做出历史的、合理的解释。

纳西族服饰色彩有一个流变的过程，以白色麻布制作衣服，表明白色在纳西族社会中已居于统治地位（图/冯莉 2006年）

我国最早的地理著作《禹贡》把怒江称为黑水，与纳西族对此江的命名不谋而合（图/王海涛）

白色显然是纳西族丧葬仪式的主色调，在纳西族所有区域皆如此，没有支系与地域的差别。纳西族认为，人一旦死去就要进入祖先神灵所居住的世界。在纳西族的空间概念中，祖先及神灵所居住的世界是纯净洁白的。为了让死者平安顺利地到达祖先神灵所居住的世界，丧葬仪式上所使用的孝服、裹尸布等都必须是白色的，还须举行悬白、踩白桥、撒白钱等仪式，可谓一切皆白。

在鲁甸乡，出殡之日专门举行“踩白桥”仪式，其最早的形态是出殡前在棺材前端至大门之间系一幅长3－5米的白麻布。出殡时，抬灵柩者从白麻布两侧往外缓缓行走，让灵柩凌空从白麻布之上移过，象征死者离开人间、通过白色的桥梁走向祖先神灵所居住的白色世界。

有颜色的山川

对山川的命名古已有之，它完全是民族性、民俗性的，它稳定、集中地体现一个民族的文化心态与审美观，许多古老的传统、历史及文化，都可以通过色彩与地名的关系得到解释。

著名的玉龙雪山因终年积雪、四时皎洁，又称为银山，藏缅语族往往以银称白，银山即为白山。且玉龙雪山上建有一座北岳庙，其间供奉着为纳西人信仰的三多神，三多神的形象亦为白色。因此，称玉龙雪山为银山，并将山神奉为本民族、本地区的保护神，实际上是自然崇拜与神灵崇拜相结合的产物，白色亦已经是自然色彩与信仰色彩的有机统一。

如果说玉龙雪山是纳西族现实生活中的圣山，那么居那世罗山则是纳西族神话中的神山，被纳西人认为是人间与天界通道的出入口。山名直译为“黑山”，根据纳西族命名习俗中以黑冠名以示高、深、大、广等的法则，将其义译作“至高之山”。在神话中，这座山的确是至大、至高的，而且在纳西族的信仰中，居那世罗神山还是一座灵山。纳西人认为，自己的祖先迁自遥远的北方，因此，人死之后，其灵魂必返往位于居那世罗神山的祖灵世界。

在纳西地区，由黑白二色成组地命名位于北方与西方的水系较为多见，丽江城北就有黑龙潭，城西则有白龙潭。因黑白二色为终极性的色彩，常象征阴阳对立和谐。

丽江城西北20千米处有黑水河，因河床沙石为黑色而得名，另有白水河，则河床沙石皆白。它们因河床中沙、石、泥土之色彩而得名，这一点与其他民族并无二致。

纳西族特有的水系命名方式是以黑冠其前，以示其宽广、漫长、渊深。这与纳西族古代色彩信仰密切相关，纳西族好以黑命水，几乎横断山脉地区每一条巨大的河流都直接或间接地被称为黑水。怒江即意为黑水，怒江上游蒙古语称哈拉（黑）乌苏（水），为蒙古族进驻西藏之后对其原名的义译，其时间应不早于元代。金沙江的支流雅砻江有黑惠江、纳夷江、诺矣江等多个名字，都与黑有关，其得名可能源于居住于江边的纳西人，也可能是汉语对纳西语黑水的音译。像纳西族这样以黑命名江河的情况在我国西北地区也比比皆是。如甘肃省张掖河又叫甘州河或黑河，陕西省无定河若干主要支流历史上也曾称为黑河或黑水河，今内蒙古额济纳旗境内之额济纳河，“额济纳”为党项语“亦集乃”的音转，意为黑水或黑河。为何会有如此众多的黑水呢？并非这些河流本身呈黑色，而是在其流经区域曾经活动着尚黑、以黑为大的民族。他们将自己生活区域内的大江大河均以黑相冠，这正是古今藏缅语族各个民族共同的尚黑信仰之遗存。

丽江黑龙潭（图/邓磊）

高贵的黑衣

一般来说，服装的色彩是与穿着服装者的色彩爱好，乃至色彩崇拜相统一的。民族服饰色彩的选择从来就不是随心所欲的，而是民族文化心理的外在表达。黑色是纳西族服饰中起源最早、应用最广泛的色彩。它之所以为人们所喜好，既与纳西族的精神信仰联系在一起，也与纳西族的生产生活相关联。纳西族是自称为黑的民族，因此也就以黑色作为自己的服饰颜色。也因为纳西族曾经以黑牦牛作为图腾，所以黑色具有神圣性。纳西族通过服饰而强调自己尚黑，其实也是在对自身进行神化与圣化。纳西人以黑命族、以黑为贵，故穿黑色。

纳西族在生产方式从游牧向农耕转变的过程中，其服饰原料也由牦牛毛皮转变为植物纤维织成的麻布。同时纳西族也受到了崇尚白色的藏族本教和信仰白色的藏传佛教噶举派的影响，穿着白色织物制成的衣服，与东巴教中人白鬼黑的二元论相对应，与新的宗教信仰中的白色崇拜也相一致。但是由于纳西族生产形态长期农牧并举，白色对纳西族服色的改造并不彻底，受到改造的仅限于从事农业生产的地区。在畜牧地区，甚至存在仅畜养黑牦牛、黑绵羊的习惯，黑依然在服色中占据主导地位。

根据《云南志略》(元)、《南诏野史》(明)等史志中的记载，纳西服色在元时仅出现黑色，明代出现黑、白，以黑为主，清代颜色渐多，并以白色为主。这与纳西族的迁徙以及与周边民族的融合进程是完全一致的。

服饰的色彩往往也起到区别不同社会阶层的作用。过去在永宁纳人中，纳人土司的服色具有尚黑的鲜明特点，他们“以黑色为贵，日常只有阿姓贵族能穿用，百姓只有进入老年后才准以黑色做衣衫”。纳西人对黑色这般执著、并以此为高贵的服色，与这样的一个传说有一定的关系：

传说，纳人最初住在“喂录古录古勒米纳”，那里有一块很大的神石——黑石头。纳西人共有六支，在搬迁的过程中分为三组：胡尔与西尔分为一组，以黑石标记所经过的地方；牙尔与俄尔分为一组，以木片标记；布尔与搓尔为一组，以草结环标记。

后来遇到一场大火，木片与草结都被烧光，致使牙尔与俄尔、布尔与搓尔找不到原来的路，只有胡尔与西尔的黑石头原地不动，使他们能顺利回到祖先居住的地方。

从这位玉龙县太安乡纳西老人的服饰上，可以看到黑白两色的和谐搭配(图/杨福泉 2012年)

纳人将民族起源地视为一块巨大的黑石头，又将黑石头视作魂归祖地时的标志。由于崇拜黑石并以黑色命族，黑色才在纳人的服饰中被视为高贵之色。封建时代纳日土司建立了严格的服饰穿着规范，试图通过服饰色彩将被统治阶级从黑色(高贵)中排除开去，违反服色禁忌的人也将受到相应的惩罚。

永宁纳人也将黑白二元对立统一思想融入服色中，妇女一般为黑衣白裙，男子为黑衣白裤，近藏地区纳西族妇女服饰一般为黑衣黑裙，外披白色羊皮，丽江纳西族妇女服饰中的羊皮为外黑内白，体现出一种阴阳和谐、黑白分明的美感。

纳西妇女的服饰一般为黑衣白裙，它被认为包含了纳西族黑白二元对立统一的思想(图/洛克)

由黑白色彩确立的纳西族哲学

在物理学上，黑、白只表示光存在与消亡的极致形式，但在文化领域，黑与白不仅是色彩，而且是最重要的色彩，它们常常表示二元性的色彩存在，并达成和谐。它们既对立、又统一，成为色彩大家族最重要的成员。在纳西族民俗中，黑白二色有着重要的区别功能，用黑白区分事物，使纷繁复杂的世界变得清晰有条理。

黑	白
女	男
阴	阳
雌	雄
母	公
地	天
夜	昼
谷	山

即使对同一对象，也以黑白进行区分，使之成为异质的存在。

黑道场	白道场
黑祭粮	白祭粮
黑桥	白桥
黑路	白路
黑石	白石
黑酒	白酒
黑水	白水
黑界	白界
黑巫术	白巫术
黑披毡	白披毡
黑祭坛	白祭坛

其中，有的以黑与白区别程度，如黑道场指杀牲多、时间长、规模大的道场，白道场相反；有的以黑与白区别神性与鬼性，如黑桥、黑粮、黑路、黑界等都表明其鬼性，白桥、白粮、白路、白界等示其神性；有的则仅表现其自然色彩，如黑水、白水、黑石、白石等皆因河水及石头之色彩而得名，与程度及神鬼性均无涉。

纳西族的色彩信仰不仅仅是普通的色彩崇拜，而且是一种图腾崇拜，早期纳西族以黑命族，以黑色为高贵的服色，在纳西语言中将黑引申为高、大、辽阔、美、深等积极性意义都是色彩崇拜图腾性的展现。

丽江纳西族妇女的传统服饰，黑白和谐，既对立又统一（图/邓磊）

黑色在人们物质生活及精神生活中的运用使它成为人们的审美选择，具有了庄严、凝重、深沉、雄浑等等含义，成了一种神色、圣色，完成了从有用性到审美性的转变：黑就是美。人们在以黑自称其族、以黑作为服色、以黑色作为帐篷之色彩时，显然也是在以美装饰自己的生活，以美称呼自己。

而当白色随着生存环境和宗教文化的变化被纳西族所接纳，成为新的色彩信仰后，它在服饰、语言，尤其是纳西神话中都有鲜明的呈现。至此，纳西神话中的黑白二色确立了纳西人最本原的二元对立哲学观念。人们视黑色为邪恶、丑陋、污秽，而白色为正义、光明、美好。两者同时存在，相互对立，此消彼长。当人们赋予色彩各种意义，将自然界的色彩改造成社会的色彩之后，色彩便升华成了象征、审美的手段，色彩也就变成了感情的色彩、文化的色彩，参与到人类社会文化的建构之中了。

三界五方的多彩世界

东南西北中，青白红黑黄

天上、人间、地下，三界三色

三层空间普遍存在于世界各种文化中，《圣经》中有天堂、人间、地狱之分，佛教中有佛界、尘世、阎罗殿之别。在纳西族的民俗信仰中，纵向空间也被分为天界、人间界、地下界。天界高处虚空之中，人间位于地表之上，地下界又称冥界，居于地表之下。一般认为：前者为神灵所主宰，具有圣性；次者为人类所栖居，具有俗性；后者为鬼魔所称雄，具有恶性。同时纳西人也赋予三界不同的色彩：天界为白色，人间界为黄色，地下界为黑色。

用三色表示三界的现象在东巴教祭祀中最为常见，祭祀中常用黑、黄、白三种毛色的羊作为祭品，黑者祭鬼、白者祭神、黄者留给代表人间的巫师。神话《超度沙劳阿包》中描写道：

> 沙许三兄弟曾经杀羊祭家神，巫师吕师麻道将祭羊之左前腿分成三截，最上一截白腿肉供在家神神座之前，最下一截黑腿肉放在鬼座之前，中间一截则留作巫师的胙肉，巫师代表人间及人类。

纳西族丧葬仪式中极为重要的神路图是纳西族宇宙空间三层结构的最好展现，神路图长约15米，宽约30厘米，上面绘有天界、人间界、地下界。其中地下界是一个充满鬼魂，阴森、恐怖的世界，绘有牛头马面的妖魔鬼怪、毒蛇猛兽等等，画面色彩主要采用黑、蓝、青、灰、绿等暗色；人间界是一个沟通和连接地狱与天堂的中间地带，充满温馨与和谐，色调上采

纳西族丧葬仪式中极为重要的神路图局部（图/李德静）

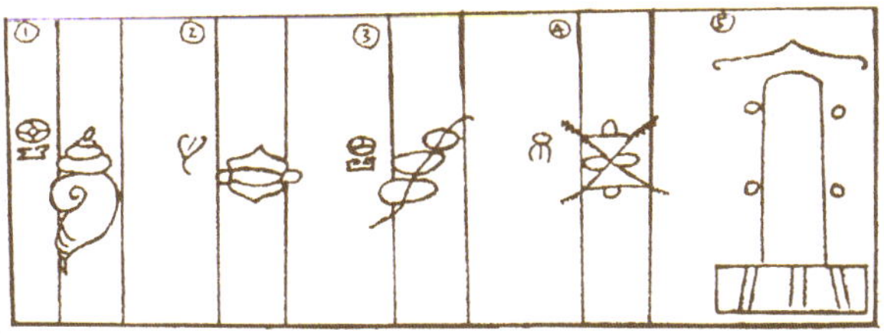

纳西族“五柱撑天镇地”的宇宙观模式（图/引自李国文《东巴文化与纳西哲学》）

用黄、灰、红等色彩；天上界是神之领域，是极为美好的世界，因而主要用白、红等明色。神路图中的三界色彩基本符合天界色白、人间界色黄、地下界色黑的原则。神路图常用于出殡仪式上，它从棺头一直拉长斜挂至大门口，出殡时由抬棺人将棺材顺地狱到人间，再至天堂之序抬过，以象征死者之亡魂从地狱经人间升至天堂。

五方五色五行的巴格图

三界三色是东巴神话的纵向空间划分，东巴神话中的平面空间则分为五方，即东、南、西、北、中，同样以不同的色彩表征，东方青、西方白、南方红、北方黑、中央黄。那么五方的颜色是如何确定的呢？神话《碧庖卦松》中是这样解释的：

白蝙蝠从天界取回占卜经书。在途经居那世罗神山顶时，出于好奇心，白蝙蝠打开经筐窥视，结果，左边起白风，右边刮黑风，将经书吹得四处飘散，其中的一部占卜经被游于深海的金龟所吞食。后来金龟被神射手射杀，箭镞穿龟体指西，故西方为铁（金）；箭尾朝东，故东方为木；龟尾指北并溢尿，故北方为水；龟头向南并吐火红的鲜血长舌，故南方为火。

纳西族早期神话中五方五色为西黑东白，北黄南绿，中间花，后来受藏传佛教和汉族阴阳五行学中五行与五色的对应关系影响，成为东方青、西方白、南方红、北方黑、中央黄。

青蛙八卦图内容结构图示（图/引自李国文《东巴文化与纳西哲学》）

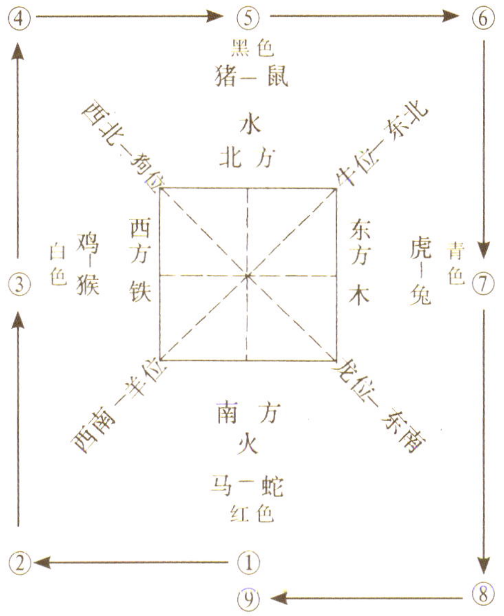

纳西族与汉族、藏传佛教五方五色五行对比

方向	纳西族		汉族			藏传佛教	
	颜色	五行	颜色	动物	五帝	颜色	如来
东	白	木	青	青龙	青帝太皞	黑	阿閦如来
西	黑	金	白	白虎	白帝少昊	红	阿弥陀佛如来
南	绿	火	红	朱雀	赤帝炎帝	黄	宝生如来
北	黄	水	黑	玄龟	黑帝颛顼	绿	不空成就如来
中	花	土	黄	黄狐	黄帝	白	大日如来五佛陀

在纳西族的原生神话中并没有以五色表示五方的传统，后来才以佛本为媒介，接受了藏族文化中以五色表示五方的习惯。随着与汉文化接触的加深，东巴神话又受到道教阴阳五行学说的影响，不单将五行配置于五方，而且还将道教中的五方五行五色的组合方式容纳于自己的方位体系之中，对旧有的藏式五方五行五色组合方式进行了一番加工和扬弃，逐渐形成集五方、五行、五色、生肖、干支于一体的巴格图。

巴格图即汉族的阴阳太极“八卦图”之音译，它是一种融合了纳西族、藏族、汉族文化的神龟信仰。在远古时代，由于纳西族先民崇拜老虎与牦牛，并将它们奉为图腾，故而《崇搬图》及《老虎的来历》等东巴神话分别记有老虎与牦牛之尸体化生宇宙、尤其是牦牛化生并定方位的内容。如《崇搬图》载：

在诸神初建神山之后，杀死了生两角、长长毛的神牛。其死尸分别化生，其头变为天，其皮变为地，其肺变为太阳，其肝变为月亮……牛之头部变为北方，牛之尾部变为南方，牛的左肋定东，牛的右肋定西。

上述记载中有关于东南西北来历的描述，没有五行，更无十天干，后来，随着纳西族先民南迁，以及藏族文化传入纳西族先民之居住地，龟体定宇宙之观念及其神话随之传入，并衍生出了具有纳西族特色的神话。继之，纳西族先民接触并接受汉文化中关于龟载大地，龟为灵物之信仰，以及八卦文化。因此，在基本保留藏式巴格图的前提下，巴格图中不断添加五行、天干地支等内容，将五色对五方之表象强行从东白、南绿、西黑、北黄、中央花的藏式改为东青、南红、西白、北黑、中央黄的汉式。最终还抽去了龟体，将巴格图定型为太极八卦式的宇宙方位图。事实上，神话《碧庖卦松》中对五方五行五色的关系之解释有明显的牵强附会意味，正好说明巴格图之五方五行五色之关系源于汉文化。如神龟被射死后只可能口吐鲜血而不可能吐火，但由于火和血都为红色，在东巴文中由同一字表示，故产生了借代。另

服孝两年，过年时在门上贴以黄色纸书写的门联。丽江白沙至今仍保留有这一古老的民俗（图/李平）

五方中央为土，纳西族居于云贵高原，为红土高原，据此中央应为红色，只有以黄土高原为中央的汉文化才将中央定为黄色。

纳西人离不开的巴格图

巴格图承继八卦五行相生相克原理，在纳西族占卜民俗中起到强有力的支配作用。人们择吉日、取名字、选墓地、判病因、断财运、定战事、问凶险、卜地基，都要用到巴格图，与汉族道教中以八卦进行推背的八字算命十分相似。

巴格图以神龟定五方五行五色后，又融入十二生肖的内容，将龟体周边切分成十二等份，用十二生肖加以表示，使之与一日十二时、一年十二月、每十二年一个地支周期、每五个地支周期与一个花甲对应起来，十二生肖也居于相应的方位。

在用巴格图进行占卜时，色彩具有十分重要的作用，巴格图八个方位的色彩配置随年份不同而不同，这样的色彩变换十二年一个轮回，东巴教中有许多用巴格图色彩进行占卜的经典，如《用巴格八方之色彩占卜》《用巴格八方的色彩占卜·占穷运和倒霉运》。

纳西族的五方观念示意图（图/引自蒋高宸《丽江——美丽的纳西家园》）

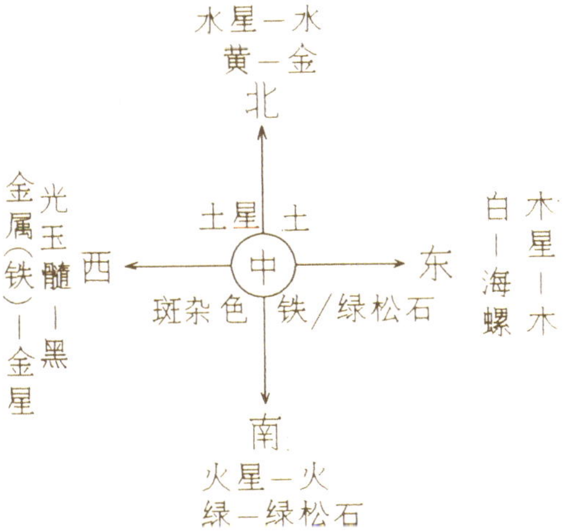

年份与八方之色彩配置关系

	东	东南	南	西南	西	西北	北	东北
子	白	土黄	绿	红	绿	黑	黑	黄
丑	红	黑	绿	绿	黑	白	黄	土黄
寅	白	红	绿	黄	土黄	黑	黑	绿
卯	黄	绿	绿	绿	白	土黄	土黄	红
辰	黑	黄	白	绿	白	红	红	土黄
巳	黑	绿	白	黑	红	黄	土黄	白
午	白	黑	红	土黄	黄	绿	黑	白
未	白	白	黑	土黄	白	黄	白	红
申	白	绿	土黄	黑	白	黄	绿	红
酉	红	绿	绿	土黄	绿	黄	白	绿
戌	白	绿	绿	红	绿	黄	黑	白
亥	白	红	白	土黄	绿	黄	绿	红

问卜者将自己的属相及出生年份、母亲的年岁告诉行占者，行占者在巴格图上确定其所处的方位。如果这年是子年，所处方位为东方，即色彩为白，那么意味着问卜者将丢失财物，应举行镇压祸端的仪式，当年不宜起房盖屋，不宜伐木凿石，不许看死人，否则后果不堪设想。再如子年生位于西南方的人，色彩为红，不许吃病猪死鸡之肉，儿女易生病，家中会有丧事，易丢失手镯与耳环，灵魂易被鬼魂摄取，故而要请喇嘛与东巴举行赎罪仪式。各种色彩所含的吉凶内容以及所应对的方法是始终确定不变的。

纳西族占卜中的色彩是一种神秘的存在，它以奇异的力量支配着人们的日常生活。如人们的建筑、采伐、饮食、祭祀、服饰、社交、健康等都与色彩相关，属于个人的色彩必须与宇宙的色彩相和谐。人们相信，凭借占卜

巴格图占卜

文/李国文

同其他古老民族一样，纳西族也有相当发达的占卜术。世传于民间东巴经师手中的青蛙八卦图（同神龟巴格图）占卜就是其中之一。青蛙八卦图主要是运用神秘的手段来解释过去，预测未来，大概可以称得上是纳西族的原始预测学或原始未来学。

东巴经《病因卜》的重要内容之一是用青蛙八卦图占卜人生疾病及吉凶的原因：

> 生命属相轮转到牛方位（东北方）而生病的人，要去找一点喇嘛长者的红色宝物和红色衣物之类，去把他的灵魂拯救出来。38岁那年不生病的人，他死的时候不需要举行超度，因为他的命是吊脖子死的命，他的生命属相是在大的方位，即青蛙八卦图东、西、南、北方位。
>
> 青蛙八卦图方位轮转到太阳出方（东方）那一年的人，不能到山上采石头，不能建造新房屋。要用一头大黑牛去放替身，即以牛代替自己放到山间，要去祭献煞星鬼。
>
> 青蛙八卦图方位轮转到太阳落方（西方）那一年生病的人，是一个身穿黑衣服、头戴黑帽子、带着一件铁器的人来作祟。要到太阳落方为病人喊魂。
>
> ……

青蛙八卦图占卜人生疾病和灾年厄运等，主要是依据人的生辰属相、流年以及八方方位来确定各种属相之人在某一个方位中的吉凶、祸福和禁忌等，并指出祛除灾难的方法和方位。纳西族对青蛙八卦图的推算有一套相当复杂的方法，推算包含着相当复杂的有关天文历算方面的内容。那么为什么轮转到某一方位就会有吉有凶呢？如书中所说：属虎、属兔之人，当青蛙八卦图方位轮转到太阳出方（东方）那一年，会有不吉，短鬼会来作祟，实在是危险呀！为什么会有不吉利？会有危险？这大概是因为属虎、属兔人的属相是分布在东方属木的方位上，而根据属虎、属兔人所有的年岁在青蛙八卦图中的推算，他们的属命方位正好在东方方向。按照传统说法，这是方位轮转到自己的本命年方位上，所以本命年有灾。

东巴经《病因卜》记载，青蛙八卦图占卜还有一个在纳西族民间较为流行的内容，即用青蛙八卦图中的五行占卜男女青年的婚配。纳西族民间古俗，一对青年男女在结婚之前，首先要请东巴经师或其他善卜之人根据双方的生辰八字，结合五行进行占卜，看其是否可以结婚。书中记载：属狗、虎、马的人能相结合，马是属铁的马。兔、猪、羊的人能相结合，兔是属火的兔。属鼠、龙、猴的人能相结合，猴是属木的猴。属牛、蛇、鸡的人能相结合，蛇是属水的蛇。

纳西族原始青蛙八卦图及其占卜涉及到的内容是多方面的。它说明青蛙八卦图及其占卜包含着一整套思想认识。长期以来，青蛙八卦图及其所包含的这一整套思想认识，已成为纳西族社会的重要思想支柱。

纳西族的青蛙八卦图（图/引自李国文《东巴文化与纳西哲学》）

超度东巴仪式（图/李德静）

中的色彩，可以解明过去事件的原因、推断未来生活的趋势，而且还能够依据色彩之间相生相克的原理，用某种色彩去防范另一种色彩引发的灾变。

巴格五行甚至对不同属相的人所着衣物的颜色都有一定的禁忌。东巴经《病因卜》称：

木年降生的人，属女人，穿黑色、红色、白色衣服不吉，穿黄色衣服有凶；火年降生的人，穿黄色衣服好，穿白色、黑色衣服不好，尤其不能穿绿色衣服到北方；土年降生的人，穿白色、红色好，穿黑色、黄色、白色衣服有凶险；铁年降生的人，穿白色衣服好，穿红色、绿色衣服凶；水年降生的人，穿白色衣服好，日子会好过的，穿黄色衣服有危险。属龙、狗、牛、羊的人穿白色和红色的好，属猴、鸡的人穿白色、黄色不好，穿黑色好。

对此，李国文先生解释道：木年降生的人，如果穿红、白、黑、黄色衣服就会不吉利，因为木年降生的人本命属木，而红色是五行中的火，白色为铁，黄色是土，黑色是水，火、铁、土、水都与木相克，所以本命属木的人穿红、白、黄、黑均不吉。火年出生的人，因为火与土不相犯，而土的颜色为黄，所以穿黄色衣服就吉利。其他皆同。

人们一旦所穿衣服之色彩与自己的属相、自己目前所居的方位发生冲突的话，轻则不顺，重则致病，甚至遭难、死亡；而穿着与自己命相相和谐的色彩，则会带来好运。

黑白二元对立中的黑白二色有着显著的善恶美丑的区分，虽然随着历史的进程有所变化，但这两种色彩始终都是伴有明显的价值判断色彩。而巴格五行中的五种色彩黑、白、红、黄、青，仅代表五个方位以及五行，表达的是五行之间的相生相克，并不存在孰优孰劣，占卜到每一种色彩都有其独特的命运预测解读和破解方案。

撰稿专家

白庚胜，男，纳西族，文学博士，中国社会科学院研究生院教授，中国社会科学院少数民族文学研究所研究员，中国作家协会副主席，国际纳西学学会会长，享受国务院特殊津贴。长期从事文化学、民俗学研究及文学创作、评论，已出版《东巴神话研究》《色彩与纳西族民俗》等著作30余部，翻译专著《日本纳西学论集》等8部。

《东巴神话象征论》

扫描二维码，
阅读专家代表著作的电子版

东巴和东巴教在纳西人的生活中有着极为重要的地位，构成了纳西文化的一个重要方面（图/李德静）

第6章

诸神的乐土

宗教和文化

本章主撰稿人：云南省社会科学院二级研究员 云南大学博士生导师 杨福泉

纳西族生活的区域地处青藏高原和四川盆地、滇中高原过渡地带，是滇川藏几省区各民族彼此交往的通道，文化多样性异常丰富，这种丰富的文化之美和多样的自然之美相融合，令纳西族显现出一种独到的、不可替代的个性和魅力。

纳西族在历史的长河中谱写了辉煌的文明乐章。他们的先民创造了一种介于原始图画文字和甲骨文等象形文字之间的“图画象形文字”，并用这种独特的文字书写了数万卷本土宗教经典，形成世界文明史上一幅壮丽神秘的人文画卷。

后来，由于剧烈的政治和社会变迁，这个象形文古王国经历了的外来文化的激烈碰撞、交流、吸纳乃至融合的阶段，形成了如今兼收并蓄、多元文化和谐共生的文化生态，纳西族所主要聚居的丽江，俨然一方多民族、多宗教文化共存的乐土，不仅有举世瞩目的东巴文化之光，同时也闪烁着藏传佛教、汉传佛教、道教和纳西民间巫术文化的神秘之光。

在丽江这座纳西族人口占绝大多数的边地小城里，不经意间就可能与一些早已在历史风尘中烟消云散的中原汉文化的古韵遗音撞个满怀。那穿越了无数条街巷的清溪低吟浅唱，与古城里那些须发皆白的老乐师每天所弹奏的唐宋词牌古乐相呼应；许多保留着“唐宋古法”的建筑，颇具气象地耸立在这个“纳西古王国”的首府；而汉传佛教、藏传佛教、道教等等的异域神灵们更与出没于山野林莽高山清流的纳西族东巴教神灵们合唱着一曲曲祥和的歌。

白沙壁画，画出了活态的多元文化

儒释道各安其所，纳藏汉同绘丹青

宗教壁画的奇葩

追根溯源，白沙壁画称为丽江壁画可能更加合适。在丽江纳西族自治县境内（包括今古城区与玉龙县），从木土司的老家崖角开始，以白沙为中心的雪菘村（今玉湖村）、束河村（今束河镇）、大研镇范围内，曾经存在过一批壁画，它们被称为丽江壁画。丽江壁画主要绘制于明代，少量绘于清初，距今已有数百年的历史。这些壁画是作为纳西族土司所建的寺观宗教

绘于正壁(也称西壁)的《无量寿如来会》图，高3.68米，宽4.98米，面积为18.33平方米，是丽江壁画中最大的一幅，也是最有代表性的一幅。画中共有各种神佛形象100个，表现主尊无量寿如来聚集僧众说法的场面。正中盘腿端坐如来佛，上列十八罗汉，两侧画道教尊神，下列正中是藏传佛教三位护法神，外侧为四大天王。整个画面将汉传佛教、道教、藏传佛教神佛形象糅合在一起，成为一幅独特而又精致的宗教画。画面层次分明，色彩艳丽，人物生动，形态各异。其中作为整个画面中心的如来面带慈悲，袈裟莲座，刻画细微，富于立体感；三位护法金刚身缠巨蛇，脚踩魔鬼，怒目张口，大有吞鬼吃妖的气势（图/邓磊）

壁画而绘制的，原壁画分布于琉璃殿、大宝积宫、大定阁、大觉宫、真武祠、皈依堂、雷音寺、福国寺、护法堂等明清道教、佛教宫观和寺庙中。现存的仅有丽江市玉龙县白沙乡的琉璃殿、大宝积宫、大定阁和古城区束河镇的大觉宫等几处，其余毁坏殆尽。由于这些壁画主要留存在原来的丽江县白沙乡，所以，它们被称为“丽江白沙壁画”。

丽江白沙壁画现存于琉璃殿的有16幅，存于大宝积宫内的有12幅，存于大定阁内的有19幅，存于大觉宫内的有6幅，其中保存最为完好，且绘制最为精美的当首推大宝积宫明代壁画，其次是大觉宫明代壁画。

丽江白沙壁画是明代纳西族社会大开放的产物，是丽江成为异域之神乐土的艺术写照。它的绘制时间从明初到清初，前后延续了300多年。明末清初是丽江壁画繁荣鼎盛的时期。在这漫长的岁月中，丽江经历了十多代土司与流官的统治，土司与流官中，有开明者，也有昏庸者；有兴盛者，也有衰败者；有信佛者，也有信道者，信佛者包括信汉传佛教和藏传佛教者。丽江的各种宗教各有信众，彼此和谐相处，共同发展，丽江的庙宇绘画艺术也形成了异彩纷呈的局面，这些都直接反映到了丽江壁画上。不管其反映的社会状态多么纷繁复杂，丽江白沙壁画所达到的艺术高峰是毋庸置疑的，与同时期已经渐趋式微的中原地区宗教壁画相比较，它在艺术上的成功甚至有过之而无不及，至于其所呈现的重要的史料价值，那更是毋庸讳言。

纳、藏、汉画工各施妙手的杰作

没有一幅壁画会像丽江白沙壁画那样拥有族群庞杂的作者。前文说过，白沙壁画最初是纳西族土司命画工绘制于所建的寺观祠庙中的。明嘉靖七年（1528），土司木公曾在黄山山麓建造“木氏勋祠”，并作《建木氏勋祠自记》，其中提到“其土木砖石彩绘之类，乃大理

大宝积宫顶部的藻井，在道教的八卦图中心，并没有绘制原有的太极图，而是换上了藏传佛教特有的“郎居旺丹”，即“十相自在图”，由7个梵文字母和3个图形组合而成。外围的八卦符号则属道教文化。再往外的每个角上各有一只蝙蝠，它既有汉文化中的“四时纳福”之意，蝙蝠本身也曾是纳西族的吉祥物。这幅藻井绘画，是反映丽江多元文化特征的一个典型（图/李平）

巧工杨得如氏成之”。杨姓为大理白族大姓，所以杨得如极有可能为白族画工。壁画中还存在大量的藏文书题，丽江市古城区金山乡漾西村万德宫（俗称木家院）碑上更有“画工古宗古昌”的记载，古宗即指藏族，古昌是人名。这些都说明有大批藏族画家参加了壁画的创作和绘制工作。而《丽江府志略》更明确记载江南画家马肖仙参与了部分丽江壁画的创作。与马肖仙一样同为汉族画家的还有被从中原礼聘来的张道士，他也是制作壁画的工匠之一，为壁画中道教题材画面的绘制者。本地的纳西东巴画家、来自西藏和四川的藏族僧人画家，与汉族、白族画家一起为白沙壁画注入了各自民族的文化基因，铸就了它杂糅各民族画风的绘画风格，其技巧细腻清丽，风格兼容汉藏绘画艺术，形态多样，笔法洗练匀称，具有精巧严谨的装饰风格。人物形象生动逼真，体态丰韵，具有唐代道释画风，衣饰、头饰、衣边和外露肢体均用贴金、描金、泥金、垒金，色彩富丽典雅。此外，丽江壁画中还有纳西族东巴画的粗犷朴质、色彩对比强烈的特点。可以说，它是各民族画家共同浇灌培育出的一朵艺术奇葩，充分体现了纳西族开放包容的文化精神。

李霖灿说《南无孔雀明王大佛母海会图》的杂糅画风（节选）

一件很成功的混合风格的作品，在全体的构图上、用线上以及人身比例装束等都使我们感觉到这是正派的中原风格。但看到中央的藏佛，以及座上的藏文，尤其全体的着色，使我们又立刻想到藏画，于是这幅壁画就给我们两种感觉，一种是中原风格的显然支配全体的骨架，一种是藏风的着色使全体有一种特殊情味，而且最有价值的是这两种风格混合得很谐和，一点都不觉得生硬，似乎是生成的就是融合无间。在用线上虽则仍保持正统的中原风格，但同时很成功地把西藏风的用色巧妙无间地加入进去，遂使这幅壁画有了浓厚的富丽灿烂，石色大都平贴地介在线界中间，便使全幅壁画成了像是一大块的美丽图案，石色的沉重和线条的勾勒有时竟现出难得的体积来，像是加上金线凸起的装饰，更使画面上真的有了浮雕感觉，可以想到的是当日这画的青年时代一定是极其辉煌漂亮的，所以这幅壁画的特色也可以说是中原风的线和西藏风的色的融合。

南无孔雀明王大佛母海会图（图/邓磊）

解读《南无孔雀明王大佛母海会图》

大宝积宫南壁的《南无孔雀明王大佛母海会图》高2米多，宽近5米。中心绘着佛母大孔雀明王，座中有一行用金彩描写的藏文，意为“南无孔雀明王大佛母海会”。孔雀明王菩萨形，三面八臂，右手持宝剑、法轮、宝棒，第四手垂于膝上结与愿印。左手持宝幡、宝瓶、孔雀尾，第四手置于胸前，手中托钵，内有摩尼宝珠。头着金色宝冠，发结顶髻，脸住慈祥。孔雀明王结跏趺坐于莲花座上，莲花座下彩绘高台须弥座。身后有举身光。身光外绘大红和橘红双色火焰环。在火焰环上方彩绘有“云端三层六面金顶红宝盖”，标志此图在大宝积宫内三幅壁画中的地位。

宝顶左右绘四组星宿，为二十八宿。每组星宿之间各绘三人，或是十二宫神。紧靠孔雀明王的是佛陀诸大弟子，共16位。须弥座两边是胁持菩萨。座前两边或是阿难陀、慈氏菩萨与各弟子（或辟支佛与弟子），共4位。据统计此海会图共有167位诸神。须弥座前供奉展翅飞翔的孔雀，是这幅壁画的独特之处，在藏密的孔雀明王仪轨中就没有此描述。在佛母宝座下方有一则藏文题记，意为“顶礼圣大孔雀佛母”。

诸神和谐，其乐融融

与技法上的多民族画风杂糅相对应，白沙壁画题材上的一个突出特点是多种宗教和同种宗教的各教派内容相互融合并存，《南无孔雀明王大佛母海会图》，上面共绘有167个神像，是丽江壁画中神像最多者。中心位置绘着大佛母孔雀明王，众神佛中有汉传佛教、藏传佛教神佛，形象丰富多彩，姿态各异。从画像的服饰上看，更有帝王、嫔妃、文官、武将、和尚、喇嘛、道人、仙女，真是各方神圣，济济一堂。

大宝积宫12号壁画《释迦牟尼讲经图》是丽江白沙壁画的代表作之一，该画面积18.29平方米，包含佛教显宗、密宗和道教的内容，中央绘释迦牟尼坐像，上列十八尊者，两侧则绘道教群神，下端正中绘密宗三金刚，外侧两边绘四大天王，共有大小神佛像100尊，又是一个佛道两教齐聚，显密二宗共存的格局。藏传佛教各教派之争是非常尖锐复杂的，在西藏，将各教派神佛共绘于一幅画上是很少见的，但在白沙，画工们却将诸如宁玛派（红教）大师毒之超（藏名）、宁玛派尊为祖师的密教大师莲花生、噶玛噶举派黑帽系大宝法王噶玛巴、萨迦派（花教）萨迦五祖八思巴、佛教密宗护法大黑天、传说为观音化身的绿度母女神等各教派重要神佛绘在同一殿堂或同一画幅中，还让各种各样的宗教题材出现于同一画面中。这相当突出地反映了纳西族在历史上广采博纳他民族文化，不拘泥于一种宗教文化的特点。壁画所在地大宝积宫的一些绘饰亦体现了这种多元文化相融的特点。大宝积宫顶部中心是藏传佛教的“十相自在图”，外缘则是佛教的象征物——莲花和道教八卦图形。

一扇多元文化交融之窗

白沙壁画无疑为我们开启了一扇窗，透过这扇窗，我们可以看出明代木氏土司靠拢中央王朝，推崇中原汉文化，但同时也笃信藏传佛教的那种多元文化汇集玉龙山下，各种宗教的异域之神在纳西古国其乐融融的盛况。这种盛况的出现不是偶然的，从地理环境上来看，纳西族地处云南、西藏的交界，汉、藏两种文化对地区文化的影响都很深刻。而汉、藏、白、纳西等民族杂居共处，又加速了文化交流文化融合局面的形成。以东巴教为例，纳西族这一颇有神秘色彩的民族本有古老的原始宗教，后来接纳了公元8世纪在西藏本佛两教势如水

大定阁东边小庙里的壁画。文殊菩萨悠闲自然地斜靠在莲池边青石上，左、右上角分别是桃花和牡丹，左下方是水中莲花，莲池里有一圆白月，右下方是一牵狮之人……画面荡漾着富丽、神秘的苍润之气，表明了汉传佛教、藏传佛教、道教的求同存异、平等共生、重叠交错的文化“中和”，也呈现了汉、藏、纳西等少数民族传统绘画造型技法和审美意趣的“中和”（图/和四奇）

火的斗争中失败而被流放到纳西族地区的后期本教徒和本教神祇，逐渐形成了“东巴教”这种融多元文化于一体的民族宗教。

距大宝积宫不远，有文昌阁，建筑布局上也是三教并存的格局(图/李志雄)

汉传佛教从云南内地往北传播，到了丽江为止；藏传佛教从西藏往南传，也到了丽江为止。诸种宗教在丽江这一纳西族聚居地集聚，于是丽江出现了诸教寺庙融合一体、不同宗教教徒同堂和平共处的文化现象。有的一寺兼供佛教和道教的神；有的一寺两庙，前院为道教的城隍庙，后院为佛教的地藏庙；有的前院住和尚，后院住喇嘛。震青山顶建有道教的玉皇庙，相传农历三月十三日是玉皇大帝的生日，所以以这天为朝山正会。虽是道教节日，但朝山者却包括了很多汉传佛教组织和教徒。虽然玉皇和佛祖不是一条道上的神灵，但是朝山的百姓却不分教派，不择亲疏，凡见神灵都跪拜烧香。佛教寺庙的钟鼓磬铃、道教洞经会的丝竹管弦交互相融；而大批当地的民歌手则在寺庙周围和沿途大显身手，一展歌喉，听者如云。法喜寺有楹联：是圣是凡，三教原归一理；即心即佛，灵山岂在西方。这非常确切地反映了丽江这种融释道儒和当地民间信仰于一体的文化特征。纳西族尽享多元文化交流之便，吸纳了周边民族的诸多文化精髓，多元宗教文化在纳西族中和谐共处，为纳西文化的发展和创新注入了新鲜的血液和新的活力，并且促成了纳西文化中多元文化交流共处的特点。其中，纳西族与汉、藏之间的文化交流堪称典范。

丽江古城里如今尚存的汉传佛教寺庙普贤寺，据光绪《丽江府志》记载：“在府城西门外，道光年间修建。”(图/杨福泉 2005年)

纳藏共生，你中有我，我中有你

西藏的一个纳西族村庄有座天主堂，丽江刊行了《大藏经》迎接了大宝法王

盐井，藏区唯一的纳西族村庄

西藏昌都地区的芒康自古就是西藏的东南大门，被称为“茶马古道”在西藏的第一站。芒康县的盐井乡是一个无论文化上还是地理物产上都非常独特的神秘之地。盐井的正式名称是“西藏自治区芒康县纳西民族乡”。它地处西藏自治区东南端，位于横断山脉澜沧江东岸芒康县和德钦县之间，平均海拔2400米左右。东北与四川巴塘相邻，南与云南德钦接壤，西与西藏左贡县扎玉、碧土、门孔等相连。

盐井，历史上是吐蕃通往南诏的要道，也是滇茶运往西藏的必经之路，它还是西藏迄今唯一有天主教教堂和信徒的地方。纳西族和藏族的本土文化、纳西族的东巴教、藏族的藏传佛教和19世纪传入的天主教文化，和谐地共存在这个横断山脉的峡谷古镇里。

在纳西族和藏族的历史上，盐井是个围绕着盐而产生许多战事纠葛的神秘之地。相传在吐蕃统治前和统治时期，盐比金子还贵，因此争夺盐井的战争就很多。著名的史诗《格萨尔王传》中的《姜岭之战》，就是描述姜国（纳西）王与岭国之王格萨尔之间因争夺盐池而发生的战争，当地人传说，盐井就是姜岭两国发生战争的地方。

明代，盐井曾经是强大的“纳西古王国”的木氏土司所占领的地方，当地的纳西人很多就是当时来征战的纳西士兵的后裔，如今，盐井的纳西男子和女子都已经穿藏装了，但据当地纳西妇女讲，他们的耳环缀饰保留着纳西族的传统样式。盐井的纳西人平时都讲一口流利的藏语，但我在考察过程中与几个背盐女用纳西语对话，她们都能听得懂。

过去的很多调查者都说盐井已经完全没有纳西族东巴教的礼仪习俗，但这次当地的下关老人告诉我，村里至今还保留着祭天仪式，时间是在每年农历的正月初五和初

地处藏区的盐井纳西民族乡，却又接纳了天主教文化，这就是纳西族的文化包容心态（图/三两）

来盐田背盐的纳西妇女（图/杨福泉 2002年）

八。村里尚有3个东巴，下关是其中的一个（但他不是世传东巴，而是自小耳濡目染学的。他们已经没有经书，只能念口诵经）。东巴有时也到黄教（藏传佛教格鲁派）的寺庙祭拜。下盐井的纳西人至今仍然还在祭祀纳西族全民信仰的民族保护神“三多”。藏族和纳西族的习俗在这里相互交融，据了解，街子村纳藏通婚的家庭不少。

纳西土司刊印了藏地第一套雕版《大藏经》

明代是纳藏关系呈现出一种波澜壮阔局面的特殊时代，两族之间在宗教文化、经济等方面的交流空前繁荣。由于受到明廷对于西南边陲防务上的倚重以及自身拓展势力范围的双重影响，当时的纳西族木氏土司曾长期用兵藏区，将势力范围拓展到了滇康地区的德钦、维西、盐井、芒康、巴塘、理塘、木里等地区，这样就形成了两族的宗教、文化和经济交流与夺城争地的战争交错在一起的复杂局面。在与藏族的长期交往过程中，藏传佛教逐渐对纳西族木氏土司产生了重要影响，使木氏土司家族成为了虔诚的藏传佛教信徒。

明万历末年至天启年间，佛光辉耀玉龙山，一个巨大的藏传佛教文化工程在丽江完成，在康巴藏区被普遍尊称为“木天王”的土司木增主持刻印了藏文《大藏经》，他由此成为滇藏政教关系史和纳藏文化史上值得颂扬的重要人物。

这一套《大藏经》（史称丽江–里塘版《甘珠尔》）从刻印到完成历时15年，噶玛噶举红帽系六世活佛却吉旺秋和大司徒曲吉坚参等高僧参与了这套共108卷、包括1000多篇文献的藏传佛教权威经典的编纂工作。这是在藏区第一次正式雕版刊印的《甘珠尔》。由于藏人称呼丽江地区叫做Vjang–sa–dam，所以又按元代的记载写成“章·三赕”，完全是按照藏语的音译。这一版大藏经由此也就称为丽江（章·三赕）版《甘珠尔》。到了1698年，即清康熙三十七年时，准噶尔蒙古的头目噶尔丹兵败窜逃、日暮途穷自杀后的第二年，和硕特蒙古南下的军事首领达尔杰博硕克图汗（固始汗的裔孙）兵临云南，在丽江见到这一套《甘珠尔》经版，认为是可居的奇货，应掌握在自己的势力范围内，于是下令用骡马驮运，送到四川理塘大喇嘛寺存放。用的口实是丽江土司追随噶玛噶举派活佛，属于佛教异端，而理塘大寺强巴林属于格鲁派（黄教），达尔杰博硕克图汗举起“尊崇黄教”的大旗，把丽江（章·三赕）版的

《木氏宦谱》中收录的纳西土司木增画像（图/杨福泉）

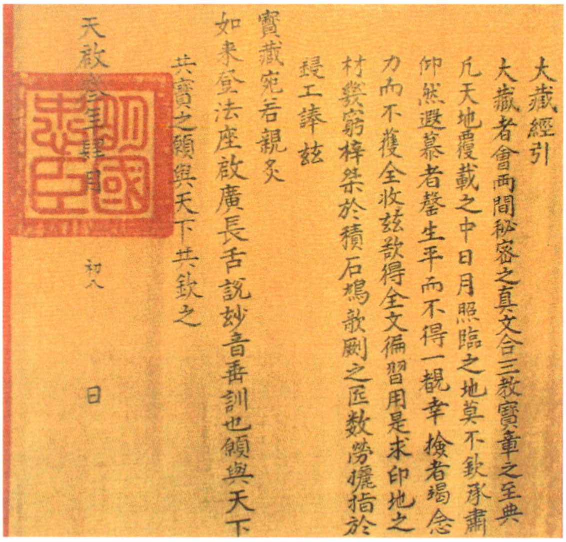
大藏經引

大藏者會兩間秘密之真文合三教寶章之至典凡天地覆載之中日月照臨之地莫不欽承肅仰然遐慕者謦生平而不得一覩幸撿者竭念力而不獲全收茲欲得全文徧習用是求印地之材鍥窮梓桀於積石鳩歛剛之匠數勞纊指於鋟工捧茲

寶藏宛若親炙

如來登法座啟廣長舌說妙音垂訓也願與天下共寶之願與天下共欽之

天啟 年 月 初八 日

上图：拉萨大昭寺珍藏的木增主持刊印的藏区第一部雕版《大藏经》汉文引言。落款处印文为“明国忠臣”（图/和慧军）
下图：《大藏经》内页（图/杨福泉 2016年）

《甘珠尔》经版北迁。从此，这一部《甘珠尔》就被称为理塘版了，或又称为“丽江–理塘版”。现在拉萨大昭寺里还珍藏有木增奉献给该寺的《甘珠尔》朱印版共108卷，是大昭寺的珍贵文物之一。

丽江版《甘珠尔》是纳西土司木氏家族和藏传佛教噶玛噶举教派首领人物密切合作的成果，是滇西北有纳西族积极参与的各族人民与西藏人民之间文化交流与传播的历史见证，藏族学者称木增主持的这一盛举是“滇藏政教关系史上空前绝后的创举”。由于木氏土司的扶持和率先皈依，自明代起，藏传佛教在纳西族地区得以繁荣和昌盛，纳西人出家当藏传佛教僧侣的很多，甚至到了家中“凡有三子，必令一子为喇嘛”的程度，各地纳西族上层和普通家庭中，不断产生活佛、高僧，迄今，在云南藏区和纳西族聚居区仍有不少两族活佛相互转世的例子。

笔者在盐井采访了一户纳、藏、汉三族合璧的家庭，和他们合影留念（图/杨福泉 2002年）

两个纳藏汉合璧的家庭

2002年，我有机会参与西藏昌都地区、四川省甘孜州和云南省迪庆州三地联合组织的“茶马古道”考察队，从云南的德钦去西藏芒康县盐井，一路沿着沉雄壮伟的澜沧江前行，费了不少劲，来到了盐井。

我到下盐井村调研，结识了该村纳西老人下关，他当时已70岁（生于1933年），属鸡。穿一身藏装，但能讲流利的纳西语。

盐井的纳西男子和女子皆穿藏装了，但据当地纳西妇女讲，他们的耳环缀饰保留着纳西族的传统样式。我在考察过程中与几个背盐女用纳西语对话，她们都听得懂，其中有个叫玉珍的讲得最好，后来知道她是下关老人的女儿。

下关老人的家是个典型的纳藏合璧之家，他的妻子是藏族人，当时63岁。他前后生了4个儿子，3个女儿。大女儿叫玉珍，嫁给一个纳西人，二女儿则嫁给同村的一个藏人。大儿子娶的是纳西女子，二儿子则到藏人家当了上门女婿。他的子女在填表时都填自己是纳西族。

我还采访了盐井乡政府所在地街子村的一户人家，房东纳西女主人63岁，名叫齐日培迪，显然是藏族名，名字是活佛取的。男主人叫冯道成，62岁，汉族，其祖先来自四川，是清朝驻藏大臣赵尔丰的部下。女房东尚能讲一些纳西语，但由于丈夫和子女都不会讲，因此在家就说藏语。他家属于哈迪祭天群，这个祭天群共有40多家。这家的大儿子在昌都电视台工作，一个儿子在左贡县教书。我们去时大女儿在家，她的名字叫斯郎堂玛，是活佛给取的名，当时39岁，已不会讲纳西话。

这个家庭用来接待客人的厅堂和经堂皆在二楼，一楼多用来关牲畜。正房中柱上方挂有一个类似岩羊的头，当地人称之为“瑞”（羚羊），是辟邪之物，与中甸（香格里拉市）白地等地纳西族挂羊头于母房（正房）门上方同为一理。

澜沧江边的大片盐田，蔚为盐井镇的一道风景。历史上，由于盐比金子贵，吐蕃政权和纳西族土司反复争夺四川盐源等地的盐井（图/三两）

西藏唯一的天主教传播之地

盐井，不仅仅有着藏传佛教和东巴教的和谐共生，它还是整个西藏唯一有天主教堂的地方。19世纪以来，西方国家的不少传教士竭力试图在西藏传播天主教，结果都以失败告终，盐井是唯一的例外。当地乡民既有信仰天主教的，也有信仰藏传佛教的，历史上，两种宗教在这里曾经发生血与火的冲突。如今，两教早就握手言欢，和谐共存，佛陀和基督的智慧和慈悲的光环，在这个横断山脉的深山小镇里融为一体，教化人心，造福世人，成为一个独特的文化亮点。

据史料记载，盐井天主教教堂最早是在19世纪60年代由法国传教士吕司铎兴建的。当时法国传教士装扮成商贩进入这片以藏传佛教和东巴教为人们精神信仰核心的地区，开始他们非常艰难的传教历程。他们首先把天主教传到了与这里接壤的云南德钦县的茨中村，茨中村的村民在明清时期也是以纳西族为主体，是明代随木氏土司进入藏区的纳西军队的后裔，后来逐渐融入藏族。天主教最早就传入了滇藏地区的纳西族与藏族杂居的村寨。

位于上盐井村的天主教教堂，全名为“圣母敬教之佑堂”。教堂的整体充分体现了天主教传入后随俗施教的风格，建筑从其形式到内容类似于藏传佛教的佛殿或经堂，里面的装饰也有不少藏文化的痕迹，如神像的藏族唐卡画形式、神像边的哈达围饰等；圣经也是用藏文写的。

铃声悠扬，福音绵长（图/三两）

盐井天主堂建筑表现出一种有趣的杂糅风格。藏式建筑的外观上装饰有十字架图形，更有趣的是连神像都有着唐卡画风(图/三两)

单看这建筑外观，谁会觉得这是一座天主教堂呢(图/三两)

教堂的神父鲁仁第33岁，至2002年1月，已当了6年的神父，曾在北京天主教神学院学习，在西安晋刂为神父。据他介绍，在上盐井村，有69%的人信天主教，大多是藏族，有五六个纳西族，总共有500多个信徒。现在教民每天做两次弥撒，即早晚各一次。到礼拜天，所有教民都集中在教堂，分早中晚做三次弥撒。神父用藏文讲解圣经。

据当地的村民说，这里的教民过圣诞节时，教堂会邀请云南德钦县茨中教堂的教友，当地藏传佛教刚达寺的寺主、僧人以及村里的信佛群众前来聚会。教民们在教堂里做完弥撒后，和被邀请者一起载歌载舞，跳当地人喜欢的弦子舞，常常通宵达旦。而盐井的藏传佛教刚达寺在每年过“跳神节”时，也会邀请神父及其教民去观赏寺庙僧人所跳的藏传佛教的“跳神舞”。

教堂还自酿红葡萄酒，制作工艺是当年法国传教士传下来的，产量不高，每年150多千克。

天主教教堂之外，藏传佛教的白塔又赫然矗立（图／三两）

十世噶玛巴却英多吉画像
（图/引自David P.Jackson with An Essay by Karl Debreczeny: Patron and Painter: Situ Panchen and the Revival of the Encampment Style Rubin Museum of Art, New York, 2009)

大宝法王落难后在丽江栖身30多年

明正德十一年（1516），噶玛噶举派黑帽系八世活佛弥觉多杰应木土司之邀访问丽江，丽江土司木定率一万多名士兵，用数头装扮华丽的大象迎接活佛。明万历八年（1580），丽江知府木东、木旺父子捐巨资在其管辖的川西地区修建理塘寺，并邀请格鲁派（黄教）三世达赖喇嘛索南嘉措举行开光仪式。

明崇祯十五年（1642），在与格鲁派的教派斗争中失败的噶玛噶举派黑帽系十世活佛曲英多杰（大宝法王）逃难到丽江，土司木增待之如上宾。木增及其继任者木懿在辖区内帮助十世活佛弘扬噶举派（白教）教义，使这种在西藏濒临危境的教派在滇西北找到安身立命之所，为明代至清代著名的噶玛噶举派滇西十三大寺的形成奠定了坚实的基础。由于木增笃信佛教，大力支持噶玛噶举派，所以，噶玛噶举派的一位高僧为他写了一部传记，名为《绛杰波·索南饶丹传》（绛杰波·索南饶丹意为“纳西族的天王索南饶丹”），以宣扬木增为弘扬佛法所做的贡献。

根据云南藏区现存的藏文资料记载，当时，追随噶玛派黑帽系十世活佛的卫藏地区的许多僧人也纷纷逃至云南藏区木氏势力的辖区，如黑帽系十世活佛的重要弟子杰策六世活佛诺布桑波（1660—1698，汉史记作“三宝法王”）就是其中的一个。黑帽系十世活佛曾长期避居纳西土司木增家中。

大宝法王留下了很多传奇故事，在玉龙雪山山麓著名的“玉柱擎天”，有一个相传是“大宝法王”坐禅的神秘所在。据说“大宝法王”来到“玉柱擎天”上面，看天呈三角形，地呈三角形。他在此静坐，虎豹熊狼等在他面前俯伏于地，听他念经。有个给木氏土司放羊的人牧羊来到此地，一群羊全拥过去聚集在法王周围，听他念经，赶也赶不走。牧羊人将这个异人的情况告诉木氏土司，木土司赶紧派手下的重要官员来请法王，至今，岩上尚留着许多兽蹄印迹。

纳汉交流，亦师亦友，亦兄亦弟

木氏土司热衷汉文化，汉族移民融入纳西族

历史上，汉族文化对纳西族的影响非常大，它是促进纳西族近现代文明和纳西族经济文化发展的重大动力，也是引发纳西族文化重大变迁的主要因素。

酷爱学习汉文化的
木氏土司与人才辈出的纳西族

丽江纳西人一直以开放的态度接受和学习汉文化，根据史书记载，丽江在明代曾有过教汉文的学校，中原大文人、旅行家徐霞客到丽江时，木增请他指教其子，以"窥中原文脉"（《徐霞客游记·滇游日记》）。明代学者章吉甫在为木增《山中逸趣》所作的序中称赞木氏土司云："世著风雅，交满天下，征文者，投诗者，购书者，以神交定盟者，嘤鸣相和，声气往来，共中原之旗鼓。"纳西木氏土司努力学习汉文化，他们中的一些人成为杰出的用汉文写作的诗人和散文家，《明史·云南土司传》中说："云南诸土官，知诗书好礼守义，以丽江木氏为首云。"纳西土司木公的诗被清代大词人朱彝尊辑录进了《明诗综》里，《古今图书集成》《云南丛书·集部》中也有收录。《古今图书集成》还收录了木公曾孙木青的诗作，并称其"堤柳绿销应有恨，渚莲红褪岂无愁"等佳句"皆中土诗句也"。木增所著的《云薖淡墨》六卷还被收入了清代所编的《四库全书》中。木氏土司的汉文著作成为

洛克当年拍摄的木氏土司后代（供图/杨福泉）

古城教育世家李世宗先生的一段回忆

据民国年间出生于古城教育世家的李世宗先生回忆："在过去的古城里，不管走进哪条街、哪个角落，都能听到各种各样的书声，有琅琅诵读'养不教，父之过；教不严，师之惰'的，有悠悠咏唱'落霞与孤鹜齐飞，秋水共长天一色'的……夜晚，古城静静的，只要有灯火处，有流水处，就有相应和的读书声，小孩稚嫩的背诵声，老学究沉着苍凉的的课读声……每当傍晚，各处私塾都散学了，孩子们抱着书包，个个嘴皮上都带着点舔过毛笔的墨印，一路上熙熙攘攘。遇到过年时节，孩子们特别高兴，穿起新衣，去给老师拜一拜，不苟言笑的老先生，今天也分外和颜悦色。许多古城子弟远走高飞了，但不管走到天涯海角，只要见到一湾流水、几缕垂杨，就会想起家乡，似乎耳边又响起了古城的书声，给天涯游子以温暖、慰藉和鞭策！在那个年代，我们的古城也在变、在前进，她在读书声中、织布声中、村姑牧童的山歌声中，耕夫的吆喝声中，杂货铺的算盘声中，还有那《水龙吟》《浪淘沙》等乐曲声中悠悠前进着，虽然节奏是那么的缓慢。"

研究明代各民族诗学和汉学对少数民族上层影响的宝贵资料。尽管木氏土司对汉文化的接受采取的是独家垄断的政策，但他们广交中原名士，从内地引进文学、医学、教育、建筑、开矿、工艺制作等方面的汉族人才，引进汉文典籍，家族成员又努力学习汉文化，其中一些人成为著名的汉文诗人，中原的各种文化因此逐渐向纳西族社会渗透。

在清代，丽江纳西族的汉学教育得到长足发展，素以勤勉朴实和有进取精神著称的纳西人以极大的热情努力学习汉文化，很快在城乡形成浓郁的学习风气，出现了一大批能诗善文，熟悉汉文化的知识分子。据光绪《丽江府志》记载，自1723年的“改土归流”到清末共180余年间，丽江纳西族中产生了翰林2人、进士7人、举人60多人（其中有武举数人），还有副榜10多人、优贡3人、拔贡20多人、其他贡生110多人。近代以来，仅民国初年到中华人民共和国成立之前，丽江纳西族曾在北大、燕京、清华、中山等大学就读，或赴日、法、美、苏等国留学的就有几百人。据1985年的统计，纳西族的大专生比例为0.6%，中小学生比例为17.14%，领先于云南省汉族和其他24个世居少数民族；是云南省文盲率最低的一个民族。今日丽江古城中那种诗书传家、琴瑟和鸣的氛围，很大程度上得益于纳西族对汉文化的吸收。

云南大学图书馆所藏木增的重要著作《云薖淡墨》里页（图/杨福泉）

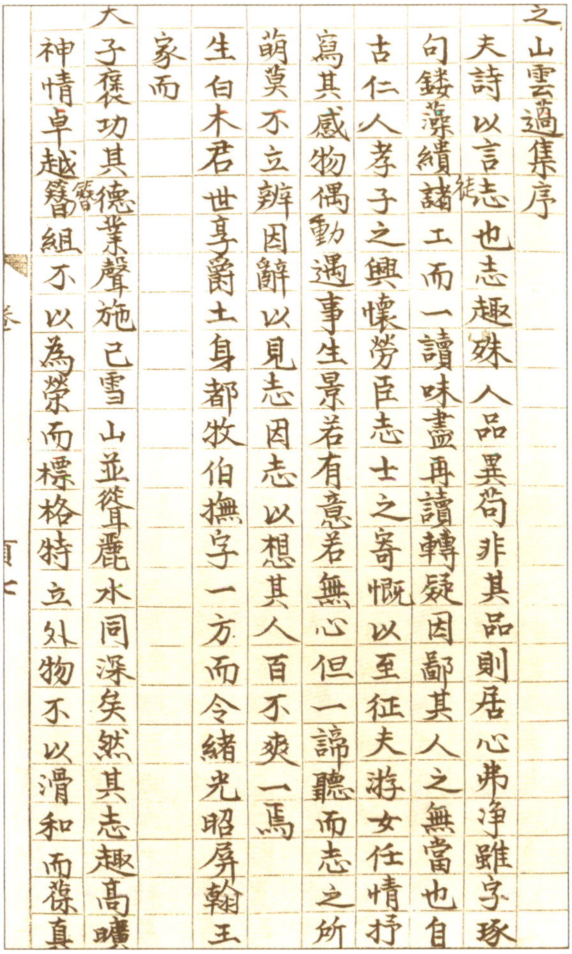
之山雲薖集序
夫詩以言志也志趣殊人品異茍非其品則居心弗淨雖字琢
句鍊藻繢諸工而一讀味盡再讀轉疑因鄙其人之無當也自
古仁人孝子之興懷勞臣志士之寄慨以至征夫游女任情抒
寫其感物偶動遇事生景若有意若無心但一諦聽而志之所
萌莫不立辨因辭以見志因志以想其人百不爽一焉
生白木君世享爵土身都牧伯撫字一方而令緒光昭屏翰王
家而
大子褒功其德業聲施已雪山並聳麗水同深矣然其志趣高曠
神情卓越簪組不以為榮而標格特立外物不以滑和而葆真

丽江纳西族聚居地几乎每村都有一座汉传佛教寺庙

木氏土司还广泛吸收汉传佛教、道教文化，汉族的宗教文化在纳西族民间的影响逐渐扩展开来。汉传佛教在明代初年传入丽江纳西族地区。木氏土司是虔诚的佛教信徒，他们除了在纳西族和康巴藏区弘扬藏传佛教外，也信奉汉传佛教。《明末滇南纪略》中称：“丽江土官自明朝开国以来，唯以一檄而定，素不知兵。俗多好佛，常以金银铸佛，大者丈余，次者八九尺，再次者二三尺不等，如是罗列供养。”吴大勋《滇南闻见录》中说：木氏土司“崇奉佛教，所在营建寺庙，极其华丽，有藏经楼，贮藏经全部，经文皆楷书……”

明代纳西族土司特别是木增极力赞助汉传佛教，广泛与和尚交游，他曾捐资刊印佛典《华严忏法》42卷。木氏土司在明代盖了庞大的汉传佛教寺庙群，其中最著名的有福国寺、法云阁、琉璃殿、大定阁等。福国寺曾被徐霞客誉为“丽江之首刹”。此寺原是佛教禅林，旧名解脱林，后明熹宗赐名福国寺。云南的鸡足山是西南著名的佛教圣地，木增捐巨资在山上盖了规模最大的寺庙——悉檀寺，并置田产，又于华严寺建藏经阁。明熹

文峰寺后山的"藏钥匙处"。据说那神圣的开启鸡足山"佛门"的钥匙就是藏在这山岩中间的一块石头里。藏钥匙的圣者是相传为释迦牟尼十大弟子之一的古印度摩揭陀国人迦叶尊者，又称摩诃迦叶尊者（图/杨福泉 2006年）

建于明万历二十九年（1601）的解脱林（福国寺）正门，图中可见它的木构架和彩绘。这座明代建筑原是城郊芝山"福国寺"的主体建筑之一，1978年从芝山上拆迁到黑龙潭（图/杨福泉 2005年）

宗根据木增的要求，赐佛经藏于鸡足山，并赐名该寺为"祝国悉檀寺"。木增还专门请徐霞客修《鸡足山志》。

在清代，汉传佛教在丽江地区得到进一步的发展，又增建了60多座大小寺庙，分布在城乡各地。到20世纪50年代前，丽江县（今丽江市玉龙县和古城区）属的比较大的村寨几乎都有一座或几座寺庙，寺庙中的和尚也多是纳西人，他们中的一些还兼私塾先生，传播汉文化。丽江纳西族到鸡足山等省内外佛寺当和尚者不少，清代以来，还出现过妙明、正修、谛闻等省内外知名的高僧。

古往今来，各种宗教和教派之间的纷争是异常惨烈的，很多地方的宗教发展史上充满了刀光剑影，血雨腥风。相比之下，这横断山脉中纳西人的家乡却是各种宗教和平共处的一方乐土，一块祥光缭绕的祥和宽容的福地。

文化的交流从来就不是单向的，汉藏文化固然深刻地影响了纳西族文化，反之，纳西族文化又何尝没有深刻影响过汉藏文化呢？在云南土著不断地被汉族同化的明清两代，"纳西古王国"却相反地以一种神秘的力量同化着无数来到这里的汉族移民，将他们改造成了地地道道的纳西人。在中华民族、中华文明的形成和发展史上，不仅"少数民族离不开汉族，汉族离不开少数民族"，同样重要的一点是少数民族也离不开少数民族。假如纳西族和藏族在历史上没有那么多的频繁交流，就难以形成融汇纳藏宗教文化于一体的东巴文化，难以促成滇西北藏传佛教的发展和"茶马古道"的商贸繁荣，难以形成如今滇川两族聚居地互补互动的多元文化。由此推而广之，正是许许多多类似纳西族、藏族、汉族这样的文化融合，才构成了中华民族文明史、中华民族关系史的宏伟画卷。

道教也传到了纳西古王国

道教最迟在明代中叶传到丽江。据史书记载，明中叶，有全真派道士云游至丽江，正一派道士亦由木氏土司从江浙延请到丽江居住。今居大研镇的道士后裔张之蛟家谱记载，其先祖由浙江嘉兴府迁来，至张之蛟已定居丽江18代，谱中载有历代祖先姓名和道号。

丽江古城的文昌宫（图/杨福泉 2007年）

木氏土司于明代在丽江修了吴烈山神庙、束河九顶龙王庙、大觉宫、七河大玉初神庙等宫观，还在鹤庆捐建太元宫。据《木氏宦谱》记载：土司木增，道号雪山道人，曾前赴武当山太和宫，迎请真武圣像，至丽江安放于崖脚大院。

木府三清殿，是木氏土司儒、释、道兼收并蓄的见证（图/郑良发）

木氏土司又从内地请来道士张觉义到丽江传播道教，至今，张氏在丽江已经定居21代，住光义街、七一街、五一街等处。仅光义街6家大户繁衍至今，已有50户左右。其后，木氏土司又请潘氏定居丽江传播道教，据唐有为《丽江姓氏考》记载，潘氏“原籍南京当涂县人，一世祖昭信校尉潘公旺陶氏务道教，移居鹤庆后到丽江。第十一代潘朝海李氏为迁居丽江始祖，务道教，法事高强，外号赤贞子，因受木土司重用而迁居丽江”。

清代丽江“改土归流”后，道教得到进一步的发展，除了明代所建的道教庙宇外，又在各地增建了不少道观，文昌宫和村寨庙堂与日俱增。据光绪《丽江府志稿》记载，清代丽江“佛寺颇多，道观次之”。

纳西文化影响汉族移民

据历史学家的研究，在明代以前，云南人口以少数民族占大多数，明朝实行军屯制度，大量的汉族士兵携带家属来到云南，于是，很多少数民族逐渐被汉族同化，汉族人口慢慢超过了少数民族人口。

在云南土著不断地被汉族同化的明清两代，丽江的"纳西古王国"却相反地在以它一种神秘的力量同化着无数来到这里的汉族移民。据调查，丽江古城及近郊在20世纪50年代之前有138个姓，50年代后新增的姓有89个。如张、王、李、赵、杨、孙、钱、江、蒋、桑、姚、吕、曹、曾、黄、易、赖、苏、姚、阙、邱、宣、吴、杜、傅这些常见和不常见的姓氏，在丽江古城都可以找到，如今，这些外来户早就无一例外地讲着纳西语，娶纳西妇或嫁纳西汉，穿纳西服，成为地地道道的纳西人。

丽江古城最终成为一个将汉族传统文化和少数民族文化水乳交融为一体的地方，相当多的古城居民身上涌流着纳汉两族的血液。自明代以来，一批又一批定居古城的汉族移民陆续接受了纳西人的语言、服饰以及生活习俗而最终成为纳西人，与此同

时，他们带来的种种汉文化也融进了纳西古国的灵魂和肌体中。在历史的进程中，有不少藏、白等民族的民众也定居于这雍容大度的古城，与纳西人通婚，最后成为纳西人。多民族多元文化的和谐共存互补，使这座古城不断焕发出勃勃的生机与活力。

汉族移民学会纳西语

明清时期移居丽江的汉族居民把汉文化带进丽江，同时也学习纳西语。他们生活在纳西族社会，必须尽快学会当地语言，这一点很容易理解。但除此之外还有几个关键因素，如纳西族民间最大的节日，同时也是东巴教最大的仪式"祭天"的最基本原则是参与者必须讲纳西语，严禁讲外民族语言。丽江古城如"斯吉""母空"等村落中的很多汉族移民在明清时接受了纳西族的祭天习俗，这样，他们首先就得尽快地在语言上同化于纳西人。直至20世纪二三十年代移居到丽江古城的汉族人，在语言上都一无例外地同化于纳西人。至今，可以在丽江古城发现不少有趣的事例，即20世纪三四十年代来到丽江古城的部分汉族移民，他们能听懂纳西语，但不会说或说得不好，他们的子女对父母讲汉语，而相互之间则只讲纳西语。直到20世纪90年代，超过60%的古城居民是纳西族，母语是纳西语，但实际上他们中的大多数是在明清甚至民国时期融合于纳西族的汉族移民的后裔。

纳西语对丽江古城汉族移民的影响，至今仍然可以看得出来。从20世纪50年代以后移居丽江古城的汉族居民大多数已经只讲汉语，但在他们所讲的汉语方言中，有一个相当有趣的现象，即他们的汉语中借用了一些有丰富含义的纳西语语尾助词，以加强语言的表现意义。如他们说"是不是?"，云南汉语方言是说"格是?"，但丽江汉人则多喜欢说"格是少?"或"格是勒?"。"少"(sal)和"勒"(lei)是纳西语中的语尾助词，有不同的加强语气之含义。用了"少"(sal)一词，问句中有了表示惊疑、惊奇的色彩；用了"勒"(lei)，问句中就有了特别希望被问的人来证实之含义。

明代以来，一批又一批汉族移民在这座宁静的边陲小城定居下来，并逐渐接受了纳西人的语言和生活习俗（图/郑良发）

不缠脚，自由走山野

纳西族妇女在社会生产生活中扮演着十分重要的角色，因此，她们从不缠足。这种"天足"的习俗也影响了古城的汉族移民，除了极个别官家和大户人家的女眷外，绝大多数的古城汉族移民女子都不缠足。久而久之，她们被同化为纳西族，成了滇川藏地区以吃苦耐劳闻名遐迩的"纳西古王国"女子中的一员，形成了与汉族社会妇女截然不同的一个女性群体。20世纪30年代初在丽江调研的王图瑞先生记曰："丽江风俗的特色，就是妇女都能够谋经济的独立，妇女界中向来没有缠足陋俗。所以，体力强壮，能忍苦耐劳，一家的家事盛衰成败，与妇人有密切的关系……妇女界因为经商的结果，公然也有拥资滇币五六万元者，真是国内妇女界中所难得见着的事。"王先生并慨叹曰："我常说丽江妇女，倘再能受得着一个新时代教育的机会，那可要成为世界上新妇女的楷模咧。"

撰稿专家

杨福泉，云南省社会科学院二级研究员，云南大学博士生导师。

每晚都在古城演出的洞经音乐，演奏者很多都是耄耋老人了(图/引自杨福泉《灵境丽江》)

第7章

雪岳古国的天籁

音乐和舞蹈

本章主撰稿人：云南省社会科学院二级研究员　云南大学博士生导师　杨福泉

纳西民族民间音乐搜集研究者　杨曾烈

纳西人好乐舞，古代关于纳西人喜好歌舞的各种记载史不绝书。乐舞是他们劳作、信仰和爱情的一部分，是他们心灵的一种依托，即使面对人生的苦难悲伤，也歌之咏之。

纳西族的歌舞艺术贯穿在纳西人几乎所有的生产生活中，犁田、栽秧、赶马、婚丧嫁娶等，都有相应的歌舞。比如婚恋，纳西人是弦歌为媒，结情缘的钥匙便是歌调与口弦等，过去，如没有歌舞弹唱的薄技在身，相中了意中人也很难得到对方青睐。很多纳西人在干活时曲不离口，几乎所有的农事生产都与歌相伴，因此民间有丰富多彩的歌调。歌舞伴随着纳西人的一生，深入到他们的心与灵魂深处。曾经，纳西情侣的殉情始终以弦歌相伴，以歌调约会，以乐曲倾诉衷情。在生命的最后时光，慨然面向雪山大江，长歌曼舞。

喜好乐舞的纳西人，既创造、传承了本民族历史上非常优秀的乐舞文化，如"热美蹉""白沙细乐"等，也引进、保留了汉族优秀的音乐文化，如"丽江洞经音乐"等。

山月清风，人生如歌，弦歌如诗；一片天籁，一缕纯情，来自那雪岳古国的高山大河与小桥流水，来自纳西人的心灵深处。

中国音乐的活化石

忽必烈送给纳西土司的乐队和乐曲

白沙细乐是流传在云南丽江纳西族中的一部风俗性器乐歌舞套曲，距今已经有数百年的历史。这是一部以纳西族音乐为主体，兼容并蓄了蒙、汉等民族音乐元素的古典套曲，原中国音乐家协会主席吕骥曾经称它为“中国音乐的活化石”，目前它已经被列入国家级非物质文化遗产保护名录。

元世祖忽必烈画像（图/内蒙古博物院）

忽必烈馈赠的“别时谢礼”

纳西语称白沙细乐为“篾石细哩”，“篾石”系白沙地区的古称，“细哩”为丝竹乐器所发音响的状声词，意为细乐，全称译为“白沙细乐”。白沙细乐的产生、发展、流变经历了一个漫长而复杂的过程，关于它的来源，至今众说纷纭。

纳西民间传说，宋理宗宝祐元年（1253）忽必烈南征大理，丽江土酋麦良（阿琮阿良）闻风归附，亲往金沙江边的剌宝渡口迎接，并派地方土兵随征大理，博得忽必烈的欢心，被授予“茶罕章管民官”之职。当忽必烈将要离开丽江与阿良分别时，命乐队奏乐惜别，并将乐队及乐器（亦说乐队及乐器的一半）赠送给阿良，作为临别答谢之礼。这一传说在纳西族文化阶层和民间获得比较普遍的认同，纳西文化人根据这一传说，将“篾石细哩”谐音译为“别时谢礼”。这一传说也见诸清乾隆八年（1743）成书的《丽江府志略》“风俗卷”中。《白沙细乐》的传人、纳西族著名民间歌手、现代白沙细乐的主要传谱者和锡典（1906—1989）曾撰文说，白沙细乐第一乐章名《一封书》，

玉龙县白沙乡“白沙细乐”乐队在演奏。图中可见琵琶、十面云锣等乐器（图/杨福泉 1999年）

是忽必烈表达离别谢意的乐曲，当木氏土司兴盛时，每遇丧事，就叫忽必烈赠送的这个家庭乐队演奏这套乐曲。后来木氏土司衰落了，家中养不起这班乐工，乐工们就分散到了民间，有的到七河，有的到白沙，因此《别时谢礼》逐渐地有了“白沙细乐”之名。有的乐工流落到今丽江市古城区的祥云村，和锡典的祖先就是从流落到祥云的乐工那里学到了《别时谢礼》。

演奏白沙细乐使用的乐器中有两件重要的色彩乐器：四弦弹拨乐器苏古笃（火不思）和双簧吹管乐器波伯（汉语称芦管，即隋唐时期的单管小篥）。音乐史家何昌林教授认为：“公元1253年忽必烈在丽江白沙宫将

丽江洞经音乐传人和毅庵在演奏“苏古笃”（图/杨福泉 1992年）

‘细乐’（后称‘白沙细乐’）的乐器与乐师赠给土司阿琮阿良一事虽出于民间传说，正史并未记载，但丽江今存南宋末年所制的火不思（苏古笃）三架及留传着一种特殊乐器毛笔形‘细管’（波伯），却证明这种传说是真实可信的，因为除了丽江外，云南别的地方没有火不思这种乐器。”很有可能，白沙细乐是以纳西音乐为主体，融合了蒙古音乐和汉族音乐元素的乐种。

忧伤哀怨的安魂曲

相传白沙细乐原有12个乐章（亦说10个）。1962年经联合调查组挖掘、抢救、整理，保留下来7个乐章：1.《笃》（序曲，笛子独奏）；2.《一封书》（合奏）；3.《跺蹉》（跺脚跳，笛子独奏）；4.《三思吉》（血染的河，合奏加唱）；5.《幕咪晤》（哭天女，笛子独奏）；6.《啊哩哩格吉洎儿》（美丽的白云，合奏加唱）；7.《暮布》（挽歌，清唱）。志书中记载及民间口传的《叨叨令》《寄生草》《荔枝花》《南北曲》等乐章已失传。

据和锡典先生介绍，在木氏土司统治丽江的明清

蒙古古乐器苏古笃

苏古笃又称色古笃，汉语称为火不思、胡拨、琥珀，纳西族弹弦乐器。纳西语中的“苏古笃”一词据学者考证是粟特语(Soghd)一词的异写。粟特原本是指中亚地区泽拉夫善河流域的地名，古代称之为粟特地区。生活在这里的民族部落，久而久之便被他族称之为粟特人，蒙古民族经济上文化上(包括某些语言词汇)受到粟特人很深的影响。这种乐器在《元史》《新元史》中均有记载。1253年，忽必烈感念麦良鼎力相助之情谊，临别时以一个蒙古宫廷乐队(一说半支宫廷乐队)相赠，而苏古笃就是其中的重要乐器之一。

据白沙细乐传人和锡典讲，忽必烈当时带来的苏古笃共有三把，中华人民共和国成立后这三件乐器仍然存在。据蒙古族音乐家的研究，苏古笃乐器在蒙古族地区已失传，而在丽江得以幸存，成为纳西古乐的重要乐器。

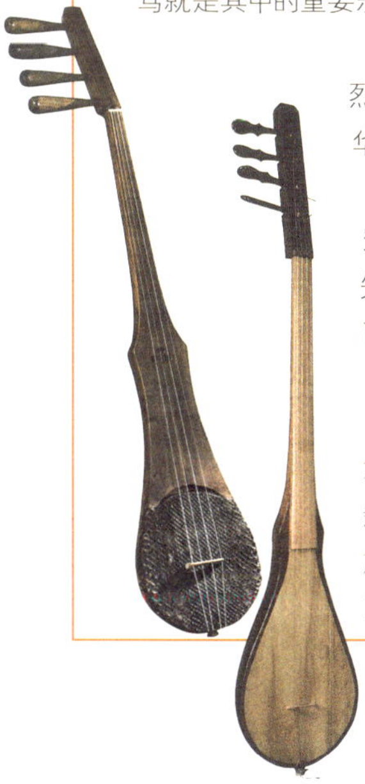

(右)民族文化宫所藏蒙古族乐器火不思，系上世纪80年代根据史料记载复制，木质，长104厘米；(左)纳西族古乐器苏古笃，长106厘米，音箱宽19.5厘米

丽江县黄山乡长水村（今属玉龙县黄山镇）“白沙细乐”的传人和茂根在演奏“白沙细乐”（图/杨福泉 1999年）

之际，白沙细乐曾是土司府的礼仪、祭祀音乐。“改土归流”后，木氏土司的统治逐渐衰败，乐工流散民间。至晚清、民国年间，白沙细乐作为丧礼、祭祀音乐流传于民间，被普遍用于丧事中，是一种安魂性质的风俗性音乐。

其实，从源头来看，我们就可以理解白沙细乐这种作为祭祀、丧葬音乐的特性几乎是命定的。尽管白沙细乐的来源传说各异，可其中却有一个共同点，即都与人的生离死别有关：“元人遗音说”——忽必烈与纳西土酋分别时奏的音乐（生离）；“创自民间说”——超度、祭送战争中阵亡将士灵魂的音乐（死别）。因此，虽然白沙细乐在长期流传过程中发生过诸多变化，但它“缠绵悱恻，哀伤动人”的音乐情调始终没有变。笔者多次听过20世纪60年代时录制的多种白沙细乐曲目以及大研古乐队和长水古乐队演奏的一些白沙细乐曲目，深深感到这套纳西古曲有一种如寒山孤笛、雪原夜雨般的情调，展现了一种如白雪清风、冷月秋露般的美学意境。那与纳西族历史上“白沙古战场”“龙女树”“黑水白水送魂”等悠悠古事联系在一起的乐章，都使人闻之而心灵震颤。笔者在多年的田野调查中得知，过去听白沙细乐而恸哭悲泣的纳西人是相当多的，就是因为这一套组曲有如此巨大的悲剧魅力，因此它才被作为“安魂曲”来抚慰受生老病死之苦折磨的红尘中人。

自20世纪40年代以来，很多音乐史家对白沙细乐这套组曲进行了研究，认为它是我国屈指可数的几部古典管弦乐之一，除历史悠久之外，其珍贵之处还在于它是丝竹合奏，分章节（尚存8首歌、舞、乐结合而成的套曲），其旋律与和声的独特是全国所仅见的。

白沙细乐的曲调大多为羽调式，包括五声性的七声音阶、六声音阶，个别部分运用五声音阶，如《三思吉》。白沙细乐中也有节奏缓慢，风格柔婉，旋律清新流利的曲调，如著名的《一封书》即是。在元曲和汉族其他民间音乐中亦有《一封书》的同名曲牌，白沙细乐中的《一封书》极有可能是“元人遗音”。从音乐形态上看，它那轻柔婉丽的曲趣与昆曲中的南曲一脉相承；另一方面，曲调中频繁出现的re–do–la和la–sol–mi等旋法特征，又隐约透漏出几分北方草原音乐的风格。白沙细乐的曲式结构灵活多变，不拘一格。它既可以将7个部分进行连续演奏成为一部完整的大型套曲，又可以将各部分单独运用，独立出现。在音乐上，各部分之间有一种内在的有机联系，这是因为《笃》《一封书》这两首重要乐曲中的部分素材，经过多种发展变化后反复运用于各部分之中的缘故。

扫描二维码欣赏
白沙细乐序曲《笃》

白沙细乐讲述一个凄美传说

关于白沙细乐的来源还有源自中原来滇移民和纳西族自创等诸种说法。其中“纳西族本土音乐”这一说法还关联着一个纳西王室的悲剧故事，这个故事，是我在丽江玉龙县白沙乡玉湖村进行田野调查中了解到的：

纳西王在丽江修建有12座行宫，纳西语称之为“单歹陈尼歹”，直译意为“12块（王者）宅基地”。玉湖的宫殿是纳西王避暑的夏宫，里面曾设“玉龙书院”。玉湖，埋葬着纳西王室一个凄惨哀怨的悲情故事。不知是哪朝哪代的纳西王，他的一个公主远嫁外邦“伯”部落王子，王子图谋夺取岳父丰饶的领地，而爱夫笃深、爱情至上的公主则依随了丈夫，没有将此计划泄露给父王。但木土司派去的特使察觉“伯”人的计划，派灵犬回来报信。纳西王便叫百姓大年初三就提前祭天，动员丽江、鹤庆二郡的工匠打造大量铁钉，在敌人必经的路上布下铁钉阵，又将大量铁锅底部打破反扣埋于路上，然后伏重兵于玉龙雪山山麓黑白水峡谷及白沙。来攻打丽江的“伯”部落兵马遭到伏击，马蹄陷进铁锅内，人踩上铁钉，一时人仰马翻，全军覆没于此，王子阵亡。白沙从此在纳西语中称为“伯使”，意即“伯人死亡之地”。

木家公主随军而来，被俘获，其父将她囚禁于玉湖湖心亭中，每日给她炒肉干饭，唯独不给水，欲使其渴死以报助夫反父之仇。但公主于夜深时在亭中垂长辫于湖汲水止渴，多日过去，公主花容不改。后隐情暴露，纳西王令人剃去其发，公主不几日便惨然渴死于湖心亭，死后亭中长出一棵当地人称为“虑朱”的大树，万千

白沙细乐传人和锡典（左三）和丽江县黄山乡长水村（今属玉龙县黄山镇）的白沙细乐乐队在演奏（图/和志武 20世纪70年代）

玉湖村曾经的纳西王夏宫所在地，如今只留下一片稀疏的古柏林，那段哀伤的旋律，也随着玉湖慢慢消失了(图/杨福泉 1993年)

枝叶皆垂向水面，使人宛然如见公主生前渴急欲得水时的哀戚之状。相传每当风清月白或雨雪霏霏之夜，在湖畔会隐隐听到公主的幽泣声。此树于20世纪60年代中颓然枯死。

这个著名的故事有不同的文本，有的说是纳西王想吞并“伯”人部落女婿的领土，被爱夫笃深的公主探知，便将信藏于爱犬脖铃下，叫它飞速回去，将父王的阴谋告知了夫君。“伯”人部落王子想先下手为强，集中兵马攻打纳西王之地，但结果战败，全军覆没于玉龙雪山“干板”（即干海子）至白沙一带，王子战死在雪山麓，公主则死在这倒映皑皑白雪的玉湖亭子中。为超度战争中阵亡的双方将士及纪念情深意笃的公主与王子，纳西人创作了独具特色的哀乐“伯石细哩”。“伯”为普米族，“石”为死，“细哩”为音乐。意为“伯”人战死地之音乐。其战场所在之地亦称“伯石”，今称“白沙”。有的学者更认为白沙细乐今存的8个乐章，每个乐章都有与上述纳西公主的悲剧故事相对应的情节。譬如《一封书》描写公主给王子写信时的焦急心情；《踩蹉》表现公主囚禁于湖心小岛上，脚被尖利的瓷片、瓦砾刺得血流如注的惨境；《三思吉》描写战争中鲜血染红三条河水的惨状；《暮咪唔》表现纳西人痛悼公主之心情；《啊哩哩格吉泊儿》是超度阵亡将士的安魂、送魂曲等等。

高深古雅的丽江洞经音乐

丝竹檀板声中穿越历史的时空

如今闻名遐迩的大研古乐团曾经走过寂寞和艰难的路。这是在1992年当该乐团还在一个纳西庭院的小屋子中演奏时所拍的一张照片，乐坛怪杰宣科先生正向听众介绍一件古老的乐器（图/杨福泉 1992年）

丽江洞经音乐如今已然成为了丽江甚或纳西族的一张文化名片，它甚至被中外乐界学者誉为“国之瑰宝”。洞经音乐，因它主要用于演奏道教经典《玉清无极总真文昌大洞仙经》（简称洞经）而得名。在云南，此乐种在众多州县传播，但流派纷呈，风韵各异，唯丽江洞经音乐最为高深古雅。所以，今人每每又在洞经音乐之前冠以“丽江”二字。略早于洞经音乐的本还有“皇经音乐”，同样，那是用于演奏皇经（全称为《洞玄灵宝高上玉皇本行集经》）的，可惜今已不传，只留洞经音乐独领风骚。

源自中原汉族的雅音

与白沙细乐的来源众说纷纭不同，对于洞经音乐的起源，比较一致的观点认为它原非纳西族所创，其源头是中原汉族儒释道合流的宗教性文人科仪音乐。至于这一音乐什么时候从汉族地区传入丽江等纳西族聚居区，虽然在确切的时间上仍然有分歧，但学者们大体比较倾向于明清之际。丽江洞经古乐于明代嘉靖年间（1522—1566）由开明宏达的丽江木氏土司从北京引进，至今已有四百多年。而出生于1907年的丽江大研古乐会洞经音乐传人和毅庵先生也曾说过，洞经音乐原为宫廷音乐。明嘉靖九年（1530）冬至节，嘉靖皇帝在北京天坛祭天，演奏道教洞经音乐。丽江木氏土司木公闻讯后，派遣专人到京城学习洞经音乐，并请来部分乐师教习。从此洞经音乐便得以在边陲丽江流传，并延续至今。

洞经音乐传入丽江后，当地出现了谈演洞经的组织，称“洞经会”，俗称“谈经班”，亦称“丽江音乐会”。洞经会崇奉的是道教“文昌司禄宏仁帝君”，即“文昌梓潼帝君”，民间传说此神主管人间功名利禄，故历来多为知识分子所信仰，洞经会成员因此大多是知识分子，这也是此类经会组织所奏音乐主要为丝竹乐类型的雅集式音乐的社会根源。加入洞经会的成员多为有功名的官绅文人，故有的地方亦称“文人会”。

“洞经会”的成员大都来自丽江的上层社会，他们极为推崇这一来自中原地区的雅音，反将白沙细乐视为在野的粗俗音乐，而加以鄙视、排挤，以致到民国后

1965年时表演丽江洞经音乐的纳西老乐手们（图/云南省社会科学院图书馆）

期，民间已无完整的白沙细乐乐队，仅散存着和锡典、李玉龙、李云庆、和崇尚（均已故）等极少数老艺人，白沙细乐濒于消亡。

虽然洞经音乐在相当长的时期内曾为丽江的士绅阶层所垄断，但酷爱音乐的纳西人最终冲决了这些陈腐的社会观念和规章条律束缚，无数遍及乡村城镇的古乐队自发地产生，使原本为上流士绅所垄断的洞经音乐这一阳春白雪走进民间，融入大众。最盛时，每个较大的村落就有一个古乐队。

遗存着唐宋音乐的基因

经过长期调查研究，我认为丽江洞经音乐的主体可分为“调音曲”“经腔”“细乐曲牌”“杂曲”“打击乐曲牌”等几大类。

“调音曲”指谈经之前，各管弦乐器要按“应律乐器”竹笛的音高调弦。先由竹笛吹奏“调音曲”，其余管弦乐器按各自定弦调音。基本调准后，各自奏一段固定的调音曲，在旋律进行中审定音高是否准确，各种乐器是否谐和。

丽江县黄山乡白华村（今属玉龙县黄山镇）的民间乐队在农家院落里演奏，图中可见乐手所用的十面云锣、四弦曲项琵琶、笛子等（图/杨福泉 1992年）

春节，宣科与丽江大研纳西古乐队在户外演奏（图/杨福泉 2008年）

何昌林教授说："丽江洞经乐队在开始演奏前调音时特设一种'调音曲'的做法实为全国民族器乐乐种所绝无仅有者，但这却是唐代音乐的遗风。在唐代，无论是'独弹'或'大合乐'，都是有'调音曲'的……丽江洞经乐队特设'调音曲'绝非后人的独创之举，应是唐存乐工积习的自然传承。"

与唐宋以来词曲和南北曲、明清细乐曲牌小令等有着某种先天的血缘关系是丽江洞经古乐的一个显著特征。丽江洞经古乐的细乐曲牌有不少与唐宋词和南北曲相同的曲目名称。如见于唐宋词的有《水龙吟》，见于南北曲的有《柳摇金》《一江风》《山坡羊》，既见于唐宋词，也见于南北曲的有《浪淘沙》《万年欢》等。

丽江洞经音乐在演奏乐器的使用上，也是古风盎然。有很多件乐器是使用了百年以上的文物，有的是在中原早已失传的乐器品种：四弦弹拨乐器"苏古笃"（汉语称胡拨、火不思），唐代型制的四弦曲项琵琶、双簧竹管乐器"波伯"（隋唐时期的单管小篥），弓弦乐器奚琴，敲击乐器十面云锣，打击乐器云磬等。由于它们的幸存，丽江洞经音乐才从听觉、视觉两方面谐调地显现出古朴典雅的风范，而中外听众也就将大研古乐会誉为"演奏文物的乐队"。

纳、汉音乐文化交融的结晶

洞经音乐传入丽江后，由于演奏者均为纳西乐工，便自然而然地融入了纳西人的思想情感及纳西族民间音乐的风韵，成为融汉族音乐旋律与纳西音乐风格为一体的特殊流派。洞经音乐的纳西民间音乐风韵突出体现在糅进了纳西族民间音乐中"下回式大幅度慢波音"的风格特色，这种特色在竹笛、波伯、二簧的演奏中最为突出，形成了独特风格。正由于此，洞经音乐才被越

竹笛尤能表现纳西民间音乐“下回式大幅度慢波音”的风格特色（图/视觉中国）

来越多的纳西人接受，也才赢得中外专家、学者、听众的青睐。

四川大学从事音乐学教学和研究的杨曦帆先生更进一步阐释：“纳西人对外来音乐艺术不是简单的照搬，而是带着本民族精神的一种巧妙的主动融合，从而将传入丽江的洞经音乐演变为一种吸收外来文化上乘思想的再创造的艺术化融合，是一种融入了纳西族音乐风格的‘纳西化的汉族道教音乐’……形成了自己特有的‘缠绵悱恻，哀伤动人’之音乐风韵。这种风韵在音乐演奏中最明显的例子就是它那略带鼻音的‘哭腔’在音乐上表现为一个下旋式波音，这在纳西族乐器芦管中表现最为显著。而这种风韵正是纳西族所特有的，它婉转、伤感、略显悲哀。这种‘积淀’于纳西族情感而言是注入于其民族血肉之中的。也正是这种风韵塑造着纳西族的个性，使其艺术风格独具魅力……也就是说，整个丽江洞经音乐的显著标志，就是其独有的民族音乐风韵。当把纳西族这种特有之风韵融入以‘阴柔清韵’为其音乐韵味的道教传统音乐之中时，整个古乐的风格显得更加空灵、古雅，而有别于其他地区的道教音乐。”

可以说，丽江洞经古乐是汉族、纳西族音乐文化相互渗透、交融的结晶，是华夏传统音乐的珍贵遗产。

雅音播于四海的“大研古乐会”

风靡海内外，已应邀赴英国、德国、法国、美国、意大利、挪威、瑞士、日本等20多个国家和香港、台湾等地区演出的“大研古乐会”，是一个由教师、学生、工匠、农夫、职员、屠户等组成的民间乐队，成员大多数是年逾古稀的老人，因此又有“纳西寿星乐团”的美誉。这是一个被誉为集“稀世三宝”，即古老的乐曲、古老的乐器和高寿的老人于一身的民间音乐团体，他们用心与灵魂奏出的雪域清音，天籁之声，倾倒红尘世人无数。

我曾多次与国内外友人在那古色古香的纳西四合院中聆听“大研古乐队”的演奏，那些纳西老者长髯飘逸，面如古铜，脸上的皱纹中刻满了岁月的风霜雨雪，他们奏起那超凡脱俗的古乐，面容宁静，神态安详，深邃而幽远的眼神，仿佛在引导你进入另一个清音缭绕的精神世界。在那一阵阵仿佛如天上飘来的典雅音乐中，一派祥和空明的气氛，笼罩了古老的纳西四合院，使每一个置身其中的聆听者都沉浸在一种飘然世外的意境中。我多次见到听者微闭双眼，脸上任清泪长流的动人场面。

图为大研古乐队的一个老乐手，他过去是“茶马古道”上的一个“马锅头”（马帮领队）（图/杨福泉 1998年）

扫描二维码欣赏
丽江洞经音乐《一江风》

纳西歌舞的乳汁——热美蹉

随性而忧伤的歌舞

2008年被列入第二批国家级非物质文化遗产名录的“热美磋”是纳西族历史上产生得比较早的一种歌舞，它也记载在东巴的口诵经中。这种古老的歌舞形式曾经被用在纳西族的丧葬仪式上，如今主要流传在丽江市古城区大东乡和玉龙县宝山乡、鸣音乡、大具乡一带的纳西族中，是纳西族民间歌舞中最具代表性的一种。

原始舞蹈的活标本

在最早的东巴舞谱《蹉模》中，记载有“热美蹉”。相传“热美”是一种精灵，亦雌亦雄。“蹉”意为跳。对于这一舞蹈的起源，东巴口诵经《热美蹉》中说：在纳西祖先梅生都狄都塔之世，人们射杀了白鹿，白鹿腐烂的尸首中生出了蛆，从这蛆中生出白卵，白卵中生出了“热美”这种会飞的精灵。当时人们尚未学会处理尸体，因此，“热美”便来吸食死者的血和肉。人们在惊慌失措中，群起跳跃吼叫，继而用火烧它们，但这些飞魔反而在烈火中炼成了一种精灵“热美鬼”。人们最初驱赶它们的跳跃吼叫逐渐演化成了“热美蹉”舞蹈，这种最初为护尸舞性质的舞蹈也慢慢演变为丧葬仪式上驱邪祈福的民间歌舞形式。也有观点认为“热美蹉”是纳西先民狩猎时为追赶猎物，集体唱响的撵山调，为惊吓猎物而跳起的原始舞蹈，后来演变为丧葬时的挽歌。两种观点都表明，这一独特的歌舞形式，当起源于纳西族的早期。

和春云和谭华在《从纳西族“热美蹉”看主体生命意识的产生》一文中说：“纳西族原始先民在泛生信仰的基础上形成了灵魂观念，从而产生了对尸体的敬畏……这种态度的改变，意味着原始的丧葬习俗及最初的‘热美蹉’也随之产生，并促使纳西族先民产生了企图改变事物或自身状态的模糊的与动植物等区别开来的主体生命意识的萌芽。”

“热美蹉”舞蹈之乡——丽江市古城区大东乡的民间老艺人在跳“热美蹉”舞蹈，右二是“热美蹉”著名传人张富国（图/杨福泉 2007年）

“热美蹉”基本的舞蹈方式是男女舞者各自成队，手牵手围成圆圈，按顺时针方向缓步环篝火而舞。由领舞者即兴作词，赞美死者一生的德行，宽慰死者的亲属。由一男子领唱，并伴有模仿公山羊叫声的“本冷冷”的女声伴唱。男女两方队按不同的要求应和，每唱跳完一段，一起高喊“世！世！世！”，以示驱赶。然后模仿斗羊的动作，腾越跳跃数次。

为什么要模仿公山羊的叫声和羊的打斗动作呢？纳西族在为死者献祭品时念诵的经文《猛厄绪》中写

纳西人歌舞场面(图/杨福泉 2008年)

道:“猛鬼要吃人肉、啃人骨……猛鬼的议论被窝英都奴命听见。窝英都奴命宰了一只公山羊,剥下山羊皮,披在身体上跑到猛鬼群里头,猛鬼吓得乱哄哄逃散了。”

显然,纳西族原始先民认为人可以通过模仿诸如公山羊这些动物或植物的行为、形状,使这些物体具有的神秘力量转移到人身上,从而去战胜邪恶的精灵。这种原因使得纳西族跳“热美蹉”时,模仿公羊的打斗动作、叫喊成为主要的活动内容。它表明纳西族原始先民已经从简单的万物有灵观念,发展到有意识地选择一些对纳西族先民有用的动植物当作自己崇拜的对象。因此,公羊成为了“热美蹉”活动中唯一的模仿对象。

宣科先生认为,现存大东乡的“热美蹉”的“音线条”,还远未进化到稳定的、理想的音乐形态。它的男声部还保存了念咒般的呼喊声,这是早期跳此舞者驱鬼时发自本能的呼喊声的遗存,这个变异甚少的舞蹈,堪称“活的音乐化石”。

舞步定格了流转的时光

总体而言,“热美蹉”排斥乐器的伴奏,歌唱的旋律不遵循音阶、音列的法则,男女模仿对唱、混唱,舞蹈动作质朴无华,处处显示出原始文化的遗风。

“热美蹉”的音乐部分用任何乐谱都无法记录,只有靠世代口传心授的方式传承。它的旋律均由以la为主音的三音列或四音列构成,节奏平稳,速度徐缓,曲调低沉压抑;它的舞姿剽悍遒劲、粗犷骁勇,歌声热情奔放、明朗豪爽,富有浓郁的放牧狩猎的生活气息。

从舞蹈动作来看,它的动作直观形象,如人们手挽手一句唱词一段舞步,或慢慢地走步或急速地跳跃或整齐地踏脚,有力的动作像是在唤醒大地,让鬼魂感受来自活人的招呼;沉重的步履配合唱词,则唱出在世人的不舍,亲朋好友的称颂和怀念。这样的动作,再衬以每段“窝热热”的呼吼,又似乎再现了千百年前纳西先民集体劳动、集体狩猎的苍苍古貌。

从舞蹈形式和节奏来看，“热美蹉”一般都是即兴的表演和唱词表达，没有规定的步伐和规则的节奏。基本步伐以5拍、7拍的居多，装饰性动作以3拍居多。这与“热美蹉”的唱词很有关系，因为东巴经中诗体文学都是以奇数写成。由此也说明热美蹉的舞蹈节奏，不是偶然形成，是与唱词、文体共同协调而成的。然而，从内在节奏看“热美蹉”，人们又不得不被这样悲伤而痛苦的艺术形式所打动。“热美蹉”的舞蹈动作没有大幅度的跳跃，也没有夸张的上肢动作，基本动作都集中在脚步，配合哭腔和唱词，悠长缓慢地诉说死者生前和身后事，形成了缓慢的节奏。

从动作的姿态造型来看，“热美蹉”保持自然体态，上身稍微前倾；下肢半蹲屈膝，有弹性；上身前后律动，双手甩压手；胯部没有明显动作，一般为主要重心点。这样一种对称、平衡的体态和动律，结合以圈舞的整体队形，一次又一次地重复，给人以柔和流畅、生生不息的审美感觉。圈舞是民间舞蹈的鼻祖，“热美蹉”这样的携手绕圈歌舞的场景，与青海大通县上孙家寨出土的新石器时期“舞蹈彩陶盆”上的舞蹈场面有很大的相同之处，呈现出原始舞蹈的独特造型，每每令观者有时光倒流回到了远古的错觉。

纳西族民间音乐的总体特点

纳西族民间音乐的总体特点主要可以归纳为：

1.在内容方面：有故事情节，带有宗教性。

2.使用方式：作为一种仪式音乐使用，带有一定风俗性，实用性。

3.伴奏乐器为本民族乐器与中原乐器并存。

4.表演形式为边歌边舞并有乐器伴奏。

5.传承方式为口传心授。

6.曲调来源为纳西民族本土文化与其他兄弟民族文化交流与融合的产物。

（文/张春亮）

歌舞一体，密不可分，“热美蹉”以直观的舞蹈动作，把节奏可视化，以或沉婉或激越的多声部民歌把情绪外显化，通过动作动律、队形构图展现纳西族原始宗教信仰，反映纳西人积极乐观的生活态度，淳朴自然的审美意志。随着纳西族社会的发展和宗教观念的改变，“热美蹉”现已从单一的丧祭歌舞发展成为“丧葬类”和“喜庆类”两种不同性质的歌舞了。

古老而独特的纳西族民间乐舞在今天是一份宝贵的文化遗产，可以聆听、欣赏这一份人类音乐文化的空谷足音，是我们莫大的荣幸。纳西族世外桃源般的生存环境，孕育并保护了这古老而又神奇的天籁。在许多古老文化都已消失的当下，如何不让天籁成为绝唱，则是我们必须回答的问题。

撰稿专家

杨福泉，云南省社会科学院二级研究员，云南大学博士生导师。

杨曾烈，中国音乐学会会员，中国少数民族音乐学会会员。多年来一直从事民族民间音乐的传承、弘扬和研究工作。2006年8月获云南省文联颁发的“从事文艺工作50周年以上文艺家”奖牌及纪念勋章。曾作为执行主编和主要记录、整理者出版了“丽江非物质文化遗产系列丛书”之《丽江民族民间器乐曲集》和《丽江纳西族东巴唱腔选集》。

《白沙细乐
寻源撩拨心弦的庄严妙音》

扫描二维码，
阅读专家代表著作的电子版

当自由的爱情受到抑制，凄美的环境有时便会成为引导恋人慷慨赴死的诱因（图/郑良发）

第8章

玉龙情殇与泸沽走访

婚俗

本章主撰稿人：云南省社会科学院二级研究员 云南大学博士生导师 杨福泉

丽江，以其浪漫的色彩，成为当今许多年轻人心向往之的旅游胜地，许多人怀揣着邂逅一段浪漫的想法前往丽江，希望在那里能有一场铭心刻骨的邂逅。然而，又有多少人知道人类历史上的一段惊世骇俗的绝世情殇史，也发生在丽江。在20世纪50年代以前的漫漫岁月中，无数纳西族年轻情侣缠容盛装，面对大雪山长歌一曲“殉情之歌”《游悲》，慨然殉情。高频率发生的殉情不仅成为纳西族历史上严重的社会问题，也成为一种蕴含着多种复杂因素的奇特的文化现象。

殉情这一人间悲剧，在世界各地各民族中都存在，但没有哪一地方和哪一个民族像纳西族这样惨烈严重，并成为一个历史性的社会习尚，产生系统的有关殉情的宗教仪式、经书、绘画和各种凄艳哀婉的殉情文学作品，在民间形成各种有关殉情的神秘信仰、禁忌习俗等。在纳西族中，殉情悲剧孕育出了一种可能在世界上是独一无二的“殉情文化”。

因为神秘的殉情风尚的存在，纳西族的主要聚居区，也是殉情悲剧最为严重最为集中的区域——丽江，就被中外人士称为“世界殉情之都”“亚洲自杀王国”，纳西族被称为“悲剧的民族”“悲剧的人民”。

另一方面，以母系制为主要社会形态的永宁纳人（摩梭人）却始终保持了浪漫的走访婚，虽与丽江一江之隔，却侥幸避开了殉情这一人间悲剧。一个民族，何以产生如此巨大的风俗差异？这一切的发生、发展究竟有着怎样的文化动因？

为什么花样年华自甘凋零

活着不能白头偕老，死了也要埋在一坟

1723年，一道爱情无法逾越的鸿沟

大量的研究表明，纳西族众多的殉情悲剧发生在清雍正元年即公元1723年后的漫长岁月中，并蔚为一种社会风气。1723年丽江究竟发生了什么？现在我们所能搜寻到的关键词是“改土归流”。这项带有改革性的政治制度在推广的过程中，与纳西族原本率真天成、任心适性的社会文化习俗产生了激烈的碰撞，竟成为让一对对不能长相厮守的纳西情侣竞相情死的主要导因。

为什么是丽江？

据调查，殉情悲剧以丽江坝区农村居多，诸如拉市、黄山、白沙等地都是殉情悲剧发生很多的地区。其次是离坝区近的高寒山区，如泰安、龙山等。这主要是因为，丽江坝区是“改土归流”后丽江政治、经济和文化的中心，受汉文化和封建礼教的影响都很深，儒学教育、封建典章礼制、礼仪习俗在这些地区最为流行，历来培养的读书人也多。清代几百年间灌输进来的封建纲常伦理观念在这些地区盘根错节，渐至根深蒂固，外来文化与纳西族固有传统习俗的碰撞也就最为激烈，殉情事件的多发，由此成为必然。

长江上游金沙江环绕着“纳西古王国”，笔者在这条江的流域里，拾到纳西人无数悲欢离合的故事（图/徐振欧）

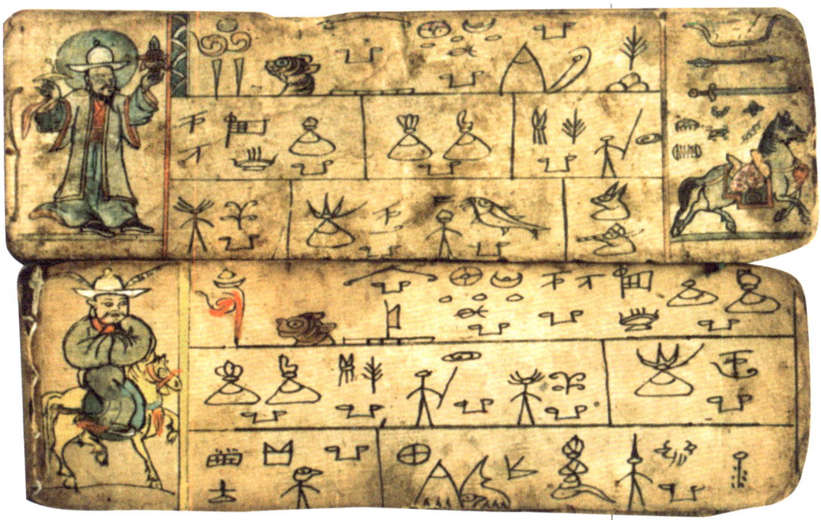

纳西族无数美丽的神话、史诗、传说和故事，是由他们的祭司东巴用自制的竹笔、墨和东巴文写在自制的古色古香的纸上的。这是在祭殉情者的东巴教仪式上所咏诵的东巴经书之一。上面绘着托着净水瓶，摇着板铃和骑着马超度殉情者灵魂的东巴，为殉情者驮载亡灵及其生前所喜爱的各种物件、装饰品的马等（图/杨福泉 1993年）

在实施“改土归流”的过程中，清政权以当时满汉的生活方式和在清代已被统治者异化的儒家文化的伦理道德观衡量少数民族的社会生活，实施“以夏变夷”政策，全面推行强制性的风俗改革，以当时的满汉文化习俗和儒学礼教为标准改造他们视为“鄙陋”“狉獉草昧”的纳西族习俗，对丽江纳西族极力灌输封建礼教。譬如纳西族自古实行火葬，清廷流官则把火葬视为野蛮、不开化的习俗，多次严令禁止。在衣冠服饰等方面，也实施“以夏变夷”的极端政策，视纳西人的衣着打扮为“卷髻环耳，服饰诡异”。

同样的，“改土归流”后，硬性包办婚姻、孩童订婚、封建家长制、三从四德、贞洁观、纲常礼教等也强制性地输入到丽江纳西族地区，纳西族的青年男女，成为了封建礼教的牺牲品，他们产生于雪山大江、蓝天丽日下的爱情被禁锢，更致命的是，他们如此自由的爱恋，在1723年之前，在元明之前，是奔放热烈，不受禁忌的。“那个时候，男女相好可自由自在了，男女都像出窝采花

1983年殉情的亡友（走在前者，后面是笔者），当时我们正年轻，在一起攀登“玉龙雪山”这座举世无双的情山。不料他的青春之魂却那么早地回归于这座圣山的怀抱（图/杨福泉 1980年）

什么是“改土归流”？

清代雍正年间在西南一些少数民族地区废除土司制，实行流官制的政治改革。为了解决土司割据的积弊，云贵总督鄂尔泰建议取消土司世袭制度，设立府、厅、州、县，派遣有一定任期的流官进行管理。雍正帝对此甚为赞赏。在设立府县的同时，添设军事机构。清政府在改土归流地区清查户口，丈量土地，征收赋税，建城池，设学校；同时废除原来土司的赋役制度，与内地一样，按地亩征税，数额一般少于内地，土民所受的剥削稍有减轻。改土归流废除了土司制度，减少了叛乱因素，加强了政府对边疆的统治，有利于少数民族地区社会经济的发展。但“改土归流”中也因为实行看不起少数民族文化的“以夏变夷”等强制同化政策，导致了不少文化和社会的尖锐冲突。

过去，有不少殉情者喜欢来到这座“茶马古道”上著名的金龙桥（梓里桥）上，跳入波涛滚滚的金沙江中（图/杨福泉 2000年）

的蜜蜂一样，想飞哪一朵鲜花，花儿也会温顺地奉献花蜜。男女青年围拢着火塘火，他们在高山牧场上自由地恋爱，自由结合，星星观看着人间青年男女的欢乐，也高兴地眨动羡慕的眼睛。”（引自老东巴和正才讲述，木春丽翻译的《殉情民俗的来历》）。

以一种文化价值观为标准而推行的强制性的风俗改革必然带来社会的波动和变化，1723年后日益强化的包办婚姻制度和相应的封建伦常观令纳西族在强制性的移风易俗政策冲击下形成了二元婚恋形态——婚前恋爱自由，婚姻不自由。这一二元婚恋形态成为导致殉情诸多原因中的核心部分。纯朴自然的人性、人情与社会制度的冲突，纳西族传统价值观、伦理道德观与外来文化的冲突，矛盾的激化最终导致了殉情悲剧的产生。殉情，就这样成为了纳西族青年悲剧性的选择，并愈演愈烈，渐成风气。

殉情，重情轻生的纳西人的必然选择

包办婚姻制度存在于众多民族中，对死后“伊甸园”式的生命乐园的信仰也见诸中外很多民族中，为什么独有纳西族在历史上酿成如此惨烈的全民性殉情大悲剧呢？

这与纳西人独特的民族个性、气质有密切的关系，独特的民族个性与特定的婚姻制度、宗教信仰、习俗等成为导致殉情的综合性因素，如果没有独特的民族个性的催化，仅仅是那些社会和宗教因素是不会导致那么惨烈的殉情之风的。

在纳西人中，很少有单纯因生活困苦、经济拮据而悲观自杀的，纳西人对生活所持的态度非常乐观，歌舞和口传文学伴随着很多纳西人的一生。但是，当涉及情感生活、名誉、道义等方面时，很多纳西人则明显地反映出不委曲求全甚至不惜一死的倾向。众多以殉情和自杀来反抗包办婚姻的青年男女心目中，没有那种“好死不如赖活”的观念，一旦自己爱的热情、理想和愿望、自由被社会严重束缚，便愤然自戕。很多殉情事例都突出地反映了纳西族青年情感至上，爱情至上的“非理性”倾向。据几个年轻时曾想殉情而因各种原因未果的老人讲，当时最深切的感受是绝不想与自己的“郭美”（情侣、心上人）分离，要活，活在一起，要死，死在一起。

老东巴和士诚对我说，过去，在殉情者中普遍流行一句话：“素子墨展拉施子古奔。”意思是：即使活着时不能成一对，死了也要成一对。过去，在丽江各地，情侣一方死亡，另一方殉情而死的事时有发生。

这种重情重义但轻生的风尚与纳西族的民族性密切相关。历代许许多多的汉文史书中都有不少关于纳西族“不畏死”的记载。如清代鄂尔泰监修的《云南通志》

洛克摄于20世纪20年代的纳西武士，其勇悍朴野，跃然而出（供图／和为剑）

改土归流前后纳西族的婚姻习俗变迁

乾隆二年（1737），丽江已盖有忠孝馆、节义馆，“贞节”观念已经开始盛行于纳西族社会。在最早反映纳西族殉情悲剧的著名古典作品《鲁般鲁饶》中，导致女主人公开美久命金殉情的直接起因是包办婚姻和对女子苛求的“贞节”观。

对比很多古老的东巴经神话传说中所描写的婚恋习俗，联系各地纳西族的习俗加以考察，就会看出这种贞节观念是后来输入纳西族社会的封建礼教的产物。很多记载于东巴经的古代作品反映了纳西先民性爱自由的古风，东巴经所记载的故事中经常提到“好男儿走遍九个村寨，结情侣结到九个地方”。从众多反映这种多配偶与性爱自由的神话故事中看，这种婚俗和性爱观是当时的社会所允许的，对妇女的性爱行为也没有苛刻的贞节观来约束。所以，黑部落之主美利术主可以叫自己的女儿格饶纳姆用美人计去引诱白部落王子董若阿璐，与他同居，甚至在董若阿璐被擒而关在监狱后，格饶纳姆还与他保持同居关系，他们假戏成真，萌发爱情后生下了双胞胎。对这种后世丽江纳西族视为极端败坏门风的行为，该作品中没有任何苛责。一些东巴经作品中有不少敌对部落叫公主用色相去引诱敌手的描述，可以看出纳西族在古代战争中是常常使用“美人计”的，表明当时不可能有要求妇女严守贞节的观念。

卷八中说，麽些人“民不畏死，气习朴野，人多勇悍，俗尚争竞”。纳西族民间故事中祖先的谱系和东巴古籍中所记载的本民族祖先大多是一些骁勇善战的武士，在歌颂纳西先民业绩的众多古典文学作品中，赞美勇士和勇武精神是一个主旋律，纳西族神话中一些重要的男性和女性祖先，都被作为武士加以赞美。勇猛与敏捷，胜利与美丽，是纳西人构建完美人格的几个主要范畴，也体现了他们对人的审美态度。

在生活和战斗中强悍勇猛的纳西人，在婚姻爱情方面则突出地反映出重情重义，不畏死，甘愿为爱情友情而死的精神，表现出凭感情用事的特点。积淀在民族心理深层的崇武尚勇，重义轻生等民族传统个性在处理情感问题上则形成一种无形的内在力量。当外在的社会因素成了束缚他们的情感生活和自由的绳索后，这种内在的民族个性便化成一种强大的抵触情绪和反抗力量，“不自由，毋宁死”这句话正可以准确地刻画出许多殉情者的心态。

纳西女子是纳西殉情悲剧的主角，因此殉情精灵主要也是女性。这是用于“祭殉情者”仪式的纸牌画，画了7个殉情而死的女性“风流鬼”（亦为“风之女”）之首领“达勒阿莎咪”，她骑着一头骡，手持一个会放风的兽角，从中放出的风回旋在高山深谷间，左边是她的嫁妆，包括头帕、银手镯、银领扣、新衣、新裙、黑靴、彩绣小口袋、笛子、口弦等，其中所绘的鲜花表示这些东西都很美（图/杨福泉 1993年）

《游悲》中唱出的民族个性

殉情之歌《游悲》在一片凄恻哀愤的悲剧情调中，亦突出地表现了纳西人重情轻生的民族个性。贯串在各种不同的《游悲》中的一个突出共同点，就是纳西族青年对爱情的忠贞不渝。作品中主人公真挚而凄哀的深情，不惜以生命来殉爱之理想的痴心感人肺腑：

哥如被抓去，妹变白蝴蝶，白天去找你；
哥如被抓去，妹变萤火虫，晚上去找你。
蓝天比翼飞，生死不分离。
飞到玉龙山，融为玉龙雪。

不能成一家，同化一片霞，
不能成一对，同化一缕烟，
烟霞随白鹤，飞到玉龙山。

绸子绣山茶，花红叶儿青，
匹头裁哥衣，匹尾裁妹衣。
树上茶花艳，霜打花枯萎，
衣上茶花艳，永远红生生。
共穿一匹绸，死在一座岭。
锦上飘白雪，飘落柏树上，
柏叶变为鱼，白雪化为水，鱼水来相会。
冬季才有雪，衣上雪长存，
共穿一匹缎，雪山找爱神。

清末著名东巴桑尼才所绘的东巴纸牌画上的殉情者，从左至右是：在高山草甸挤奶场自缢殉情的首领之女；在山上白毡房中自缢殉情的纺线织毡女；在荒野中自缢殉情的放猪姑娘

清末著名东巴桑尼才所绘的东巴纸牌画上的殉情女子，从左至右是：美自美诗玛，骑着一匹梅花鹿；巴狄哈里玛，骑着一头公牦牛；拉舞狄歌玛，骑着一只虎

清末著名东巴桑尼才所绘的东巴纸牌画，上面是东巴经中所记载的3个殉情女子，从左至右：殉情女子果自西美玛，骑着金黄大蛙；殉情女子美自鲁美玛，骑着高大的白脚之牦牛，亦有美丽头饰；殉情女子美自美美玛，骑着一条青龙

清末著名东巴桑尼才所绘的东巴纸牌画上的殉情男子，从左至右是：在高山上自缢殉情的青年猎人，在高山放牧场殉情而死的青年牧人，在山中竹林里自缢殉情的青年牧人

一个叫阿时色游哥的男子，正走在殉情的路上。他最后在一棵栎树上自缢而死

（本页图提供者均为杨福泉 摄于1993年）

雍容就死与慨殉友情

在一些研究自杀之谜的论著中，都讲到了“自杀的脆弱性”，自杀者在自杀前一般都“垂头丧气，情绪低落，郁郁寡欢，思维迟钝，食欲不振，体重下降，人格解体，注意力分散”。而许多纳西族青年男女的殉情事例却并非如此。殉情者在决定殉情后情绪镇定，家人和朋友大都看不出其精神状态有什么异常。殉情者十分平静甚而乐观地进行殉情前的准备，择日子，置办衣物、吃食和装饰品，秘密地向知心朋友告别。死前浓妆盛服，长歌曼舞，并在殉情之地搭上布棚，饰以鲜花青枝等，以十分浪漫的方式度过生命的最后时光，从容含笑而死，有的甚至以吃毒、滚岩、自刎等痛苦极大的手段结束自己的生命。

在纳西族的殉情习俗中还产生了一种十分独特的殉友情式的自杀，某个人如果决定殉情了，会跟自己最亲密的朋友诀别。于是就往往有友情甚笃的朋友决定和密友一起死去。这种殉友情式的自杀往往以女性为多。在拉市、泰安、大东等地都发生过这种特殊的殉情事件，特别以女子为多。

一对天上的女子，在天上自缢殉情而死

海拔5596米的玉龙雪山是纳西人的圣山，也是纳西人的情殇之山（图/杨福泉 2009年）

神秘的诱死幻境

深谷里的泉水淌得好听，好像有个姑娘在低声歌唱

雪山中的爱之理想国——玉龙第三国

山中灵界

海拔5596米的玉龙雪山在长江南岸拔地而起，它雄峙在纳西古王国，纳西人称之为“银石雪山”。它是一座神山，也是一座灵山和情山。它被成千上万的纳西情侣视为青春生命和爱情之归宿，他们相信山中有一个美丽绝伦的灵域净土——“雾路游翠郭”（玉龙第三国），那里有一对爱神情侣，他们骑红虎驭白鹿，率百兽千禽，风中弄弦，云里作歌，不停地呼唤着人世上悲苦难脱的有情人。

这是一个殉情者所向往的理想乐园，它是一个只能由爱情和青春生命所拥有的幻化世界，只有殉情者才能去到这个地方，人们在那里可以自由地相爱，生命在那里永远年轻，不会衰老。这个理想世界成为殉情者所向往的灵域圣土，成为殉情的一个重要动因。多少年来，无数殉情的青年男女慨然赴死，想要寻找的正是这一个可以彻底摆脱人世间的恶浊苦难的理想乐土。

“雾路游翠郭”成为纳西族青年过去普遍信仰的一个理想国，玉龙雪山上不少风景优美之处便成了殉

夏天的牦牛坪，绿茵茵的草甸上，马在草丛野花中悠然徜徉。那一片赤橙黄绿青蓝紫的野花色彩与纳西人称之为“吉纳雾路”（即“黑水雪山”）的雪峰相辉映。牦牛坪也是一个著名的殉情地（图/杨福泉 2000年）

情发生最多的地方。其他未直接去玉龙山上殉情的年轻人，也要找一个风景优美，能见到玉龙雪山的地方“雍容就死”。甚至有过跑到玉龙雪山深处去寻找这个理想国的青年男女，在雪山上呆了数年才回来的事。20世纪70年代都还发生过这种痴迷于“雾路游翠郭”的情侣去寻找这一乐土的事。

玉龙第三国与不少宗教所宣扬的“天堂”和“天国”有很大的不同，它是一个纯粹的大自然乐园。东巴经作品和民间文学作品中都无一例外地表明它是在高山中，可见纳西人的理想世界仍然是在自己赖以生存的大自然怀抱中。从这一乐园的具体描述中可以看出浓郁的大自然牧歌情调和纳西人的生活审美理想。

相传玉龙山上有三个称为“郭”的高山之地，为后人意译为玉龙第一、第二、第三国。民间殉情调中说，第一国里有苍蝇蚊子；第二国里没有青草树林和山泉；第三国则是草深林密，群兽毕集，有飞瀑流泉和住着爱神的自然乐土。

祖先乐土与玉龙第三国

玉龙第三国这一殉情者的高山理想乐土与纳西族传统的祖先回归之地有着非常密切的关系。把死者灵魂送到祖先之地是纳西族的传统民俗，祖先之地是纳西人信仰的死后生命世界。

死者要返回的祖先之地是什么样的地方，祖先们在过着怎样的生活呢？纳西族完全把祖先之地视为平和安详，具有牧歌情调的山乡。在丧葬仪式上咏诵的东巴经《次迎菇树猎》（为死者系五色线）中说：“在梅氏族祖先居住的地方，老虎在山上跳跃；在束氏族居住的地方，青草铺满大地，白鹿在山上游逛；在尤氏族祖先居住的地方，牦牛在山上嬉戏，日月星辰闪耀着灿烂的光芒。”东巴经中所描述的祖先之地总是绿草如茵，鲜花满地，流泉淙淙，牦牛在高山青草地上徜徉，红虎在山岭上欢跳，白鹤在这里下蛋，人们住在白毡帐篷里。这完全是一幅纳西先民狩猎游牧生活的真实图景，与东巴经中所描述的纳西远祖的生活情景十分吻合。人死后灵魂要回归的祖先之地洋溢着浓郁的高原生活情调，神性淡而生活气息浓，玉龙第三国基本上承袭了这种传统灵界的格调。

青春长在的爱之乐土

玉龙第三国是一个只属于殉情的青年男女的世界，因此它还有着与青春生命相吻合的特征。相传在这个乐土里，人们将会永远年轻，没有衰老和死亡。流传

玉龙第三国的由来

用象形文字记载于东巴经的最早的殉情悲剧长诗《鲁般鲁饶》中就已浓墨重彩地描述了这一个爱情和青春生命的理想乐土。它最早的名字叫“陈尼久卡补”，意为“十二欢乐坡”；在较晚的东巴经殉情文学作品《哐布游布》（送殉情者）和民间殉情调《游悲》中被称为“雾路游翠郭”，意为“雪山上殉情者（居住）之地”，雪山指玉龙雪山，“郭”指高山上草深林茂的地方。后来，一些民间诗人在殉情调的收集整理本中将其译为“玉龙第三国”而广为人知。

玉龙雪山，相传它是纳西人全民信仰的民族神“三多”的化身，也是爱神和殉情精灵们所居住的高山理想国——玉龙第三国的所在地。相传在这人自然的乐园里，千禽百兽与人同乐，青春的生命永不消逝，情侣们永无人世的悲伤。在它的万年古雪，森森古树下面埋葬着无数悲情凄迷的殉情故事（图/郑良发）

于民间的殉情故事中都讲到爱神游祖阿主不会衰老，永远年轻，她呼唤年轻人去这个高山理想国寻找永远年轻的欢乐，获得永远不朽的生命。

这种青春永恒的理想寄寓了纳西族青年们对于青春生命的珍爱。在纳西族大量反映爱情的文学作品中，对青春的歌咏是十分突出的，如《鲁般鲁饶》浓墨重彩地描写了纳西族青年对青春永恒的向往，在该作品的很多文本中都提到：“在人类生存的大地上，人生是会老的，世间开着很多的花，但所有的花都会凋谢。老年人的寿岁，不能作为青年人的寿岁；古树的寿岁，不能作为鲜花的寿岁。”

用于超度殉情者亡灵的仪式“哈拉里肯”的木牌画，上面绘的是理想的爱情乐园雾路游翠郭中的殉情鬼首领游祖阿主（右二上）和构土西公（右二下，鹰头标音“构”）。中间的木牌画上所绘的是七个风流鬼之首领达勒阿莎咪，她正骑着一匹白马，驾着云和风飞越悬崖深峡（图/杨福泉 1993年）

一棵“殉情树”生长在一条以男女恋情而著称的溪流旁边，至今仍旧枝叶茂盛，纳西老歌手阿燕菊目睹了一对年轻情侣在这棵白杨树上自缢殉情（图/杨福泉 1997年）

从田野调查结果看，殉情者多为17—22岁这一年龄段的青年男女，刚好处在人生最美好的年华，也是纳西族青年最自由的时期。这些少男少女的殉情与纳西族传统文化中青年人对青春生命的那种特殊情结有密切的关系。

在过去的纳西族社会中，婚前的青春时光是人生最美好的年华，青年男女可以按传统古规自由地恋爱，自由地在一起游乐嬉戏，是人生束缚最少的时候，而一旦进入包办婚姻，就标志着一生的自由和快乐的结束，意味着与自己相爱的人永远分离，意味着向过去自由快乐的青春时光的永远告别。特别对于纳西族妇女来说，结婚更是一种沉重的负荷，她们从此将承担起家庭的重负，置于封建礼教的几重压迫之下。自由的青年时代与结婚后的生活对应着反差巨大的快乐与苦难。因此，置于这种特殊社会环境和制度以及传统宗教信仰氛围中的青年人很容易产生一个能永远留住青春时光、自由和爱情的乐土的理想。玉龙第三国即是体现了纳西族青年这种生命理想的青春与爱情之乐土。

殉情树的传说

纳西殉情者大多在树上自缢而死，相传纳西族最早的殉情女子开美久命金就是在一棵高岩黄栗树上自缢而死的，她的情人则是在一棵藤科树上自缢而死。东巴经和民间故事中说殉情精灵们常常栖息在殉情树（游孜）上弹奏口弦和殉情调。殉情者去殉情时，要精心寻找可心可意的殉情树，殉情树通常为长于风光秀丽、视野开阔之地的枝叶茂盛的黄栗树、松树、杉树、白杨树、大杜鹃树、山楂树和野李子树等，寻找殉情树的过程在民间叫“游孜果，游孜述”。由于殉情事件的恶性泛滥，纳西族民间产生了很多有关殉情之地和殉情树的怪异神秘的传说。这种生命与灵魂和殉情树相关的故事可能与东巴经神话中生命树的观念有关，因为树木崇拜是纳西族东巴教的一个鲜明特征。

丽丽花华与墨丽丽花华

纳西人称男女成双成对地去殉情的叫“丽丽花华”，意为欢乐地相约相携去死；而独自殉情或自杀的则称为“墨丽丽花华”，意为无人相伴，无快乐的死。在纳西族的传统哲学思想中，世界的本体是二元的，世上万物都是由二元交合化育出来的，而这创物的二元往往直指或隐喻雌雄两性，把宇宙和万物的结构归结为两性交合的生殖模型。东巴教中的神人鬼怪大都是成双成对地出现。同样，在玉龙第三国这个乐土里，万物也都是成双成对的，所谓：“飞鸟一对对，走兽配成双；树木成对长，石头也成双。”“月散太阳出，云散月亮出，两人要成对，要到游翠郭。”“有情男和女，住在郭里面，蜂花配成对，鱼水配成双。”

殉情秘境寻踪

在丽江，到处都有与殉情密切相关的地方。纳西人殉情的地点有很多讲究，但有共同的一点：要找一个风景美丽，树木苍苍，有花有草，幽静的地方。如今熙熙攘攘的旅游胜地——玉龙雪山上风景秀丽的云杉坪是过去殉情者最喜欢选择的殉情地之一。

位于玉龙雪山腹地的云杉坪过去是一个杳无人迹、寂静凄美的殉情胜地，纳西人称之为“达饶郭”，即“地神下降之地”。曾经有许多的情侣在这里结束他们的青春生命，最多的一次有10对情侣身着盛装，骑着打扮得漂漂亮亮的马在此殉情。图为著名的“绿雪奇峰”（图/杨福泉 2003年）

曾经的云杉坪非常寂静，芳草萋萋，鸟在风中吟着人们不知的歌调，有点微微泛绿的莹莹白雪映着森森千年云杉树，殉情之地的所有特征似乎都具备。

这个海拔3240米的雪山草甸的纳西原名是“达饶郭”，意为“地神下降的草甸”。纳西人认为天神是男性，地神是女性，相传玉龙第三国这雪山爱情理想国之主是女性，纳西人传说中第一个殉情者也是女性。在雪山腹地这个静谧的森林草场里，发生过多起群体殉情的悲剧。有一次，有10对情侣骑着装扮一新的马到这个人迹罕至的美丽草甸殉情，他们搭起“殉情之房”，尽情欢乐7天后才自缢而死，那些打扮得漂漂亮亮的马则寻路跑出草甸，人们发现后才寻找到此。我在附近白沙乡做田野调查时，多次听说殉情者喜欢到这个“达饶郭”来结束他们在尘世上的生命。村里的老人和牧人叮嘱我到这个地方不要高声喧嚷，不要吹口哨，否则会引来风中的殉情精灵。

在云杉坪附近的峡谷里，两条发源于玉龙雪山高处的河流日夜奔流，纳西人称为“吉盘吉纳”，意为“白水与黑水”，其名起因于一条河的河床尽是白色鹅卵石，河水呈白色；另一条河床铺满黑色鹅卵石，河水呈苍青色。河流两岸，云杉、冷杉林莽莽苍苍。一到春季，五颜六色的杜鹃花开得灿烂如霞。黑水白水区域也是喜欢在美丽神圣的山林泉溪中告别人世的殉情者的神往之地，大东乡、白沙乡等地不少苦难中的情侣们喜欢在这峡谷深处了却俗尘生命。比云杉坪还高得多的牦牛坪也是过去著名的殉情地之一，除了在草场上那悠闲地吃着草的牦牛外，最为吸引人的是牦牛坪周围莽莽苍苍的冷杉、铁杉、红豆杉、云杉林，还有一簇簇、一蓬蓬的杜鹃花。殉情者选择这样美丽静谧的地方了结青春生命，明显地是像东巴经中的殉情古歌和民间殉情调中所唱的那样，躲开尘世的喧嚣和龌龊，归身于大自然的宁静与安详。

如今，云杉坪已成为非常热闹的场所，我很想告诉与玉龙雪山真正有缘的游人，来到这个无数殉情之灵安息的地方，就安静一会吧，静下心来聆听一下大山和森林的声音。只有怀着一颗安静的心，才能品味出这个地神下降的高山草甸那种旷世的凄美，听得到那大山之魂的歌声，大地精灵的絮语。

骨泣与口弦，神秘的殉情音乐媒介

世界上各民族的殉情可能五花八门，但恐怕唯有纳西族的殉情大都是在歌与诗中进行，诗歌与音乐自始至终与殉情的整个过程相伴随，殉情可以说是在歌与诗中完成的人生悲剧。在民间流传很广的吟唱调“骨泣”和民间乐器口弦与殉情密切相关。

骨泣：长歌当哭，凄凉悲伤

骨泣（gguq　qil）是纳西语，“骨”意为痛，痛苦，悲伤，“泣”意为歌吟，特别指吟唱心中的痛苦悲伤。因此，骨泣有吟诉悲苦，长歌当哭之意。骨泣调旋律郁怨，声调凄哀，颤音和装饰音特别多，节奏比较自由。听骨泣调，即使不懂所唱歌词内容，也会很快感受到一种幽幽深沉地在叹息、哭诉人间悲苦的印象。它是一种咏叹和诉说式的歌调，摄人心魄。歌者吟唱过程中可按自己情感心绪的发展，将歌吟的声音拖长或缩短，当把吟唱的声音拖长时，苍凉而凄切，如悲风长鸣，暗泉呜咽。

骨泣调凄伤悲凉的风格是非常独特的，在传统东巴音乐中没有这种音乐风格，与其他各地纳西族民间流行的几种歌调形式如“哦孟达”“窝热热”“四喂喂”“阿丽丽”“喂喂调”的风格也差异很大，是一种特别用于吟唱悲歌的民间调，专门用来吟唱以诉苦情为主体的那些民歌。从内容分析，它主要是在清代以后发展起来的，它的产生与纳西族殉情悲剧的大量发生有着密切的关系，很可能就是殉情悲剧的产物。据大东乡老东巴和士诚讲，骨泣调在大东又被称为“吡仔游仔”，“吡”指自缢殉情者，“游”指一切殉情者，“仔”意为“唱”，这个短语意为“殉情者的歌调”。可见骨泣调与殉情之间的密切关系。

殉情者们用这种凄切忧伤的歌调倾诉心中的痛苦

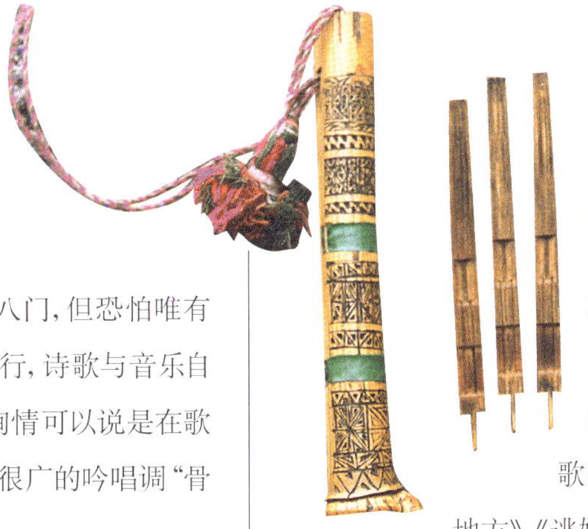

纳西青年钟爱的口弦和装口弦的竹套，上面刻有图案（图/杨福泉 1989年）

哀怨，所有的殉情调《游悲》（yeq　bee）都是用骨泣调吟唱的。其他倾诉苦情的一些短歌和传统大调如《逃到美好的地方》《逃婚调》也用骨泣调吟唱。

骨泣调为殉情者沟通心灵，深化感情搭起了一座桥梁。不少青年男女通过对唱骨泣调而相识，越唱越引起感情上的共鸣，最后在骨泣调中相约去殉情。因此，在过去，父母亲对子女去听唱骨泣调十分忌讳，怕有不测。也正因为此，它为众多青年男女所钟爱，成为传递心声的主要歌调，成为殉情者之间的一种音乐媒介。

轻易不能骨泣

老东巴东玉才对我说，在高山草场上放牧，不能唱骨泣调，因其调子悲伤，一骨泣，心里就会产生一种说不出来的凄凉悲伤的心情。纳西族人普遍认为在山上骨泣会出意外，这主要是因为殉情者死前都要在山上唱骨泣调。骨泣调的凄伤幽怨情调和殉情地的静谧幽远、空旷寂寥等特殊氛围极易触动纳西族青年男女的心弦和心中沉郁的人生隐痛，因此就产生了上述带有浓厚神秘色彩的殉情。

骨泣调是男女二人对唱，一问一答，相互诉苦情，相互宽慰。因其内容多是倾诉爱情婚姻和生活的痛苦，内容触犯到当时的社会制度和封建伦理道德观念。所以，骨泣调被视为有伤风化的歌调，过去普遍有母亲不让女儿唱，丈夫不让妻子唱和兄弟姐妹不能对唱，不能在家里唱等规矩。想唱骨泣调的青年男女往往避开家人，到山野郊外去唱。

扫描二维码欣赏
骨泣调

口弦：殉情者必不可少的随身物件

口弦是殉情悲剧的另一重要音乐媒介，它的产生远远早于骨泣调。过去，口弦是情侣之间一种重要的订情信物，当一方送口弦给意中人，对方接受了，就说明愿意与之谈恋爱。

古时，口弦是纳西族喜闻乐见的乐器，弹者众多，并未与殉情有某种特定的关系。它与殉情形成一种神秘的内在联系是后来的事。

在东巴经所记载的著名爱情悲剧长诗《鲁般鲁饶》中，口弦是一群要去殉情的青年男女的钟爱之物，并与殉情者向往的爱之乐土有关。作品中说，九十个放牧的小伙子和七十个放牧的姑娘在“含英包达孜”神树上砍下黄木片，木片飞到爱之乐土“十二欢乐坡”，从那儿长出金黄的竹子，传说纳西族的第一个殉情女开美久命金，“她，没有什么东西带着，带来了黄竹口弦。黄竹口弦呀，带着三样三片。三片出三种声音。女的弹口弦哟，男的就伤心；男的吹牧笛呀，女的就伤心”。把口弦的起源与生命树和殉情者的乐园相联系，已体现了口弦与殉情的某种神秘联系。

动人心弦的口弦

纳西族的口弦称为“阔阔”，长约3厘米，宽约半厘米，用竹制成，中间挖一道槽，刻一片簧。有单口弦和三片口弦两种，以三片口弦为多。吹奏时将口弦对准口腔用手指轻轻拨弹，声音在口腔里起到共鸣，以气息的调节使音色加以变化。吹奏者将即兴创作的词以五言诗的形式，按口弦传统调式，以气息调节口弦声表达出来。相传口弦调有77种，比较流行的有“蜜蜂过江”“铜壶滴水”“狗追马鹿”“鹤舞鹤唳”“鱼水相会”“母女夜话”“牧人数羊”“赶马牧羊”等。如今玉龙县塔城乡依陇、洛固的几个山村，尚有纳西女子和小伙子能用口弦弹奏出殉情调中的一些美丽片断，音调凄清而幽怨、悲伤，似乎可以让人在寂静的月色清辉和震颤的音波中触摸到过去那一个个早已飘逝的纯情而不幸的青春之魂。

用于为殉情者举行的东巴教仪式“哈拉里肯”的“祭风树”（民间又叫“风流树”），上面挂着殉情者喜爱的玉饰、衣服、口弦等物，祭风树上还有象征殉情者灵魂栖息之所的五色线网（图/杨福泉 1997年）

纳西族的青年男女常常由口弦作媒介而成为知交、恋人。他们用口弦传递心声，表达爱意；倾诉内心的忧愤悲伤，表达要为爱情理想慨然赴死的决心。去殉情的恋人们在最后结束自己的生命之前，都要尽情地在寂静美丽的山林怀抱中弹口弦。

据不少目击殉情者的老人讲，在殉情者的遗体上都发现有口弦，甚至有嘴里含着口弦死去的。由于口弦是殉情者最钟爱的东西，因此，在为他们举行的东巴教仪式“哈拉里肯”中，口弦成为重要的祭器之一；反映殉情的文学作品中也就有了很多青年男女受殉情精灵们的口弦声的诱惑而殉情的情节。

弹奏口弦的玉龙县塔城山村的纳西族女青年（图/杨福泉 1991年）

一个关于口弦与殉情的真实故事

纳西人的殉情是在歌与诗中完成的人生悲剧，音乐始终与殉情的过程相伴随。口弦即殉情者之间的一种音乐媒介。这山中的几条竹片曾诉尽殉情者的悲欢离合，唱尽人间的哀情，雪原山野间散落了多少关于口弦的悲情故事。这是拍摄于20世纪60年代的一对青年男女在弹口弦的照片（图/云南省社会科学院图书馆）

笔者在1990年7月的田野调查中，曾经听丽江县鲁甸乡（今属玉龙县）老东巴和开祥讲过一个真实的故事。

故事的年轻女主人公是和开祥的一个亲戚，长得很秀丽。她被父母作主嫁给鲁甸乡某村一个她所不喜欢的男子。她婚前所喜欢的恋人也由于包办婚姻，比她早就由父母作主娶了妻子。但他俩的感情难以割舍，该女子在婚后偷偷地与过去的情人来往，两人常常在山坡上用忧伤的口弦调倾诉内心的痛苦。后来，他俩的行迹被女子的丈夫觉察了。一天，他约上一个堂弟，悄悄地跟踪妻子而去。当妻子和以前的恋人又在一起弹口弦时，两兄弟上去抓人。女子挣脱逃去，而那个男子在殴斗中被打死。夜阑人静后，逃去的那个女子悄悄回来，见到情人已经死于非命，悲不自胜。她认真地用溪水洗净情人的尸体，把他埋在溪边。后来，一个割草的老妇发现了尸体，告到村头那儿。村头下令叫人抓来了那个女子，把她关在一间房子里待审。这女子没日没夜地弹口弦，调子悲伤凄切，如泣如诉。到后来，连那个看守她的村头都不忍再听这悲伤的音乐，就打开房门把那女子放走了。那女子换上自己出嫁时穿的新衣服，跑到山里去。后来发现她在一棵树上自缢殉情了，手上还紧攥着那陪伴她度过了短暂一生的口弦。

爱情游魂的神秘呼唤

留居丽江多年的美籍学者约瑟夫·洛克在其著作中多次谈到殉情者为游魂召唤的奇特现象：

在用于为殉情者举行的仪式的书（指东巴经）中，记载有很多被殉情的游魂所引诱而随他们去殉情的少男少女们。书中说，有三个年轻的牧人，当他们在寂静的山上放牧羊群时，听到了四个殉情姑娘的游魂所唱的神秘的歌和她们所弹奏的口弦声。于是，他们一下子感到了孤苦，决定随这些情死鬼的游魂去死。他们每人把绳子拴在自己的脖子上，那四个殉情女子的魂走过来把他们的绳子拉紧了。

这四个精灵使他们在临死前看到了种种幻象，他们相信山风的呜咽是那个已殉情的美丽女子所发出的孤独叹息，他们在这呜咽叹息声中感受到了自己的孤苦凄凉。他们决意要和这些殉情的鬼魂们生活在一起，生活在那个永恒的快乐之地，随风一起漫游。

我们又从书中得知，有个放牧的女子叫“般曹司沛咪”，她常常在挤牦牛奶的地方的一棵云杉树下睡觉。有一天，她听到了爱情游魂们哀怨的歌唱和呼唤，她一下子就起了离开这个世界随她们而去的念头。她把奶桶上的皮绳解开拴在云杉树上，刚要想自己结绳环吊死，那些游魂已经过来帮助她结好绳环让她上吊而死。

一个叫丝董丝短咪的女子住在高山上用牦牛毛织的毡房里，有一天，她孤独地在那儿纺着牦牛毛线。忽然，她听到殉情的精灵们美妙的歌声和他们那灵巧的手所弹奏出的口弦声。她的身心一下子被深深的忧伤和孤独的情绪攫住了。于是，她就在毡房里上吊而死了。

另外还有一个青年猎人的故事，这个猎人叫肯使司沛若。他每天都去高山上打猎。有一天，他在狩猎中听到了殉情鬼魂撩拨人心的求爱口弦声和微弱的唱歌声。猎人一下子在树林里感到了无可名状的忧郁和孤独，于是，他就用弓弦在树林里上吊死了。

洛克根据东巴经记载所作的描

身着藏装的美籍学者洛克（供图/和为剑）

年轻的生命如流星般滑落（图/郑良发）

述与笔者所调查到的内容都十分相似，是真实地发生在许多殉情者身上的事。

这些蕴含着浓郁的神秘色彩的种种传说和殉情事例与纳西族殉情悲剧的社会因素和精神因素都有密切关系。清代“改土归流”以来封建礼教在丽江不断强化后造成的种种人生痛苦使过去曾有过青春的快乐自由的年轻人极易产生忧郁、悲哀、孤独等情绪。郁结心头的忧伤悲哀情绪一旦与精神性的信仰等相融合，就极易触发那种离弃红尘，向往死后世界的念头。纳西族有很深的自然崇拜信仰传统，此后在信仰领域里又产生了一个殉情者的神秘乐土——“雾路游翠郭”。这个山中的爱之乐土在众多殉情文学作品中被浓墨重彩地渲染描绘，代代相传，终究成为对殉情者有极大诱惑力的死后世界。这种深深的山中灵界信仰是令人在高山密林中容易产生轻生弃世心理的重要原因之一。

纳西族民间认为殉情者是受了情死鬼的诱惑的说法十分普遍，据说这种诱惑往往发生在山高林深的地方。至今在游舞丹（殉情之地）唱歌弹口弦仍是纳西族的民间禁忌，有很多人仍然相信，这样做会招引殉情鬼来引诱你去死。

无数鲜活生命谱就的哀歌

勾魂摄魄的爱情悲歌，苦情人不敢多听

纳西族的殉情是在歌与诗中完成的人生悲剧，在民间也产生了脍炙人口的殉情悲剧文学，其中最有代表性的是《鲁般鲁饶》和《游悲》。

纳西古典文学三大经典之一《鲁般鲁饶》

《鲁般鲁饶》讲述了一对青年牧人开美久命金（女）和朱补羽勒盘（男）的爱情悲剧故事：高原牧场的日月星辰、晨风夜露催化了这一对男女的相互痴爱之情，但这一段沿袭古风的自由恋横遭已深受父系血缘观念、女性贞操观念影响的男方父母的极力反对。朱补羽勒盘被强行困在家中，不得出来与情侣约会。女子几次托乌鸦带口信，都无结果，最后怀一颗破碎的心形单影只地殉情于高原上的一棵“埃刷本使孜”（高岩黄栎树）。朱补羽勒盘最后得脱家庭羁绊，来寻找情侣，而情人已香消玉殒，绝命高原，于是痛不欲生，烧起松柏火，与情人的遗体共焚。

这部被誉为“纳西象形文经典文学三颗明珠之一”（另外两部作品是《崇搬图》和《黑白战争》）的作品以瑰丽多彩的语言，神奇变幻的情节，特别是以勾魂摄魄的悲剧抒情主调风靡了一代又一代纳西青年男女，可以

纳西人的殉情习俗孕育出了不少凄艳绝伦的殉情文学作品，这是用象形文记录的最早的殉情文学长诗《鲁般鲁饶》（青年牧人殉情的故事）的封面，左边是为殉情者举行超度亡灵仪式中所用的祭风树（风流树），图中可见一个要去殉情的年轻人正走在赴死之路上（图/杨福泉 1993年）

《鲁般鲁饶》第一页，左边是作品中的男主人公朱补羽勒盘，相传他和开美久命金是一对最早殉情的纳西情侣。这部作品在漫长的岁月中感动了无数的纳西人，由于它不同凡响的悲剧感染力，有不少情侣在听了它的吟唱后去殉情。民国元年，地方政府曾禁止东巴咏诵这部杰作（图/杨福泉 1993年）

在不同的《鲁般鲁饶》版本中，也有将女主人公开美久命金的形象放在首页的，如图片所示，左面绘的是作品主人公开美久命金，相传她是第一个殉情的纳西女（图/杨福泉 1993年）

说成了他们的“爱情圣经”。

在20世纪50年代之前，每当一次大型的“祭殉情者”仪式之后，就有一些在场听《鲁般鲁饶》吟唱的情侣步男女主人公的后尘去殉情。由于这部古典爱情悲剧诗歌成了诱发纳西族青年男女殉情的一个原因，在民国元年，当地政府竟下了命令，禁止东巴吟唱这部经典。但如果没有这部经典的吟唱，祭殉情者的仪式就可以说没有了灵魂，没有了生命，因此东巴们阳奉阴违，将吟唱的时间安排在青年听众困乏而昏昏欲睡的夜深人静之后，或者，他们在吟唱这部作品时故意把锣鼓敲得山响，叫那些执意苦守着要听这一人间伤心曲的年轻人听不清楚。于是，就出现了众多青年人强烈地要求东巴敲锣打鼓的声音小些，甚至有很多人跑上去用手拉住敲打锣鼓者之手的场面。这就是《鲁般鲁饶》的魅力，至今我们仍可以想象在祭祀殉情者亡灵的月寒星稀、雪原风清之夜，众人环绕东巴祭司凝神静听这爱之悲歌，一张张年轻的脸上泪光闪闪的动人场面。

殉情者之歌《游悲》

《游悲》这一独特的传统大调的出现，向人们昭示了殉情这一纳西族历史性的民族悲剧，形成了纳西族民间文学艺术中摄人心魄的悲声哀韵。民间流行的《游悲》均为长诗形式，都用骨泣调吟唱。

《鲁般鲁饶》作为最早的殉情文学作品，初步揭示了纳西族殉情悲剧的导因，《游悲》则从更为广阔的社会生活背景上反映了纳西族殉情悲剧的起因及复杂的内涵，最为集中地反映了殉情悲剧的社会内容。

《鲁般鲁饶》中爱神游祖阿主与构土西公对开美久命金的呼唤

开美久命金！
你痛苦的眼睛，
来这里来看一看草场上的鲜花！
你疲倦的双脚，
来这里踩一踩如茵的青草！
你痛苦的双手，
来这里挤牦牛的奶汁！
你来吧，到这云彩缭绕的雪峰中来！
来这里吃树上的野蜂蜜，
来这里饮高山的清泉水，
来这里把美丽的野花插满你的头。
用红虎当你的座骑，
用白鹿耕耘山中的地。
来吧，你来这里挤宽耳朵母鹿的奶，
你来这里织飘飘的白风和白云。

来自丽江鲁甸山区的老东巴和开祥（中）是吟唱殉情长诗《鲁般鲁饶》的高手，他沉洪苍凉、声遏行云的歌声，唱尽了纳西古王国的绝世情殇（图/杨福泉 1999年）

洛克20世纪20年代在丽江所拍摄的为殉情者举行的“哈拉里肯”（祭风）仪式（图/杨福泉）

东巴教纸牌画中所绘的殉情鬼主（爱神）游祖阿主和构土西公夫妇（左二、一），以及相传最早殉情的情侣开美久命金和朱补羽勒盘。爱神在吹竹笛和树叶，情侣在吹竹笛和口弦（图/杨福泉 1995年）

清代著名东巴桑尼才所绘的“祭风”木牌画谱片段，从左至右为：一对地上的女子，头插鲜花，身穿羊毛毡，红绿裙子，殉情在大地的尽头；老虎和兔子，殉情在太阳升起的地方（东方）；东方一对殉情的姑娘，骑着白鹤和老鹰飞翔在风与云中（图/杨福泉 1995年）

《游悲》中的人物身份十分复杂。有放牧者、庄稼汉、砍柴人、猎手、士兵、做生意者等种种不同的社会角色；有贫家子女、富家子弟、被诬为“养鬼”的家庭的子女、家庭中的次子、次女、未婚者、已婚者等。这种社会角色的多样化反映了殉情在纳西族社会中向各个阶层的蔓延，体现了殉情悲剧随着社会组织的发展和文化的变迁不断恶性膨胀的现实。

《游悲》中所诉的苦情最多的是包办婚姻制度下的痛苦，倾诉了指腹为婚、孩童订婚、姑舅表婚、童养媳婚等等封建婚姻制度对青年人身心的折磨。其中尤以倾诉身为女子而遭到家庭歧视的女性苦情的部分最为突出，反映了社会和文化变迁使纳西族妇女陷入痛苦深渊的民族忧患。

以倾诉婚姻爱情这一人生的至哀至苦为主，又引述出其他种种人生的痛苦，是《游悲》的另一大特点。它所诉的苦情涵盖面十分宽广，包容了特定社会历史环境中人生的种种痛苦。但这种种痛苦又始终是围绕着“哥妹在人间，只能两相爱，只能长相思，不能配成双”这一痛苦的主旋律，由此及彼地倾诉苦情，形成了《游悲》区别于其他苦情调的一大特点。《游悲》的内容都是以男女主人公决心殉情为结局，受着爱情婚姻苦难折磨的青年人，再加之种种艰难生计和恶语毒话的折磨，对现世人生就充满了厌倦与憎恨的情绪，最后以死表示对这一痛苦人生的决绝。

纳西人殉情及其礼仪所含有的悲剧性美感

纳西族的殉情已经形成一套文化体系，与纳西族的传统文化结成千丝万缕的内在联系。它不但是一种震撼人心的生命悲剧，而且是一种十分独特的民族文化现象。文学艺术，则是贯穿其中的一条线。从殉情者互相倾诉苦情、表达爱恋之情，直到相约殉情、殉情前礼仪性的相互唱酬，都始终与歌与诗有千丝万缕的联系。殉情发生后，东巴祭司用隆重的仪式超度殉情者，歌咏有关殉情的叙事长诗，伴之以东巴舞蹈和大量的木牌画、纸牌画、布卷画等，超度亡灵的过程，实际上也成为安抚死者，告慰生者，具有独特的悲剧艺术因素的过程。

为殉情者举行的仪式叫大祭风仪式，在纳西语中叫“哈拉里肯”。

为殉情者举行的东巴教大型仪式“祭风”中所用的木牌画（老东巴和士诚绘），上面绘有爱神、五方殉情鬼首领、许多自缢殉情者及其殉情所要佩戴的各种装饰品，每块木牌画顶部都绘着日月星辰、风和云。在这个仪式上，殉情者将被东巴祭司超度往玉龙第三国。从右数第一块木牌画所绘的是玉龙第三国的爱神，她的头上插满鲜花；第二块木牌所绘的是相传自缢殉情的天之子和地之女；第三块木牌画所绘的是相传自缢殉情于天上银河的女子格增格莱咪；第四块木牌画上所绘的是相传自缢殉情于美丽星辰的女子蒙格格增咪；第五块木牌画上所绘的是相传第一个殉情的女子开美久命金，她自缢殉情于居那世罗神山的一棵黄香木树上；第六块木牌画上所绘的是在高山草场上自缢殉情的牧羊小伙子布鲁阿子若；第七块木牌画上所绘的是天与地之间的殉情鬼女首领巴达花鲁，她骑着犀牛；第八块木牌画上所绘的是东方的殉情鬼女首领果高沙尼玛，她骑着红虎；第九块木牌画上所绘的是南方的殉情鬼女首领开辽游莎玛，她骑着青龙；第十块木牌画上所绘的是北方的殉情鬼首领套拉吉子，她骑着水獭；第十一块木牌画上所绘的是用弓弦自缢殉情的女子肯使丽玛咪；第十二块木牌画上所绘的是凶星“饶鬼”；第十三块木牌画上所绘的是在高山牧场白毡房里自缢殉情的女子斯罗丝绶咪（图/杨福泉 1990年）

之所以“祭风”，是因为仪式中所祭的鬼怪主角是七个风鬼姐妹和殉情鬼王，而殉情鬼王和殉情鬼都与风有一种内在的神秘联系，“风”这一词已延伸出与男女情事相关的诸多含义。另一方面，纳西人认为殉情者的鬼魂会随风到处游荡。大祭风仪式规模很大，需要咏诵120多本东巴经，制作90多张木牌画。本是东巴教用来祭非正常死亡者的仪式，后来因殉情现象的蔓延而成为主要为殉情者举行的仪式。在超度殉情者的灵魂时，有两种方式，如果死者有后代，那么，就把死者的灵魂超度到祖先所居之地；如果死者没有后代，那就把其灵魂超度到殉情鬼首领游祖阿主、构土西公所居住的玉龙第三国；也有些地方是不管死者有无后代，都把他们超度到玉龙第三国。

在为殉情者举行的东巴教仪式“哈拉里肯”（祭风）上，要用很多木牌画。这种古老奇特的木牌画，记载了千百年来纳西人和东巴教中许许多多神灵鬼怪的悲欢离合。木牌画的历史可以追溯到古羌人的人面形木牌。行走于神界和俗世的祭司东巴把东巴经和民间传说中所记载的爱神、殉情精灵、殉情男女画在这种木牌上，然后用于为殉情者举行的“哈拉里肯”仪式上。上面这些木牌画上绘着爱神、五方殉情鬼首领、许多自缢殉情者及他们殉情所要佩戴的各种装饰品（图/杨福泉 1993年）

祭殉情者仪式上，要让所有的神灵和很多美丽的殉情精灵们登场，唱东巴教中最为凄美哀艳的长诗《鲁般鲁饶》；要以最浪漫的方式让殉情者之魂打扮得漂漂亮亮，过溜索、越高山，去往那个人和各种野生动物、天地山川、日月星辰其乐融融的玉龙第三国。另一方面，也通过这种艺术渲染、长歌吟唱和对“山中灵界”之美浓墨重彩的描述，安抚死者，安慰生者，以这种浓郁热烈的艺术审美魅力和心灵安慰的方式超越死亡。

为殉情者举行的“哈拉里肯”（祭风）仪式的模拟场景（图/杨福泉 2010年）

“哈拉里肯”（祭风）仪式，既是一个哀悼亡灵、超度亡灵的场所，也成为一个欣赏悲剧艺术，带有极强的审美功能的场域。色彩斑斓的各种绘画，情节诱人的古老长诗，东巴如泣如诉、沉洪苍凉的歌咏，使死者的亲属和来参加超度仪式的人们，感受到纳西族传统宗教艺术中歌舞诗书画融汇一体的魅力，实际上，它也起到了一种对大众宣扬传统悲剧文学艺术和宗教艺术审美的作用。

殉情案例及习俗拾零

民族文化宫所藏纳西族女鞋，民国初年物品，紫缎绣花，丝、皮质，牛皮底，是母亲为女儿精心准备的嫁妆

一对天女殉情于天上，她们手持山花，戴着玉镯

走访“美女之乡”

玉龙纳西族自治县塔城乡不仅是远近闻名的“东巴之乡”，在纳西人的心目中，又以出美女而著名，纳西民谣曰“塔展咪根主”，意思是“女子之星落在塔城”。在该乡边远的巴甸、署明等村寨，直至20世纪90年代都还保留着很多古朴的纳西传统习俗。

我从1989年开始，多次去塔城乡进行田野调查。闻名于纳西王国的美女之乡，1723年后，美丽的深山女子们饱受封建礼教的摧残，在岁月的风霜雨雪中写下了一页页情感的伤心史。

我在巴甸和署明两个村子进行了20多天的田野调查，发现在20世纪50年代之前的漫长岁月中，殉情悲剧也波及这个边远的山区。据当地著名的女歌手阿孜咪讲，她小时候当地殉情之风很盛，仅她所见所闻的殉情情侣就有一百多人，曾经在村子后山一次就有六对情侣一起自缢殉情，也有四男四女一起在村头山上“游舞丹”自缢而死，成双成对殉情的就更多。殉情大多是起因于包办婚姻。因此，有不少人是婚后又约上以前的情人殉情。

巴甸村的另一个老太太瓦咪（当时60多岁）也对我讲述了一些殉情的事，她说，女人以前命苦啊，还在用屎尿布时（指在襁褓中）就已经被父母作主许给人了，有的是还在肚子里就被父亲作主与别家订了亲。她的一个姑妈因为不想嫁给家里包办的那个人，与婚前的情人殉情而死。

必须共同死去的殉情规矩

瓦咪告诉我，殉情的规矩是两个人必须一块死去，其中一个不死便要引来祸事。玉龙雪山脚下某村有个姑娘随家搬来这里居住，后来她因不满包办婚而与附近一个小伙子吃草乌殉情，她死了，而男的未死，女子家的亲属便来“必吐”（打冤家），这男子后来逃到别处去了。

我在丽江的黄山乡、金山乡等地调查时也了解到不少类似殉情者一方死而另一方不死所引起的“打冤家”纠纷，甚至未死者的亲属都认为他（她）应与殉情伴侣一起死去。这

生长在玉龙雪山的殉情者喜欢用来结束生命的草乌（图/杨福泉 2003年）

玉龙雪山中著名景观“黑白雪山”下面的文海湖碧蓝如梦，在这个“茶马古道”的要塞，上演过很多凄怆的殉情悲剧（图/杨福泉 2002年）

主要与两个因素有关，一是纳西族传统的“血亲复仇”风俗，另外一个原因是，按照纳西族的传统思想，天上地下万事万物都是雌雄二元对应，阴阳配对，这一观念也反映在对殉情者的看法上。据老人解释，为什么希望殉情者双双死去，也是希望他们在死后有伴侣，不致孤苦伶仃。

把羊皮披肩留在人间的情结

“美女之乡”的老歌手阿孜咪老人曾给我看过一件她出嫁时穿的纳西妇女的羊皮披肩，这是一件如今很难得一见的老式羊皮披肩，肩头部位左右两边各缀着一个用五彩丝线精心绣制的大圆盘，纳西语叫“巴美”，左边那个象征“尼美”（太阳），右边那个象征“亨美”（月亮）。羊皮背后缀着七个或五个小的圆盘，纳西语称为“巴若”，象征北斗七星。圆盘下系着缕缕鹿皮线，象征闪耀的星光。

上图：纳西女子双肩挑着雪域古国的太阳和月亮，这传统的妇女羊皮披肩上的两个彩线圆盘分别代表太阳（左）和月亮（右）。纳西女子在殉情之前，要把这与自己风雨相伴的神圣披肩整洁完好地留在人间

老人说：“我们纳西女子肩头上挑着太阳月亮，背上背着星星。第一个纳西女人衬红褒白咪是天神地神的女儿，太阳和月亮护卫着她，她用

月光星光织衣服。纳西女人曾在太阳月亮和星星的光明福佑下有像天一样大，像地一样宽的福泽和自由。衬红褒白咪的父亲原来把她许给了舅父的儿子，她不听，自己选择了来自人间的好男子崇仁利恩，繁衍出了纳西人、藏人和白族人。我祖母多次对我讲，古时，纳西女子像山上的鹿、天上的鹤和湖里的雁一般自由，可以自己作主找中意的男子，可以拒绝去父母作主给你说的婆家。女人的苦命是后来被'官府'压制而造成的。"

正是由于羊皮披肩象征着纳西女子曾经的自由和尊贵，殉情的纳西女子都会把羊皮披肩完好地留在人间。

达坞村老歌手阿淑咪告诉我，她的曾祖母曾在白石山上目睹过一对殉情者，女子在殉情前把自己穿的黑色羊皮披肩折叠得好好的放在一旁。阿淑咪的祖母也在白石山上看到过一对为想保持死时容颜不变而吃水银自杀的殉情者，女子也是把自己的羊皮披肩齐整地放在一个竹篮上，身上穿着结婚时的新衣服，戴着各种首饰，散着头发，头上插一些野花。两人死前用白麻布和青松枝搭了漂亮的"游吉"（殉情之房），上面点缀着各种野花，两人并排睡在一张用树枝搭的床上，上面铺着厚厚的青松针。

笑对死神的纳西女子

法国著名的人类学大师杜尔凯姆在他的名著《自杀论》中用不同国家大量的统计数字，证明了女性的自杀率远远低于男性。

相传为七个风流鬼首领的达勒阿莎咪姑娘的家乡的"三仙姑"（sa sa gueq），今汉语称石鼓镇红岩办事处甸头村（图/杨福泉 2000年）

在纳西族的殉情事件中，事实却与杜尔凯姆的结论相反，女子殉情的人数远远超过男子。据笔者多年在丽江乡村的调查所知，在过去所有有殉情悲剧发生的地区，女性殉情者都远远多于男性。女子比男子更倾向于殉情，殉情的决心也比男子更为坚定。

据一些目击殉情者的人讲，从死者自杀的方式看，有不少是男子先死，然后女子再自杀。因为女子担心男子临死动摇而放弃一起死的念头，因此设法先叫男子死，然后再自己死。如白沙乡开文村有一对殉情男女，当人们发现他们的尸体时，见男子高吊在树枝上，女子则靠在树上，面有笑容。男子脸上有火燎而起的泡，明显可以看出是男子先死，女子用烟火试探他确实已死，然后自己才从容满意地自杀死去。

大东乡某村一对情侣相好数年，但两人从小就已被父母作主与别人订了婚。那男子的婚期早于女子。于是，两人约定在男子娶亲之前一起去殉情。但他俩的计划被家里人察觉，那男子在临近婚期时被家里人日夜严密看守，无法脱身。女子在约定的会面地点久等不至后，来到恋人家的屋后，在屋后一棵树上自缢殉情而死。

在黄山乡茨满村也发生过相约殉情的男子因其计划被家人察觉而不得脱身，女子久等不至后单独殉情的事。

达坞村的和耀淑还给我讲过一个发生在当地的两个姑娘和两个已婚青年女子在白石山上自杀的故事。这四个女子都是当地有名的美女，两个已婚女子是父母包办的婚姻，其中一个的丈夫极丑陋，一个患有癫痫。两个姑娘也早已被家里许给了自己不喜欢的人。这几个女子在绝望中相约一起自杀弃世，死前一起逛古城集市，还买糖果给村里的女伴吃，当时

玉龙雪山上，曾经有多少对痴男怨女长歌当哭，以身殉情，撕碎了山脚下那些寻常人家的平静生活（图/邓磊）

和耀淑的祖母也被她们请吃糖，这四个女子还说：“姐妹们，我们今天还在这里相聚，但谁知道明天我们又在哪里呢？”后来这四个女子在村子附近的白石山上自缢而死，四个人都散着发，穿上了她们最好的新衣，那两个已婚的女子穿着出嫁前做姑娘时穿的衣服。

和耀淑告诉我，当时单独自杀的女子中普遍流传着一种说法，说是妇女命苦，与男人一起过日子很艰难，还不如我们死后成一家。尽管玉龙第三国里的爱神游祖阿主的规矩是没有异性情侣是不能进这乐园的，但我们自己去找一个尽是女子的“游郭”（高山殉情之地）吧，在那里就不必受男人的气了。

我从“美女之乡”和“风流女鬼”的家乡，看到了历史上一个寒月落照中的女儿国和她无数儿女们那悲怆的往事。殉情是纳西人，特别是纳西女人一首地老天荒、悲风泣月的悲歌。

风与殉情的神秘联系

东巴教和纳西民间传说中都提到过7个女性风鬼，阿莎咪是这7个风鬼的首领。这7个女性风鬼都是籍贯明确，而且籍贯名都与近现代的纳西语地名相同，很明显，这些“风鬼”都是某地某个或某些殉情的青年女子的化身，这是纳西族古代的风崇拜意识和鬼魂观念相结合而产生的。

风流动无形，其破坏性和不可捉摸性使纳西先民对它怀有恐惧心理，于是把非正常死亡者必成鬼的观念与风之恶性联系起来，逐渐形成了“风鬼”这一观念。

殉情这一社会悲剧普遍产生后，风与殉情形成一种密切的关系。当游祖阿主、构土西公召唤不幸的青年男女去往他们所在的爱之乐园时，他们的呼唤词中有“来这里织天上的白云，地上的白风”，“驾着风漫游于高山密林”等语。在很多殉情故事中，都讲到风吹送来殉情鬼（或依殉情者所说是住在大自然乐园中的神女）的歌声、口弦声。风传送来的这些弦歌妙乐使年轻人陶陶欲醉或心神恍惚，不能自持地去殉情而追随她们。风成为殉情的一种契机，成为殉情者去往玉龙第三国圣域的一种神秘媒介。常年生活于山野林莽中，又受传统宗教观念影响熏陶的牧人农夫很容易产生对山风的神秘感和畏惧感。

随着殉情悲剧的蔓延，殉情而死者占了非正常死亡者中最大的比例，因此，风鬼就与殉情有了特别密切的关系。阿莎咪等七个殉情女性逐渐被看成是风鬼之母或风鬼首领。以祭殉情者为主的东巴教仪式被称为“祭风”仪式，“风”这一词汇也就与男女情爱等有了某种特殊的内在联系。“风”在纳西语中兼有“风流”“风骚”“浪荡”“不正经”等贬义，从女性成为风鬼之母到“风”这一词以贬义形式来指称被认为是风流、风骚的女人，这种宗教和语言中的现象反映了纳西族妇女地位下降沉沦的一个历史性的社会变迁。

清代著名东巴桑尼才所绘的“祭风”木牌画谱上的两对风流鬼，他们正在野合（图/杨福泉 1995年）

一江之隔别样天

月夜下，那匆匆的脚步直奔花楼

这样的画面，不用再说什么了，让读者去想吧（图/李跃波）

当殉情蔚成习俗，在丽江等纳西族主要聚居地愈演愈烈，无法遏制时；当纳西族因为这一惨烈的社会问题而被贴上“悲剧的民族”标签时，距丽江不远的宁蒗县永宁乡，则完全是另一番景象。这里的男女，保持着暮合晨离的阿夏“走婚”（学术界一般称“走访”）习俗，年轻人可以各依所爱，选择情侣。殉情，对于他们是压根不沾边的事。据洛克的调查，过去，有一些丽江纳西族青年男女，为逃避家长给他们安排的不如意的婚姻，渡过金沙江来到永宁这一情爱的王国。与洛克同时代的顾彼得也写道：“令人惊奇的是，实际上生活在丽江隔壁的永宁吕西人（即现在所称的纳人、摩梭人），从来就没有殉情的动向。倒是他们保持了自由恋爱的风俗，可以跟任何他们喜欢的人结婚和生活。那里没有无法补救的伤心事，直到寿岁已尽之前人们忘记了死亡。”

居住在金沙江上游东西地带的纳西族，就这样依地域而形成了截然不同的婚恋习俗，人间的悲喜剧都在这一条著名的大江两边上演。究竟怎么样的社会环境与婚恋习俗，让仅仅一江之隔的永宁纳人（摩梭人）侥幸避开了惨烈悲怆的殉情呢？纳西族的古老风俗，尤其是母系制社会架构和阿夏婚俗得以保留是其主要原因。今日，永宁纳人的母系制社会形态更是被冠以“女儿国”之名而成为学界、大众所关注的一个热点。

闲话“摩梭”

分布在丽江市宁蒗县永宁乡等地的纳西族（“纳”或“纳日”）目前普遍地被称为“摩梭人”，这其实不是本族的自称。摩梭、麽些（读mo suo）、摩挲、磨些等在所有的汉文史籍中是对分布在滇川藏地区的纳西、纳、纳罕等族群的称呼。“摩梭人”与纳西族分开称呼的结果是导致了不少人对纳西族历史的误解，以为史书上的“麽些”“摩梭”“摩挲”等只是指永宁等地的“摩梭人”。长此以往，势必造成对中国民族历史理解的混乱。因此，笔者认为，应该遵循“名从其主”的原则，随永宁纳西人的自称“纳”（na）而用“纳人”一词。如今国内外一些学者也用“纳人”或“纳日人”来称呼该族群，而“纳”也是如今被云南和四川的摩梭人所共同认同的称谓。

纳人女子享受着自由的爱情（图/李跃波）

泸沽湖畔女儿国

碧蓝静谧，如同一个尘世外的梦一般的泸沽湖位于距丽江市宁蒗县县城72千米处。湖光水色，如丝绸般温柔。特别是在深秋，当秋色染黄了的大片大片的树叶，与蓝天碧水相交映，高原的阳光在黄叶上闪烁着透明而神秘的光，一切，如梦如幻般迷离。

在这梦一般的湖边，有一个洋溢着远山野情的“东方女儿国”。生活在这里的人，自称“纳”或“纳日”，按国务院1954年的民族识别和确认，他们是纳西族的一个支系。丽江的“纳西”人和永宁的“纳”人送死者灵魂回到“祖先之地”的“送魂路线”都是一致的，有些短程的路线虽有差异，但到了四川木里的远程路线却总归为一，最后送魂的终点站都被称为“司布阿纳瓦”（或译为“斯波安纳瓦”），这说明“纳西”和“纳”“纳罕”“纳恒”等是同源同宗的族群，可以称之为“纳族群”。

人们之所以称这里为“女儿国”，是因为这个自称“纳”的纳西族支系保留了神秘的母系制文化和暮合晨离的“阿夏”走访婚习俗至今，直至20世纪60年代，永宁纳人的绝大多数家户还能说出自己分别属于“西”“牙”“胡”“俄”4个母系氏族。

在这个以母系大家庭为社会基本组织的女儿国中，对女性和母亲的尊崇是突出的文化特点之一。在这里，“母亲”是一种尊严和高贵的象征，凡是大或神圣的事物，都与“母”这一词汇有着密切的关系，如神圣的泸沽湖和格姆山，被称为母亲湖和女神山。火塘和祭祖、祭神灵的神龛所在的家宅的中心房子被称为“日米”，直译为“母屋”。

格木神山与母亲湖——泸沽湖还有纳人的"猪槽船"（图/李跃波）

纳人青年男女在跳舞（图/车文龙 20世纪80年代）

舅掌礼仪、母掌财产的母系制社会

永宁纳人的家庭形式有三种：一是母系大家庭和与之相适应的“阿夏异居”；二是母系父系并存的双系家庭和“阿夏同居”；三是父系家庭的一夫一妻制。第一种家庭形式最为普遍和为世人所瞩目。

母系家庭在纳人语中称为“依社”，直译是指一个具体的住宅和宅内的成员，他们全都出自一个母系血统。这种家庭的特点是：建立婚姻关系的男女各居母亲家，男子只是夜晚到“阿夏”（情人）家走访住宿，清晨返回母亲家生产、生活。家庭成员的血统完全以母系计算，男女成员系由一个或几个始祖母的后裔组成，母系血缘是维系家庭的基础。每个母系家庭有一个家长，通常由

火塘边的纳人祖母和舅舅（图/杨福泉 2006年）

年长或能干的妇女担任。财产按母系继承，由母亲传给子女，舅传给甥和甥女。整个家庭无父系血缘亲属关系，男子在家中的身份是舅祖、舅舅、兄弟、母亲的儿子或舅舅的外甥。舅掌礼仪、母掌财产是家庭权利和分工的形

式。这种家庭的全部成员都是母系血亲关系，属于一个亲族，不存在父子、婆媳、翁婿、姑嫂、妯娌等关系，没有外姓，关系单纯，财产属于大家庭所有，很少发生闹财产、闹分家的纠纷，家庭和睦团结。

母系父系并存的双系家庭和“阿夏同居”形式中则是既有母系亲属成分，也有父系亲属成分。同居制是造成双系家庭产生的必备条件，在这种形式的性关系中，男女双方不再是各居母家，而是同居一家。阿夏同居可以男居女家，也可以女居男家。男居女家，所生子女仍须带女方家名，其亲属关系一律从女方计算。按纳人的历史惯例，母系父系并存的家庭也是以母系为主，因此，在整个永宁纳人社会中，母系家庭仍是主要的家庭形式。

纳人青年妇女（图/杨福泉 2005年）

男不娶女不嫁的“走访”

在纳人聚居的宁蒗县永宁乡，每当夜幕降临，你就会看到一个奇特的景象，在田野阡陌和乡村的道路上，男子在独自匆匆地走着。这些男子是应约去自己的情人家与她相会。无论是风和月明，星光灿烂，还是风雨交加，霜冷雪寒，他们都要以这种不倦地“走”的方式去往自己的情人家里，悄悄地与自己的情人幽会，翌日凌晨即匆匆返回自己生活的母亲家里，风里雨里，朝朝暮暮，为一个“情”字而不辞辛苦地奔波，这就是纳人著名的性爱习俗——“走访”（国外研究纳人的英文论著多用

尊重女性的习俗在纳西语中的反映

古代重女性、重母性的文化特征反映在纳西语中。纳西语中以“女”为大，以“男”为小，以“母”为大，以“子”为小。如祖房、大房称为“金美”(jji mei)，即“女房”“母房”，小房称“金若”(jji ro)，即“男房”“子房”；大树称“孜美”(zzerq mei)，即“女树”“母树”，小树称“孜若”(zzerq ro)，即“男树”“子树”；大竹篮称“寇美”(kel mei)，即“女篮”“母篮”，小竹篮称“寇若”(kel ro)，即“男篮”“子篮”；祭天用的大香炷称“迅美”(xiul mei)，即“女香炷”；大锅称“哺美”(bbv mei)，即“女锅”“母锅”，小锅称“哺若”，即“男锅”“子锅”（或“男锅”）。

在纳西语的一些固定词组中，女性在前，男性在后。如今语夫妻称为“尼奴欧改汝”(nii nvq e gaiq ssee)，妻“尼奴”(nii nvq)在前，夫“欧改汝”(e gaiq ssee)在后；古语的夫妻称为“本爪”(bbee zhuaq)，亦是妻“本”(bbee)在前，夫“爪”(zhuaq)在后。情侣称为“命若”(mil ro)，即“女男”，亦是女性在前，男性在后。

纳人家屋中女子的卧室（图/杨福泉 2005年）

一对相恋的情人（图/李跃波）

纳人家屋中女子接待情人的卧室所在之楼（图/杨福泉 2012年）

“visit”一词来表示）。

纳人这种与母系家庭相适应的性爱婚姻形式，国内学术界过去称为“阿夏走访婚”或“阿夏异居婚”，现在逐渐倾向于说“走访”（visit），这是鉴于这种“走访”并不是一种婚姻形式，而是一种以走访来维系情人之间性关系的方式。

“阿夏”是纳人男子对女情人的称呼，而女子称呼自己的男情人为“阿都”。“阿夏”走访的基本形式是男不娶女不嫁，相恋钟情者互送信物订情。情侣双方都终身生活在母亲家里，男子在夜间到情侣家过偶居生活，次日黎明即返回自己的母亲家里。男女缔结“阿夏”关系要遵守传统习俗，只有不属于同一母系血缘的成年男女才能建立这种关系，“阿夏”所生的子女随母，血统也依母系计算。在纳人的语言中，这种“暮合晨离”的性爱关系称为“色色”，有“走来走去”的意思，很形象地反映出了男子踏月色披星光去与情人偶居的“走访”性质。

“走访”有两种方式，一种是秘密走访，一种是公开走访。情侣开始时的走访大多是在保密的状态下进行的。当两人的关系已经相当融洽、依恋后，便由秘密状态过渡到公开化，这之后，男子就不再回避情人家的男性成员，可以从过去隐秘地进行黑夜私访发展到公开地到女子的家里，在设有火塘的母房里与情人的家人会面、聊天，俨然如这一家的家庭成员。平时或农忙季节，“走访”公开化了的男子还会到女方家里帮忙。

在纳人的这种走访习俗中，缔结“阿夏”情侣关系完全建立在男女的感情、爱情上，性关系的建立和终止

都完全取决于当事人的自由意志。情感第一，好合好散。两情相悦，两人就这样走到一起，生儿育女，在一起的时间或许数天数月数年，或许十多年乃至数十年；如果两人的感情已到尽头，便相互道一声珍重而豁达平静地分手。两人所生的子女将留在女子的家里，成为母系家庭的一员，血统将按母系计算。这种基于两情相悦的"走访"不受世俗的家规、族权、神权等的限制，没有如一夫一妻制婚姻那种与经济利益等有千丝万缕联系的利害冲突。

母系制和与之相适应的"走访"构建了一个充满亲情和浪漫情爱色彩的高原山乡，它如同一首古老的天外牧歌，给如今喧嚣浮华的尘寰增添了一缕缕的诗意与温情。

专家评点摩梭母系制度

我国研究纳人社会的重要学者严汝娴教授指出："母系亲族是摩梭社会的核心和灵魂，是它选择了许多人认为最休现摩梭社会特色的阿夏走访关系，是它赋予摩梭家屋文化强大的生命力，也是它培育了摩梭人的种种优良品质，使摩梭人自豪地挺立于世界民族之林，并为社会人文科学的研究作出非同凡响的贡献。"

长期研究纳人文化的学者周华山认为摩梭的母系制文化，在一定程度上能妥善处理当今社会的六大难题：1.老人不受尊重、被遗弃，现代人面对衰老和孤独的焦虑；2.两性在社会地位、感情空间方面的权利不均；3.现代人在性魅力上的沉重压力和在亲密关系里的占有与矛盾；4.性骚扰、强奸等性犯罪以及偷窃拐骗、打家劫舍、杀人放火等犯罪行为；5.现代社会人际疏离、自我偏执、心灵空虚；6.婆媳、妯娌、亲子、兄弟姐妹之间的家庭纠纷与矛盾。

“走访”与其他婚姻形式的比较

纳人的母系制和“走访”婚对人类婚姻史和家庭史的研究有重大的学术价值，它在迄今所有的人类婚姻和家庭形式中，是一种非常独特的方式。

蔡华教授认为：摩梭母系制下的“走访”不同于世界上绝大多数民族所实行的婚姻制度，目前已知的婚姻方式有三种：一夫一妻、一妻多夫和一夫多妻，这些婚姻形式中的伴侣是通过性和经济的联系而互相归属，互相占有，并且受此制约而必须同栖一屋；而纳人的“走访”中的伴侣则彼此无性特权，也无经济权利，伴侣之间相互独立，在此规则的制约下，必须分别生活在各自的家中。

长期研究纳人的施传刚博士认为：摩梭社会最显著的特点是“异居走访”制度，这是摩梭人的一种主要的制度化性联盟形式，在摩梭语里，这种走访关系被称为tisese，意为“走来走去”。

山神女神都“走访”

格木山是纳人母系制和“走访”婚文化的一个重要象性。永宁纳人称呼这座山叫“格木局”或“吕地格木”，“格木”在纳人语中是“鹰”的意思，“局”是“山”之意，因此“格木局”直译即“鹰山”，“吕地”指永宁，“吕地格木”即“永宁的格木”之意。

纳人母系社会尊崇母亲和女性

纳人家园永宁坝的秋天田野景色(图/杨福泉 2000年)

的特点使他们对女神特别尊崇。纳人认为，泸沽湖畔雄伟的格木山是永宁女神格木的化身，是纳人最大的保护神，她不仅主宰着本地区的人口兴衰、庄稼和牲畜的丰收繁衍，而且还司掌着妇女的健美和生育。民间相传格木女神美丽非凡，外出时骑着白色的骏马，手握珍珠树枝，长裙飘飘，风情万种。永宁的寺庙和民间流传着一幅格木女神的画像，她骑着白马，左手捧着一朵莲花，右手持着一枝箭，身着百褶裙。

格木女神不仅善良，而且也美丽多情，她的美丽使各地的男山神神魂颠倒。格木女神和永宁的纳人一样过着男不娶女不嫁的自由偶居生活。民间传说，她有一个长期的情人，那是英俊健硕的瓦如卜拉山神。此外还有几个短期的情人，如附近的则枝山、哈瓦山、嘎沙山等山的男山神。有一次，女神的情人瓦如卜拉外出日子稍长，她就招来则枝山神陪伴她，不料瓦如卜拉半夜归来，见到女神正与他人缠绵，妒火中烧，便拔出腰刀向情敌砍去，一下就把则枝山神的生殖器给砍下来了。相传现在永宁盆地东南部达坡村附近一条长形的山包，那就是被瓦如卜拉砍下来的则枝山神的生殖器。

“巴丁拉木”是当地纳人、普米族和藏族都共同崇拜的女神，民间流传着许多关于这位女神是他们的共同始祖的神话传说。纳人神话中巴丁拉木女神的婚姻生活成为他们现实婚姻生活的楷模。神话中说巴丁拉木是一位身材高大、容貌美丽的女神，常常跟永宁境内的瓦如卜拉男山神和盐源左所境内的哈瓦男山神、前所境内的则枝男山神、阿沙男山神等结交，过着无拘无束的走访婚生活。

美丽的格木女神和巴丁拉木女神也“走访”的传说使纳人在宗教领域中找到了他们婚恋习俗的依据，促成了这一独特民俗的发展。

泸沽湖、格木山，一切都是那么的静谧、安详（图/郑良发）

宁蒗县永宁乡扎实村母系制家庭调查

纳人青年女子(图/云南省社会科学院图书馆 20世纪70年代)

纳人男子的传统服饰一瞥(图/杨福泉 2001年)

扎实村概况

1999年的秋天，永宁坝秋高气爽，蓝天如洗，我和我的同事、摩梭学者拉木·嘎土萨到永宁乡扎实村去调研。

扎实村位于宁蒗县北部的永宁乡，是一个离著名的泸沽湖风景区只有18千米的自然村，属于永宁乡忠实行政村。

按村中最老的斯日(氏族)萨巴家迁居到此地开始算，迄今已有7代，以每代25年的惯例计算，这个村庄大约已有175年的历史。

扎实村当时有71户人家，378人，年龄结构为：80岁以上的有4人，70岁以上20多人，60岁以上50多人，13岁以下有140多人，青壮年约有160人。

文化程度：大学生2人(一男一女)，中专毕业生有3人，初中生占青年中的70%。藏传佛教僧人有12人，30岁以上的有5人，30岁以下的7人。村民阿泽咪家有一个达巴，但未学完全部经书。

扎实村土地面积共有25.3公顷，人均不到1公顷地，水田和旱地各占一半。

扎实村村民由2个斯日构成，即萨巴斯日和舍日斯日，是比较典型的氏族村落。除了两家外地移来的汉族外，其余69户都是纳人。这2户汉族已经摩梭化，家庭结构、房屋布局及语言都已摩梭化。

"扎实"在摩梭语中是"泥石流冲过之地"的意思，有点贬义，大约在20世纪50年代才称为"扎实"，更早的时候，称为"格丁"，即"上边的地方"。

家庭形态和性爱婚姻形式多样并存的村子

在扎实村的71户人家中，有20多户保留着完整的母系家庭，即家中以母系血缘为主体，由母亲担任"达布"(家庭主妇)，没有父系成员，家庭成员都属一个祖母或外祖母的后代，实行暮合晨离的"走访"制。

村里有30多户，属于母系父系并存的家庭，由于生产生活的需要，或者村民结构的改变，两代人实行着不同的婚姻模式，比如，母亲一辈如果只有姐妹没有哥弟，家中缺少男劳力，姐妹中的一个就招一个男人入赘，成为夫妻，这样，父系母系两种亲属制度就并存于一个家庭中。也有的人家是母辈实行传统的"走访"，但子女中如果只有男性，没有女性传人，而大家都进行“走访”，孩子是在母亲家庭里，这样，这家人就有绝后的危险，于是，家中一个儿子娶妻进门。

从上述母系父系并存家庭中，不难发现摩梭文化选择的灵活性和机动性，一切都以家庭发展为前提。

除了母系家庭、母系父系并存家庭外，扎实村还有10余户人家是一夫一妻制家庭，由于受外来文化的影响，有些年轻人愿意另立门户，因此过起了一夫一妻的生活。但据村人介绍，这部分家庭的境况并不好，生活压力大，比较贫困。因为在永宁山区农村，家庭中如果没有较多的劳力，生活状况就不会好，小两口既要盘田种地，又要放牧牛羊，还得照顾小孩，没有时间去从事挣钱的营生，这样，家境必然比较贫寒。

扎实村除了保存着较为丰富的多形态的家庭和婚姻形式外，还普遍保留着古老而完整的传统民居，村民住的是典型的木楞房四合院，而不是如旅游热点洛水村那种已经变异了的木楞房。在扎实村，无论是建筑外观，还是建筑结构、家居设施，都保留着浓郁的母系家屋特色。

纳人女子的成年礼（图/车文龙　20世纪80年代）

变迁中的母系家园

文/拉木·嘎土萨（纳西族摩梭人）

泸沽湖洛水村，背靠青山、面对湖泊，曾经是一个充满了诗意、宁静的村庄，在过去的时光中，除了南来北往的马帮偶尔路过这里，就只有那些迁徙的天鹅和大雁打破这里的恬静，给这个躺在横断山腹地的村庄一丝惊喜和安慰。在民主改革前，洛水下村的摩梭人家只有14户，都保留着清一色的母系家庭。他们是：1. 戈瓦斯日10家：纳古、打史、阿瓦迪则儿、阿瓦木则儿、戈瓦、达巴、阿卡、格则、次儿报鲁、者波阮苦（后搬到永宁居住）。2. 纳乌拉竹斯日3家：儒亨、彩塔、木日。3. 庄房斯匹（总管弟弟家）1户，阿绍山。

到20世纪80年代包产到户，洛水下村也只有18户人家。一切的改变是从1992年搞旅游以后开始的。当时政府动员老百姓从事旅游发展经济，老百姓并不知道旅游是什么，客人来了杀鸡宰羊招待，客人要给钱，还不好意思收，尽量拒绝，客人到家里来是看得起自己，怎么好意思要钱呢？一切的改变，还是从几个当家的年轻妇女那里开始的。她们腾出家里的几间空房，到外地宾馆里买来一些即将淘汰的白床

曾经宁静如世外桃源般的泸沽湖（图/郑良发）

划船的纳人女子（图/杨福泉 2012年）

单，让客人住得舒适一些，客人付钱也收了。没想到，一个小小的旅馆，当年就收入了两万多元，这在当地人的心目中已经是天文数字，于是众多的人家也开始建客栈、宾馆，湖边那些小旅馆、小饭店犹如雨后春笋般长起来，矛盾也就开始产生，为争游客，也顾不了什么亲戚家门啦。于是，村长专门召集村民开会，制定了一系列的条文，比如抢客源的，罚款！不穿民族服装的，罚！不参加老人葬礼的，罚！村民称那个村长叫罚款村长。

在利益的纷争中，只有扩大经营面、拓展旅游空间，才可能给大家带来利益，这叫把蛋糕做大。于是，村里组建了划船队，每天接送游客到里务比岛和谢洼峨岛去旅游，但每家都要有人参与；还组建了歌舞队，晚上与游客联欢，也要求每家有人参与，并且分组登记在册。可是，一年下来，到年底分配时，有人发现自己家亏啦，因为，分配红利是按照传统的以火塘为单位分的，5个人的家庭是3万，20个人的家庭也只是3万，那我还不如分成4家，我家每年就可以拿12万，于是，分家的风潮迅速掀起。这不是家庭矛盾，也不是外来文化冲击走向一夫一妻制，而是利益所驱使；但你还真没有理由不让人家分家，一直延续几年，这个村子已经发展到了73户，这时就不能不想办法了，于是村委会发出最后的通告，如果再有人分家，从此不得再参加旅游项目经营和分红。

我不厌其烦地罗列以上的事情，就是强调一个“变”字，文化不是一塘死水，这是一条流淌的河流，我说到的这个小山村，以及山村中的每一个家庭，正可以用“变化”就是这个时代的特色来概括。

撰稿专家

杨福泉，云南省社会科学院二级研究员，云南大学博士生导师。

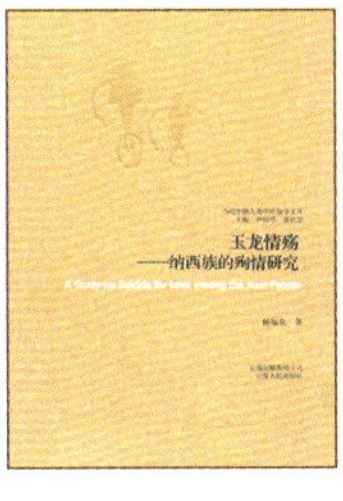

《玉龙情殇——纳西族的殉情研究》

扫描二维码，
阅读专家代表著作的电子版

泸沽湖如此静美。纳西族所生活的地域，常能邂逅这种无言的大美（图/三两）

第9章

且行且唱滇西北

走进纳西族

本章主撰稿人：云南省社会科学院二级研究员　云南大学博士生导师　杨福泉

纳西族主体聚居于青藏高原东南缘，滇西北横断山纵谷地带的东部，这里山高谷深，山势陡峻挺拔，河流深切其间，形成了瑰丽雄壮的自然景观。玉龙雪山、长江第一湾、虎跳峡、老君山等等，或是自然遗产，或为国家级保护区，它们无一不承载着纳西族厚重的历史，无一不是旅游者心向往之的圣地。

在漫长的历史岁月中，纳西族谱写了古文明辉煌的乐章。他们创造并至今使用着古老的象形文字，用这种文字书写的东巴古籍被联合国教科文组织列入了《世界记忆遗产名录》；他们有着开放包容的文化心态，无论在建筑、宗教还是艺术领域，他们取他民族之长，结合本民族特点，都达到了令人难以想象的高度。丽江因为荟萃了如此精彩多元的文化，早已成为举世闻名的旅游热点。

走进这些地方吧，走进它们，你才真正走进了纳西族，你才可能真正明了滇西北高原那独特的律动，这远远不是那些似是而非的客栈酒吧所能代表的。

横断山脉中的灵境

18处人文及自然景观让你触摸纳西族的灵魂

雪山大江泸沽湖
——走进纳西族的世居之地

走进纳西族，首先应该朝拜和解读的，是玉龙雪山。玉龙雪山既是一座圣山、神山，是纳西族“民族之神”的化身，又曾是无数殉情的纳西情侣将青春生命融在其中的“情山”。

牦牛坪、云杉坪等如今都是玉龙雪山的著名景点，其中海拔3240米的雪山草甸云杉坪曾是多起殉情悲剧的发生地，纳西人凄美的殉情习俗都深藏在这一处雪山腹地的森林里。著名的纳西学学者李霖灿先生的埋发处也在云杉坪北面一块大岩石下面。

云杉坪附近的峡谷里，两条发源于玉龙雪山高处的河流日夜奔流，因河床鹅卵石颜色深浅不同，两条河流被纳西人称为“白水与黑水”。黑水白水区域是不少地方的纳西人送死者灵魂回归北方祖先之地的必经之道，是一条圣道，纳西民歌和传说中常常提到这个地方。如今白水河谷的溪流汇集成一个狭长的湖泊，名曰“蓝月谷”，水清如镜，倒映雪山。

玉龙雪山东南麓，有一条全长15千米左右的大深谷，“东巴文化生态民族村”东巴谷就坐落在这深谷里。虽说是一个后来修建的旅游点，但它可贵地坚持了本土文化艺术教育和传承，让民间老艺人把他们的技艺

雪山、高原、蓝天、白云是纳西族真实的生存环境，也是令人神往的旅游佳境（图/郑良发）

传授给年轻的村民，一些如吹树叶、东巴舞、民族乐器演奏等传统技艺由此得到传承。

金沙江孕育了神奇瑰丽的丽江山水文化，是丽江的重要象征。流淌于横断山怀抱中的这一段江流与纳西人悲欢与共，因此它又有“磨些江”等名称。金沙江在丽江境内的群山峻岭中滔滔南下，流到古老的“茶马古道”咽喉要冲石鼓镇，陡然急转，与澜沧江、怒江分道扬镳，向东北方向奔腾而去，这一拐弯，形成了闻名遐迩的“万里长江第一湾”。石鼓镇直到13世纪末都是纳西族的政治中心，如今，它以独具形态和观赏价值的兰花精品“石鼓大雪素”而著称。

金沙江的浩浩巨流北折后，很快进入玉龙雪山与哈巴雪山之间的一条大峡谷。这就是世界上最深的峡谷之一——虎跳峡。峡谷中山风呼啸，涛声如雷，气势壮观之极。金沙江继续北流，来到靠近四川的奉科乡，

（绘图/陈丹正）

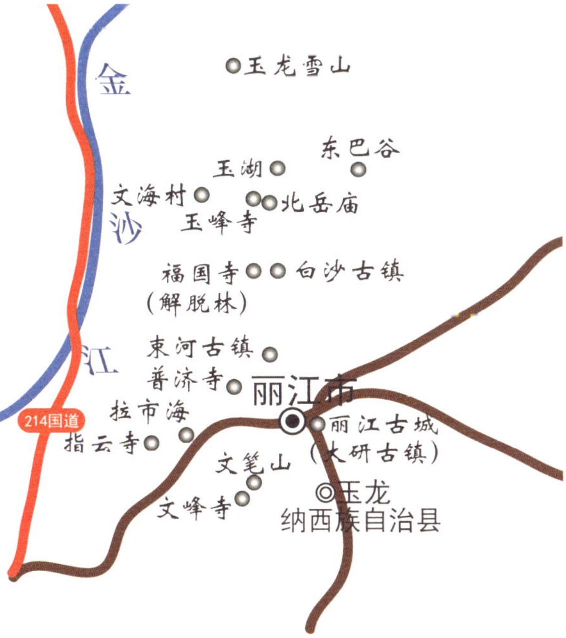

98岁的纳西族老人纳都，一辈子与玉峰寺的万朵茶花相依（图/杨士斌）

历史上著名的“革囊渡江”就发生在这里，它深刻改变了纳西族的历史进程。

按中国国务院1954年的民族识别和确认，永宁地区的“纳人”是纳西族的一个支系。现在，人们常称这个自称“纳”的纳西族支系为“摩梭人”，而泸沽湖被称为“纳人”的母亲湖。这一族群以其神秘的母系制文化和暮合晨离的走访婚习俗吸引着整个世界，无法胜数的人们纷纷来到这个犹如仙境的美丽高原湖畔来领略母系文化的魅力。

东巴圣地白地行
——走进纳西族的信仰之源

云南香格里拉市三坝纳西族乡位于香格里拉市东南部，哈巴雪山之东，介于北纬27°17′—27°43′之间，东经99°56′—100°19′，乡驻地白地水甲村，海拔2380米，距县城105千米。

三坝乡的白地村（是个村落群）是一个远近闻名的东巴教圣地。之所以称为圣地，是因为东巴教最初的繁荣是从这个区域开始的，相传东巴教祖师丁巴什罗首先是在白地的白水台传教，东巴们奉为东巴教第二祖师的阿明什罗出生在白地水甲村。纳西俗语说：“不到过白地，不算大东巴。”位于哈巴雪山山麓和金沙江湾地带的这个纳西山乡，弥漫着一层神圣的灵光。

白地白水台是我国迄今所发现的规模最大的冷泉型淡水碳酸盐泉华台地，看去酷似一大片白色的天然梯田。

据说白水台的形成与东巴教的历史密切相关。米拉佛手抓居那世罗神山顶的一把雪，洒向远方，这一把

玉龙山下白水河流过的“蓝月谷”(图/郑良发)

雪刚好在农历二月八落在白地（一说落在玉龙山），形成了玉洁冰清的白水台。受他指引，丁巴什罗飘然来到此处，收徒授经，传播弘扬东巴教。他也熟谙种庄稼之道，因此把白水台开辟成梯田形状，叫当地人仿效其状开垦梯田种庄稼，白地多肥沃的梯田，即有此来历。后世一年一度盛大的“二月八白水台会”也由此产生。

在白水台上有一堵巨大的石壁，状如一个妇女的腹部，石壁底部有一个形似女阴的裂口，里面有水。远近的妇女常来这儿烧香求子，男子也在这儿祭拜求福。白水台不仅是纳西族的朝圣之所，也是附近藏族、彝族民众虔诚地祭拜的神圣所在，每年农历二月八，藏族和彝族民众都来祭拜白水台。

白水台上方有个清澈见底的泉眼，纳西人视之为灵泉，认为是司掌着大自然的神灵“署”的住所。藏族也视这个灵泉为神圣之泉，也常常来祭拜，在泉水附近有很多藏族人拴挂的经幡，与纳西东巴插在泉水边的木牌画交相辉映，两种不同文化共同尊重大自然的意识展现在这个清澈的泉水边。

与白水台相对的上柏峰山腰，是赫赫有名的圣迹——阿明内可（意为阿明灵洞）之所在。这是出生在这里的东巴教大师阿明曾经修行过的一个岩洞。另一个传说说这曾是东巴教祖师丁巴什罗冥思和修行之洞，因此也叫“什罗内可”或“什罗埃可”（意为什罗住的岩洞）。

如今的丽江，夜晚热闹得如同白昼（图/郑良发）

白沙、大研、石头城
——走进纳西族的美丽家园

纳西族的建筑之美，独树一帜，世界文化遗产丽江古城包括了大研古城、束河古镇和白沙古镇的民居建筑群。随着旅游业的兴起，大研古城早已不再宁静，四方街、狮子山、木府每天都是摩肩接踵的人流，许多传统民居纷纷变成了酒吧、客栈。一片扰攘中，相对寂静的是古城的宫观寺庙，也许它们才值得你放慢脚步。文昌宫、普贤寺、净莲寺、玄天阁、大佛寺，不少都是文物保护单位，如果你正巧路过，不妨进内一游，或许能收获原初的丽江印象。一些地道传统的纳西美食，也藏于其中，譬如普贤寺中的丽江粑粑和鸡豆凉粉，那味道不是四方街上的那些可以比拟的。

大研古城的各式桥梁大都还完好地保存着，风雨廊桥、石拱桥、石板平桥、栗木桥等，多达354座，桥梁密度或可居中国古城之冠，其中以多建于明代的石拱桥最有特色。较著名的有大石桥、万子桥、南门桥，均建于明清时期。慢慢地走过古城，晚上可以去听一场宣科为领头人的大研古乐队演奏的纳西古乐，算是给一天的行程做一个有意义的结束。束河曾经是“茶马古道”上的重要驿站，如今，这里有一个“茶马古道”博物馆，数百件民俗旧器和与“茶马古道”密切相关的器物，为崭新的束河添了不少文化气息。

（绘图/陈丹正）

合理布局，巧加运用的水系，是纳西族的智慧，也是丽江的看点
(图/杨福泉 1997年)

相对而言，白沙古镇的明清建筑群变化不多，大宝积宫、琉璃殿、大定阁等宗教建筑群和古街上的传统民居依然体现着纳西建筑的传统风貌，更为重要的是，这里少人打扰，一座边地古城的沧桑印记，清晰可寻

位于玉龙山脚西北面的玉湖村，还大部分保留着别具特色的纳西族山村民居，房墙全用当地特有的石头砌成，这种石头呈黄白色，石面粗糙不平，有的呈蜂窝状，别有一种山野人家的粗犷简朴韵味，构成了在丽江坝子内见不到的一种山野农家田园风光。洛克故居、李霖灿先生衣冠冢也都在玉湖村内。

距丽江古城120公里的金沙江河谷里，还有一座古城，它建在一块蘑菇状的巨大石头上，人称宝山石头城。

石头城是一座天生的岩石城。城四壁陡峭，势如刀削，猿猴难攀援。崎岖不平的石板路蜿蜒起伏，不同于丽江古城的五花石石板路，宝山城里的石板路是直接从浑然一体的岩石上凿出的，陡峭处凿有一级级粗糙的台阶。城里民居依岩石的高低之势而建成，由正房和地楼组成。不少家庭凿岩为渠，凿石为缸。有不少桌、凳、灶、床乃至给家畜喂食的槽都是用岩石自然雕凿而成的，此外，房屋的柱子就地依山石做磉而立，楼梯、阶梯也以天然石料凿成。

佛寺道观天主堂
——走进纳西族的精神世界

以白沙壁画为代表的“丽江壁画”原来有200多幅，现幸存的55幅壁画分布在丽江古城周边的宗教建筑群大宝积宫、琉璃殿、大定阁和束河镇的大觉宫这4座寺庙里，大宝积宫内保存的12幅壁画是其代表作。大宝积宫是一个非常有意思的所在，它是一座道观，但名字来源于佛经，内里的壁画更是熔儒释道于一炉，纳西族极为开放、多元的精神世界，在这座宫里得到了最真实的体现。

即以佛教寺庙而论，纳西族也是兼容并包，汉传佛教寺庙之外，更有不少藏传佛教寺庙，其中著名的有文峰寺、指云寺、普贤寺、玉峰寺，解脱林和福国寺等。

坐落在丽江坝子西南面文笔山上的文峰寺是丽江境内藏传佛教噶玛噶举派七大寺之一。寺庙大门上挂着中国佛协会长、著名书法家赵朴初题写的“文峰寺”三个大字和班禅额尔德尼·确吉坚赞大师的藏文题字。文峰寺还是噶玛噶举教派的“三大禅院”之一，朝拜鸡足山必经的“借钥匙之处”。

指云寺位于离古城18千米的拉市乡秣度山中，于清雍正五年（1727）建成。它是丽江藏传佛教噶举派建盖最早的一座寺庙，寺里还有隐匿佛教密语的岩石，经高僧辨识出的文字内容有观音大悲咒、吉祥咒和金刚亥母咒等。相传这个灵石已经存在了不知多少漫长的岁月，后来有个来朝拜的高僧栽了一棵柏树于灵石的上

如棋盘一般分布于澜沧江边的盐田(图/三两)

盐井的天主教堂，西藏唯一的天主堂（图/三两）

方，作为圣迹的一个标记。

普济寺位于丽江古城城西6千米普济山麓，始建于清乾隆三十六年（1771）。大殿为重檐歇山顶建筑，顶覆铜瓦，故又名铜瓦殿，是云南唯一幸存的铜瓦建筑。寺内还有两株树龄达数百年，两人尚且不能合抱的云南樱花，枝繁叶盛，满院浓荫，花开时节，满树红霞；而寺庙周围则梨花繁茂，莹白如雪。红白秀色，与清寂中的深山佛光融为一片美丽的神秘。

玉峰寺位于距丽江古城15千米的玉龙山南麓，始建于清康熙十九年（1680），一说建于明万历年间（1573—1620）。寺内那株有“环球第一树”“世界茶花之王”美誉的古茶花树，高达3米以上，已有400年树龄，树根龙蟠虬结，万千枝条向外伸展蔓延成一座覆盖寺庙院子的大花棚。每年此树从立春时开始开花，先后开放20多批，每批开千余朵，到立夏花尽，经历7个节令百余天，总共开两万余朵，故称“万朵山茶”。

更为有趣的是在西藏唯一的纳西族民族乡盐井，还有着整个西藏唯一一座天主教堂。佛陀、基督的智慧和慈悲的光环，在这个深山小镇里融为一体，教化人心，造福世人，成为我们理解纳西人文化心态的又一个通道。当然，这里澜沧江边的盐田景观，也是难得一见的人文奇观。

纳西族经典人文及自然景观一览表

景点名	类别	看点或重大历史事件	资讯
玉龙雪山	自然山水	云杉坪、牦牛坪、冰川	位于丽江玉龙纳西族自治县境内，5A级景区
长江第一湾	自然山水	铁索桥、禹将石	位于云南省西北部的迪庆藏族自治州香格里拉市南部沙松碧村与丽江市石鼓镇之间，海拔1850米，距香格里拉市130千米，有公路直达
虎跳峡	自然山水	世界最深的峡谷之一，两岸高山夹峙，山岭高出江面达3000米以上，江面仅宽60—80米，峡谷段自虎跳峡镇至大具乡，长约16千米，落差200多米	位于丽江玉龙纳西族自治县龙蟠乡东北。距离丽江约80千米
老君山国家地质公园	世界自然遗产“三江并流”核心区域之一	九十九龙潭片区，金丝厂金山玉湖片区，利增滇金丝猴自然保护区，黎明、美乐丹霞地貌片区，新主植物园片区。丰富多样的高山植被，众多的冰蚀湖，神奇壮丽的丹霞地貌和纳西族、白族、傈僳族、普米族、彝族等民族多样性的文化	位于丽江西部，长江第一湾西岸
泸沽湖	自然、文化	高原湖泊、母系制社会形态、走访婚	距丽江市宁蒗县县城85千米
文海湖	自然山水	古老的天然冰蚀湖泊，湖面面积160公顷，雪山倒映在湖里，静谧如神境。这里是观看民间所说的“黑雪山”最好的地方。“黑雪山”系指雪山南端由石灰岩与玄武岩互层组成的山体，黑白分明。湖边文海村，曾是茶马古道著名驿站。中英合建高山植物园	位于玉龙山主峰扇子陡西南麓
拉市海	自然山水	冰蚀湖、高原湿地、冬季候鸟	位于丽江西面10千米处的拉市坝中部
奉科渡口	历史、文化	实地了解忽必烈革囊渡江的历史，这一事件是纳西历史的重要转折点	位于丽江玉龙纳西族自治县的奉科乡

白地村	自然、文化	白水台泉华奇观，白地摩崖，东巴祖师修行的灵洞（相传东巴祖师在此传教）	位于云南香格里拉市三坝纳西族乡，海拔2380米，距市区105千米
大研古城	世界文化遗产“丽江古城”核心区域	木府、四方街、普贤寺等传统建筑，纳西文化展示	位于云南省丽江市
束河古镇	世界文化遗产“丽江古城”重要组成部分	“丽江四大古集市之一”的束河街市，丽江最大的石拱桥——青龙桥，闻名川滇藏的“皮匠之乡”	包括7个自然村落，中心束河街海拔2460米，离丽江古城约6千米。现在属于丽江市古城区
白沙古镇	世界文化遗产“丽江古城”重要组成部分	明代建筑群、白沙壁画、雪山第一村——玉湖村、玉龙村、洛克故居、三多庙	位于丽江古城北约10千米处

宝山石头城鸟瞰（图/杨福泉 1991年）

石鼓镇	历史、文化	麼些部落的一支曾在此与元军激战，长江第一湾，石鼓兰花	位于丽江古城以西，东邻九河乡、龙蟠乡，南接石头乡，西、北部接黎明乡
宝山石头城	历史、文化	浑然一体的岩石建筑、完善的防御体系、壮观的梯田	位于玉龙纳西族自治县东北部金沙江河谷，地处玉龙雪山东北支脉牦牛岭东麓，金沙江西岸，海拔1720米。距丽江古城120千米
纳西古乐	文化	被誉为集古老的乐曲、古老的乐器和高寿的老人于一体的“稀世三宝”	演出地点：丽江市古城区四方街上的纳西古乐会音乐厅 演出时间：20:00，时长为90分钟左右
东巴谷文化生态民族村	文化展示	从边远的山村将具有代表性的民族建筑院落，整体搬迁而来，建成了这个民族文化村，同时也收集购买了大量民俗旧器在这里展示，“村民”也都是本民族成员	位于玉龙雪山脚下，距离丽江古城15千米
盐井	历史、文化	西藏唯一的纳西族民族乡，古老的制盐业和澜沧江边的盐田景观，西藏唯一的天主堂	地处西藏自治区东南端，位于横断山区澜沧江东岸，芒康县和德钦县之间，平均海拔2400米左右
木里俄亚大村	历史、文化	纳西民族文化村落，纳西社会活化石。有“丽江看古城、俄亚看古寨”之说。平顶碉楼依山而建，十分壮观。纳西族原生态文化留存地，有多种婚姻形式存续	俄亚乡位于四川省凉山彝族自治州木里藏族自治县西南角，处在滇川两省的玉龙、香格里拉、宁蒗、稻城、木里五县（市）的交界处。南部、东部与丽江、宁蒗隔金沙江和冲天河相望，西部、北部与甘孜州的稻城县相接，是一个真正的“鸡鸣两省五县（市）”的地方。四周被重重高山和条条大河环绕，道路崎岖，交通闭塞。俄亚大村位于俄亚乡政府驻地龙达河西岸。距县城约298千米

撰稿专家

杨福泉，云南省社会科学院二级研究员，云南大学博士生导师。

编后记

“中华民族文化大系”牢牢把握为祖国各民族做一张历史文化名片的编辑宗旨，以人为本，从细节入手，力争展示每个民族的亮点、特点和发展过程中的关键点。这套“集大成”之作，从撰稿到出版，历经数载，凝聚了众多专家学者的心血，得到诸多领导、同仁、读者的关心与支持，亦参考借鉴了相关研究成果，因体裁所限，未能逐一标注，特此申明，并深表谢意！

需要说明的是，书中部分文字、图片、音乐、视频等，经多方努力，仍未能找到相关作者或著作权人的联系方式。作者或著作权人如发现请随时与我们联系（meimin56@163.com），我们在核实后将奉上稿酬。

民族文化丰富而博大，繁复而琐细，虽已尽全力核查、考证，但挂一漏万，肯定还存有不少谬误，恳请读者批评斧正。

本书编委会

2017年6月

图书在版编目(CIP)数据

玉龙彩云 ：纳西族 ／ 杨福泉主编. —— 上海 ：上海锦绣文章出版社：上海文化出版社，2017.8

(中华民族文化大系)

ISBN 978-7-5452-1877-0

Ⅰ. ①玉… Ⅱ. ①杨… Ⅲ. ①纳西族-民族历史-中国②纳西族-民族文化-中国 Ⅳ. ①K285.7

中国版本图书馆CIP数据核字(2017)第166447号

上海文化发展基金会图书出版专项基金资助项目

责任编辑 李 平
整体设计 周艳梅
美术编辑 费红莲
督 印 张 凯

书 名 玉龙彩云——纳西族
主 编 杨福泉
出 版 上海锦绣文章出版社 上海文化出版社
出 品 上海故事会文化传媒有限公司
(200020 上海市绍兴路74号 www.storychina.cn)
发 行 上海世纪出版股份有限公司发行中心
印 刷 上海雅昌艺术印刷有限公司
版 次 2017年8月第1版 2017年8月第1次印刷
规 格 787×1092 1/16 印张 16
书 号 ISBN 978-7-5452-1877-0/G·717
定 价 80.00元